CON LAS HORAS CANTADAS

K

CON LAS HORAS CANTADAS

MEMORIAS

GIL
SCOTT-HERON

Traducción de Toni Cardona
Introducción de Jesús Bombín

LIBROS DEL KULTRUM

Publicado por:
LIBROS DEL KULTRUM
Sinónimo de Lucro, S.L.

Título original:
The Last Holiday

Publicado por Canongate Books Ltd.
Reino Unido, en 2013

© 2012 by The Estate of
Gil Scott-Heron

© de la traducción 2019,
Toni Cardona
© de la imagen de la cubierta 1994,
Henrietta Butler
© de esta edición 2019,
Sinónimo de Lucro, S.L.

Fragmento de la letra de la canción de
Stevie Wonder «Happy Birthday»
en la página 19 con autorización del
autor.
© Black Bull Music, Inc./Jobet Music
Co. Inc.

Derechos exclusivos de edición:
Sinónimo de Lucro, S.L.

ISBN: 978-84-949383-6-8
Depósito legal: B 16222-2019

Primera edición:
octubre de 2019

En la cubierta: Gil Scott-Heron
Londres, 1994.

Corrección pictográfica en el dorso
de la cubierta y de la contracubierta:
Jaume Morató Griera

Diseño de interiores y composición:
PFP Disseny
Diseño de la cubierta: PFP Disseny
Compaginación y corrección de
pruebas: Lozano Faisano
Impresión y encuadernación:
EGEDSA

Esta colección se compagina con
las tipografías ITC Caslon No. 224,
diseñada por William Caslon (1725)
y Edward Benguiat (1982), y
Akzidenz Grotesk, diseñada por la
fundidora de tipos H. Berthold
(1896).

The Black Arrow [Flecha negra]

Para un europeo de raza blanca que viste y calza, habiendo
—como he— disfrutado del derecho a la educación, así
como de acceso a una sanidad pública y de otros tantos pri-
vilegios que nuestra sociedad ofrece por estas latitudes, no
es empresa fácil, por no decir imposible, ponerse en la piel
—y zambullirse en las entrañas del inconsciente colectivo—
de la comunidad afroamericana, y tomar plena conciencia
de lo sufrido por millones de afroamericanos perseguidos
implacablemente por el color de su piel. No digo que no sea
capaz de empatizar con la realidad afroamericana y las in-
justicias a las que han sido y son sometidos, pero en mi particular caso me resulta difícil comprender, de una manera
no impostada y cabal, el alcance del verdadero drama de
una comunidad que ha sobrevivido a toda suerte de ignomi-
niosas privaciones, mientras disfrutaba uno de una vida entre algodones, con todas las humildes comodidades, en el
mal llamado primer mundo.

«The Needle's Eye». Flying Dutchman, 1971

Vaya por delante una breve semblanza de rigor: Gilbert
Scott-Heron (1 de abril de 1949, Chicago - 27 de mayo de

2011, New York City), ofició como músico, librepensador, compositor, revolucionario, poeta, pianista, escritor, presidiario y visionario. Tipo incómodo, a fin de cuentas, para gran parte de la sociedad; aquella facción que prefiere agachar la cabeza y no tomar partido por determinados asuntos de vital importancia, siempre y cuando no sean de su incumbencia y no les afecten a ellos mismos o a su entorno más cercano. Poeta universal, en suma, capaz de instilar en sus punzantes versos, envueltos en su profunda voz de barítono, una nueva perspectiva para comprender y acercarnos a la problemática de una abominable injusticia protagonizada, en una suerte de bucle sin fin, por los mismos opresores y oprimidos.

No me siento persona autorizada para —ni es mi intención tampoco— hablar de los episodios de la vida de Gil Scott-Heron, desde un punto de vista social, político y formal. No he vivido ni de lejos la multitud de vivencias y andanzas que refiere el autor en primera persona. Pero como conocedor de su discografía y su carrera musical, sí me complace sobremanera poder plasmar y poner de relieve una serie de aspectos de su carrera artística que siempre me han fascinado y han cautivado mi atención. Las incontables horas que he podido emocionarme con su música, sin apenas entender, en ocasiones, sus atropellados textos, me conceden el raro privilegio de intentar «adjetivar» una obra musical que sigue sonando con la misma fuerza y frescura que cuando fue concebida hace casi cinco décadas.

Son muchos los «personajes secundarios» en esta gran historia que forman parte del sustrato musical en el que se amamanta Gil Scott-Heron. Desde su familia cercana, en especial su madre, sus tíos y tías, pasando por su padre (futbolista de origen jamaicano apodado «Flecha Negra», que buscó fortuna en Europa jugando en el Celtic de Glasgow, Escocia). Compañeros de universidad, músicos de renombre, políticos y hasta Stevie Wonder, quien tiene un papel muy importante e inspirador en este libro, y a quién gustaba disfrutar de la compañía de Gil Scott-Heron, y con quien, además, compartía su pasión por la música y por la astrología, llegando a contratar ambos los servicios de la misma astróloga en Washington, Amali.

Pero, en el aspecto estrictamente musical, destacaría a tres individuos que, en mi opinión, fueron decisivos en la carrera artística de Scott-Heron. Tres personalidades grandiosas de los que me gustaría trazar un apresurado bosquejo a fin de poder comprender mejor el universo musical del autobiografiado. Me estoy refiriendo, por orden de aparición, a: Brian Jackson, Bob Thiele y Clive Davis.

Brian Robert Jackson
(11 de octubre de 1952)

Quizá la pieza clave de este rompecabezas sea Brian Jackson, compositor, pianista y flautista, a quién Gil conoce en el campus universitario de la Universidad de Lincoln en Pensilvania. Estudiante formado en la disciplina de la música clásica, diestro y empático con el piano, que dominaba el arte de la lectura musical, y sería pieza fundamental en las composiciones y en la vida de nuestro protagonista. Brian Jackson estuvo presente en los momentos estelares de la carrera de Gil Scott-Heron y llegó a firmar discos junto a él que, hoy en día, se han hecho acreedores a la consideración de obras maestras.

Brian Robert Jackson, nacido en el seno de una familia humilde, destacó desde muy temprana edad como pianista, cursó estudios musicales con el esfuerzo y el empeño de su familia y con ayudas monetarias de su entorno más cercano. A mediados de los años sesenta, y siendo todavía un mocoso, se enfrasca en la escena estudiantil y jazzística de Brooklyn, comenzando así una carrera imparable que alcanza su momento más álgido cuando conoce a Gil Scott-

Heron con quien comienzan una asociación musical que impactará de manera sobrenatural en muchas generaciones venideras de músicos.

En abril de 1971 graba *Pieces of Man* junto a Gil Scott-Heron, disco esencial en la carrera de este compositor, publicado por el sello Flying Dutchman Records y producido por Bob Thiele, que logra registrar en un formato sonoro toda la fiereza y la rabia de estos dos músicos. Disco que se anticipaba a su tiempo, y en el que el «jazz modal» asomaba la cabeza, discretamente agazapado tras parajes densos y emocionales, pero que, sobre todo, se caracterizaba por el modo en el que el «jazz poetry» y el «spoken word» se fusionaban de manera indolente con el funk, el soul y el rhythm & blues; y, por si esto fuera poco, contenía, a su vez, pequeñas pinceladas de un género musical que posteriormente se conocería como «Rap», lenguaje con el que Gil Scott-Heron ofició de catalizador y pionero a un tiempo. Una joya de la ingeniería sónica donde se puede escuchar el bajo eléctrico de un tal Ron Carter, (no era leyenda todavía); la batería de Bernard «Pretty» Purdie; la flauta y el saxofón de Hubert Laws, y ese sonido de piano «Fender Rhodes» tan característico e impecablemente ejecutado por Brian Jackson. Todo esto supervisado y auditado por Johnny Pate, uno de los grandes arreglistas de esa época dorada quien, dos años después de su publicación, se encaramaría a lo más alto al alumbrar la banda sonora de una conocida película del género blaxploitation llamada *Shaft In Africa* (ABC Records 1973).

Pieces of Man
(Flying Dutchman, 1971)

Álbum que contiene algunas de las letras más bellas y demoledoras en la discografía de Gil Scott-Heron, a quien asistía, por cierto, una memoria prodigiosa y recitaba todos esos interminables poemas litúrgicos y ácidos de memoria, sin apenas notas, recurriendo exclusivamente a su ciencia e improvisación. Trabajo en el que aparecen poemas que se estudian hoy en día en algunas universidades norteamericanas, como «The Revolution Will Not Be Televised», que Gil Scott-Heron había grabado anteriormente en un disco llamado *A New Black Poet: Small Talk at 125th and Lenox* (Flying Dutchman, 1970), su primer disco para esta discográfica, que pretendía hacernos creer que estaba grabado en directo en un club nocturno de Nueva York situado en algún rincón entre la 125th Street y Lenox. Años después se hizo público que, en realidad, se invitó a un número determinado de oyentes-amigos al estudio de grabación, para participar en un falso directo en el que Gil Scott-Heron puso música, de forma sobria y sin grandes alardes musicales, a poemas escritos años atrás. En este primer disco, como refería arriba, aparece por primera vez una toma recitada de «The Revolution Will Not Be Televised», que se convirtió en himno y slogan político del movimiento Black Power, que promovía el orgullo racial de la comunidad afroamericana. Canción con una letra totalmente vigente hoy en día, que fue adoptada por diversos movimientos sociales de la época, como el SNCC —sigla en inglés del Student Nonviolent Coordinating Committee [Comité Coordinador Estudiantil No Violento], y otras organizaciones de derechos civiles de la época como CORE, NAACP, COFO y el SCLC. Todos ellos movimientos sociales y políticos de ideologías cercanas, que coincidían en no pocas de sus reivindicaciones pero que tenían grandes matices diferenciadores, sobre todo en conceptos relacionados con la violencia y su forma de atajarla.

Bob Thiele
(17 de julio de 1922-30 de enero de 1996)

Pieces Of A Man no sólo era un poemario sorprendentemente original e inteligente, también en lo musical aportaba una riqueza de innovadores matices musicales dignos
de encomio. De amalgamar toda esa conjunción de ocu-
rrencias y genialidades en un formato audible y estampar-
lo en vinilo se encargaría Bob Thiele, el segundo personaje
musical de esta historia... Un reputado productor, hombre
de negocios y músico que dirigió la discográfica Impulse!
de 1961 a 1969, después de que Creed Taylor, otro de los
grandes productores y empresarios discográficos del siglo
pasado, abandonara la escudería para pasar a dirigir Verve. Paradojas de la vida, el todopoderoso sello Impulse! Acabó con los años en manos de su más rabioso competidor,
Verve, otras de las grandes escuderías de jazz de la historia. Thiele desarrolló su carrera en sellos discográficos tan
legendarios como CTI, Impulse!, A&M, Decca...

Decía Gil Scott-Heron de Bob Thiele: «Vestía de manera informal sin llegar a parecer un hippie o un bohemio:
americana —pero sin corbata—, pantalones de pana —pero
raramente vaqueros—. Bob era, con toda probabilidad, el
mayor fan del jazz del planeta; casi cada noche estaba metido en la movida, bien grabando una sesión en estudio, bien
en un club escuchando un concierto. Aun así, lo más admirable de Bob era la comodidad con la que llevaba su fama.
Quizá no parezca algo muy valioso pero lo cierto es que,
para mí, fue una lección increíblemente importante, ya que
me enseñó "cómo ser un personaje famoso sin dejar de ser
tú mismo"».

Thiele nació en un barrio al sur de Brooklyn a comien-
zo de los años veinte. Siendo un adolescente, ya conspiraba
con su propio programa de radio, y poco tiempo después
fundó un pequeño sello discográfico llamado Signature, donde grabó a debutantes y también a reconocidos músicos de

Jazz hasta que fue absorbido por un sello discográfico más grande. No había cumplido cuarenta años cuando se hizo cargo del sello Impulse! Donde, en menos de ocho años, produjo más de cien álbumes entre los que se encuentran piezas célebres de músicos tan poderosos como Albert Ayler, Pharoah Sanders, Charles Mingus, Archie Shepp, Oliver Nelson, Gabor Szabo, por citar algunos ejemplos. Entre sus hazañas más memorables destacan las producciones discográficas que hizo junto al saxofonista John Coltrane. Codo con codo, junto a Coltrane y al ingeniero Rudy Van Gelder, facturaron discos tan esenciales como *John Coltrane And Johnny Hartman* (Impulse! 1963). *John Coltrane — Meditations* (Impulse! 1966) —mano a mano con el saxofonista Pharoah Sanders—, y una de las obras cumbres de John Coltrane, *A Love Supreme*, donde Thiele produce y riza el rizo, inmortalizando a Coltrane en esa soberbia fotografía que formó parte de la portada del LP. Por si fuera poco, y a modo de curiosidad, firmó la coautoría de eso éxito tan renombrado y conocido que es «What a Wonderful World» que popularizó Louis Armstrong, aunque lo firmó con seudónimo tras unas diferencias con el, por entonces, manda más y presidente de ABC. Tras abandonar ABC/Impulse!, fundó la compañía Flying Dutchman, una disquera que pretendía dejar una crónica grabada de su época, y que pasaría a la posteridad por su rigor musical y veracidad histórica, además de arropar en los arranques la música de Scott-Heron por un periodo corto pero tremendamente creativo, hasta que la discográfica Arista (Columbia) se hizo con los servicios de Gil Scott-Heron, momento en el que entra en acción el tercer personaje de esta breve singladura musical...

Clive Davis (4 de abril de 1932)

La primera vez que Gil Scott-Heron vio a Clive Davis en persona fue en un concierto que ofreció el primero en NY: «Físicamente no me llamó la atención pero era evidente que emanaba poder, un brillo magnético. Era Aries, y quizá esto añadiera un lustre adicional al aura del fuego que ardía en su interior. Su aspecto era diferente del de Bob Thiele [...]. Clive Davis, en cambio, siempre iba arreglado y planchado: trajes hechos a medida, telas caras, discreto pero notorio al mismo tiempo, e incluso fuera de horas vestía como en el trabajo. También a diferencia de Bob Thiele, a quien todo el mundo llamaba Bob, Clive era siempre el señor Davis».

Clive Davis, un judío de clase media nacido en Brooklyn. Tipo muy resuelto y brillante, amante de las artes y los quehaceres jurídicos formó parte de Columbia Records (subsidiaria de CBS) y, a finales de los años sesenta, fue nombrado presidente de la todopoderosa discográfica CBS Records. Cuando conoce a Gil ya en los años setenta, Clive Davis estaba poniendo en marcha una nueva discográfica llamada Arista, y uno de sus objetivos era fichar a Scott-Heron, de quién era seguidor incondicional, en especial por piezas como «The Bottle». Tema que acabaría convirtiéndose en uno de los himnos más populares del artista, compuesto junto a Brian Jackson a mediados de los años setenta, y publicada en el sello Strata-East. Canción inspirada en un grupo de alcohólicos que se reunía cada mañana frente a una tienda de vinos y licores que había detrás de la casa donde vivían Brian y él, a las afueras de Washington. Un endiablado ritmo caribeño, bailongo y desaforado, cuya letra hablaba sobre el abuso del alcohol y, por extensión, de los problemas con las adicciones a las drogas, y los daños colaterales que su uso y abuso traen consigo; reflejando la dura situación de los alcohólicos y de las personas que, a duras penas, conviven con dichas adicciones. Un tema que arrasó y que millones de personas hemos bailado desenfrenadamente con una copa en la mano sin reparar en la magnitud de su significado.

Apenas un año después de que Clive Davis decidiera poner en marcha su sello, Arista ya era la quinta mayor compañía discográfica del mundo, lo que nos da una idea del poderío de este empresario que contaba en su escudería con artistas como: Aretha Franklin, Dionne Warwick o Toni Braxton, por citar a tres damas pertenecientes a la élite de la música soul. En Arista, Gil Scott-Heron grabaría unos cuantos discos en solitario. De esas grabaciones destacaría *Reflections* (Arista, 1981) donde se encuentran canciones como «B-Movie», un ataque feroz y descarnado contra el presidente Ronald Reagan, o «Gun», una férrea y cruda crítica sobre el control de armas de fuego. Mi preferida... «Inner City Blues» (Poem: «The Siege Of New Orleans»), escrita por Marvin Gaye, donde Gil Scott-Heron incluye el poema «El asedio de Nueva Orleans», que habla de la Batalla de Nueva Orleans, entre los Estados Unidos y el Reino Unido, acontecida entre el 23 de diciembre de 1814 y el 8 de enero de 1815. Como curiosidad «Reflections», fue producido por Gil Scott-Heron y Malcolm Cecil, un productor británico y bajista que trabajó con Stevie Wonder, Minnie Ripperton, y The Isley Brothers, y que fue el inventor de un sintetizador llamado TONTO «The Original New Timbral Orchestra», el primer sintetizador polifónico analógico y multitímbrico del mundo, y el más grande —en tamaño— de su época. No podemos obviar que también en Arista se publicaron inolvidables trabajos firmados por el tándem Gil Scott-Heron y Brian Jackson, que contenían canciones que se instalaron en la memoria colectiva como «Johannesburg» o «Angel Dust», gran éxito en 1978.

Gil Scott-Heron: «The Revolution Will Not Be Televised» (Flying Dutchman, 1974)

Scott-Heron afirma en estas memorias que siempre se tuvo por un pianista de Tennessee que [sic] «Tocaba el piano y escribía canciones. El hecho de que haya ejercido cierta influencia en el terreno de la política está muy bien, pero nunca me considerado un político. Nunca me he afiliado a ningún partido porque, una vez lo has hecho, te salen enemigos en otro partido. Por eso me mantuve al margen de la mayoría de las organizaciones de todo signo a las que traté. Quería estar disponible para todas». Mas son muchas las cosas que emergen en estas crónicas póstumas: emociones, vivencias y pasajes de trascendental relevancia en la vida del artista, pero cabe señalar aquí que los movimientos sociales y políticos no ocupan un lugar destacado en este texto, pese a la importancia que innegablemente juegan en la obra de Gil Scott-Heron.

Siempre sostuve que para entender bien sus poemas, así como toda la rabia y la denuncia social que los sustenta, es de gran ayuda conocer el rol de algunos de los principales líderes y protagonistas de estos movimientos sociales. Desde los más conocidos, como Malcolm X o Martin Luther King, pasando por activistas de diferentes épocas y décadas, como Albertina Sisulu, Walter Sisulu. Anna Julia Cooper, Harriet Tubman, Leroi Jones (Amiri Baraka), Booker T. Washington, Angela Davis, Rosa Parks, etc. Uno de los citados por Gil en este libro es Stokely Carmichael —junto a su «Comité Coordinador Estudiantil No Violento», los llamados «Pasajeros de la libertad y las sentadas»—. Carmichael, político y orador nacido en Trinidad y Tobago, fue uno de los grandes dirigentes del movimiento por la igualdad de derechos de la población afroamericana, movimiento al que también estuvo fuertemente vinculada su esposa, la vocalista Miriam Makeba.

Curiosamente, en otro libro muy recomendable de esta misma editorial que lleva por título *Víctima de mi hechizo: Memorias de Nina Simone*, Eunice K. Waymon, nombre real de Nina Simone, cuenta que fue íntima amiga Miriam Makeba, y cómo fue ésta quién la convenció para acudir a una charla que daba Carmichael en Filadelfia sobre política y derechos civiles. Nina Simone relata que la primera vez que vio a Stokely Carmichael pensó que: «debía de ser el hombre más atractivo de todo el país, y que a juzgar por la manera en que se abanicaban las mujeres del público, dedujo que no era la única que tenía esa opinión. Era alto y delgado, tenia una piel hermosa, ojos luminosos, y una voz maravillosa, muy risueña...». Carmichael, como relata Nina Simone, fue un «encantador de serpientes», un hombre muy capaz y preparado para luchar contra el yugo la injusticia social al que estaba sometida el pueblo afroamericano. Tanto las ideas de Stokely Carmichael como las de muchos de los librepensadores y activistas que lucharon por aquellos ideales son de capital importancia para entender algunos de los pasajes de estas memorias.

«Me And The Devil»
(XL Recordings, 2010)

Me atrevería a afirmar que esta lectura sorprenderá por igual tanto a iniciados como a profanos en el universo musical y narrativo del artista. De añadidura, es posible que cuando escuchemos alguna de sus canciones tengamos una idea mucho más precisa de cómo era la personalidad de este poeta y músico, así como de esos convulsos años —en blanco y negro— de los que desgraciadamente poco hemos aprendido a tenor de los acontecimientos que se suceden día tras día en nuestro presente. Sin más preámbulos, les dejo con la escritura de este inefable cantautor de voz elegante cuyo legado sigue presente y nos acompañará hasta el fin de los días. Que ustedes lo disfruten.

Jesús Bombín
Músico y DJ
«Sonideros», Radio 3

P. D. Permítaseme recomendarles, a modo de «playlist», el siguiente repertorio a fin de ambientar la lectura:

Gil Scott-Heron «Small Talk At 125th And Lenox»
(Flying Dutchman, 1970).

Gil Scott-Heron «Pieces Of A Man»
(Flying Dutchman, 1971).

Gil Scott-Heron «Free Will»
(Flying Dutchman, 1972).

Gil Scott-Heron «The Revolution Will Not Be Televised»
(Flying Dutchman, 1974)

Gil Scott-Heron «Real Eyes»
(Arista, 1980).

Gil Scott-Heron «Reflections»
(Arista, 1981).

Gil Scott-Heron «I'm New Here»
(XL, 2010).

Gil Scott-Heron & Jamie xx, «We're New Here» 2011
(Young Turls & XL, 2010).

Gil Scott-Heron & Brian Jackson, «Winter In America»
(Strata East, 1974).

Gil Scott-Heron & Brian Jackson, «It's Your World»
(Arista, 1976).

Gil Scott-Heron & Brian Jackson, «Bridges»
(Arista, 1977).

Gil Scott-Heron & Brian Jackson, «Secrets»
(Arista, 1978).

Gil Scott-Heron & Brian Jackson, «1980)
(Arista, 1980).

Dr. King

I admit that I never had given much thought
As to how much of a battle would have to be fought
To get most Americans to agree and then say
That there actually should be a Black holiday.
But what a hell of a challenge. How far would Stevie go
To make them pass legislation tabled ten years in a row?

I didn't doubt for a second that the brother was sincere
But how many minds had come together in the last twelve
    years?
How many folks recognized that America had to grow?
And who else could convince them that yesterday had to go?
I had liked the idea of a minister being around
When racing for high stakes, to have his foot near the
    brakes
Because of what truly could have gone down.
I thought America could have blown up
Before it could ever be said that we had grown up.
And for whatever reason were there Americans who never
    knew
That Dr. King prevented chaos and would give him his
    due.
I admired Stevie's enthusiasm and that he spoke his mind
But right does not triumph over wrong every time.
Gandhi took nonviolence with him when he died.

Admito que nunca me había parado a pensar
en la dura batalla que se tendría que librar
para lograr que la mayoría de los americanos
se pusieran de acuerdo como hermanos
y se centraran entonces en el objetivo
de pedir para los negros un día festivo.
Pero este fue un gran reto.
¿Tendría Stevie suficientes redaños
para conseguir que se aprobara una ley pospuesta durante diez años?

No dudé ni un solo segundo de que mi hermano Stevie fuera
      sincero
pero en los últimos doce años, ¿cuántas voluntades se habían
      sumado a un acuerdo duradero?
¿Cuánta gente reconocía que América debía crecer?
¿Y quién más podía convencerles de que debían olvidar el ayer?
Me había gustado la idea de que fuera un pastor bautista quien
      estuviera sobre el terreno
cuando empezó la carrera y se apostó fuerte: para que tuviera
      el pie cerca del freno
por si las cosas se descomponían y no se llegaba a nada bueno.
Pensaba que América bien podría haber estallado
antes de que se pudiera decir que habíamos asesado.
Y por el motivo que sea había gente en América que no sabía
que el doctor King había evitado el caos y había que
      homenajearlo como merecía.
Yo admiraba el entusiasmo de Stevie y el hecho de que hablara
      con franqueza,
pero no siempre el bien triunfa sobre el mal, métetelo en la
      cabeza.
Ghandi, al morir, se llevó la no violencia consigo.

Over here there was nonviolence, but only on one side.
When white folks beat up and killed people that you knew
You might direct your anger at a building or two.
Instead of making the Old Testament a civil rights guide
And saying that «an eye for an eye» would now be justified
We were told to accept that some white folks had no class
And instead of condemning white people «en masse»
We were told remaining peaceful would be the best thing
And directing that philosophy were men like Dr. King.

Through a storm of provocation to fight we saw
That in order to change America you must change the law.
They called us «militants» and «radicals» and were made
*   to look bad*
For trying to secure rights all Americans had.
But behind what's often written is where you find the real
*   thing*
So America might not have made it without Dr. King.

Aquí se practicaba la no violencia, pero no era así en el bando
    enemigo.
Cuando gente blanca apaleaba y mataba a gente que conocías
puede que descargaras tu rabia contra uno o dos edificios, pero
    esto no pasaba todos los días.
Pues en vez de hacer del Antiguo Testamento una guía para los
    derechos civiles y dejar que la gente
pudiera considerar justificado entonces eso del «ojo por ojo,
    diente por diente»
se nos dijo que aceptáramos que había blancos dominados por
    la maldad
y en vez de ponernos a condenar a la gente blanca en su
    totalidad
se nos dijo que seguir practicando el pacifismo era lo mejor
y uno de los abanderados de esta filosofía era Martin Luther
    King, el doctor.

Tras resistir a muchas provocaciones vimos que la mejor
    opción
si queríamos cambiar América era cambiar la legislación.
Nos tildaron de «combativos» y «radicales», nos hicieron quedar
    como gusanos
por el mero hecho de intentar conseguir unos derechos que
    tenían todos los americanos.
Pero la verdad se encuentra detrás de lo que se suele escribir
y sin el doctor King América no lo habría podido conseguir.

PRÓLOGO

Siempre desconfío de los pormenorizados recuerdos repletos de detalles que los autores proclives a la sobreelaboración nos comparten acerca de su infancia. Quizá envidie su capacidad para retener con tanta claridad cuanto tienen a bien consignar sobre tiempos lejanos mientras que mi propio pasado me parece irremediablemente perdido desde hace ya largo tiempo.

Lo que me ayudó a mantener cierto orden fue que a los diez años me aficioné a escribir. Escribía relatos breves. Lo malo era que no sabía gran cosa de nada en particular. Y no sacaba fotos ni coleccionaba recuerdos. Había cosas que valoraba, pero creía que me acompañarían y permanecerían para siempre. Al igual que yo.

Estaba Jackson, Tennessee. No importaba adónde fuera (a Chicago, Nueva York, Alabama, Memphis o incluso a Puerto Rico en el verano de 1960): yo siempre sabía que regresaría a casa, a Jackson. Era ahí donde mi abuela y su marido se habían establecido. Era ahí donde mi madre y sus hermanos y hermanas nacieron y se hicieron mayores. Era ahí donde me criaron, en una casa de la calle South Cumberland que todos ellos llamaban hogar, con independencia de lo que estuvieran haciendo y de dónde lo estuvieran haciendo. Eran la gente más importante en mi vida y ese era su hogar. Ahí empecé a escribir, aprendí a tocar el piano, y ahí empecé a querer escribir canciones.

Fue en Jackson donde oí música por primera vez. Lo que la gente llamaba «el blues». Sonaba en la radio. Sonaba en las rocolas. Era la música en Fight's Bottom de la calle Shannon los sábados por la noche, cuando sonaba a todo volumen y el whisky de contrabando de Memphis corría como el agua. El blues también llegaba de Memphis. La calle Shannon era tabú en mi hogar, algo en cuya existencia mi abuela ni tan siquiera pensaba. Nunca pusimos blues en casa.

Vivíamos al lado de la funeraria Stevenson and Shaw. El hombre que regentaba ese negocio era Earl Shaw, una de las personas más amables que he tenido el gusto de conocer nunca. Su mujer era una buena amiga de mi madre y nuestras familias estaban tan unidas que durante años me relacioné con sus hijos como si fueran mis primos.

Sin duda el negocio de la funeraria les iba bien, porque recuerdo claramente cuando el señor Shaw adquirió otro edificio en East Jackson y los de las mudanzas vinieron para sacar todo lo que atesoraba en la casa de al lado. Y luego vinieron los del depósito de chatarra para meter todo lo demás en la caja de un viejo camión. Mi abuela conocía al chatarrero, quien, tras mantener una breve conversación con ella, ordenó a sus dos hijos que llevaran un manoseado piano del año de la pera a nuestra sala de estar y lo arrimaran a la pared. Contaba yo siete años. Edad suficiente para empezar a aprender a tocarlo. La idea de mi abuela era que me aprendiera algunos himnos para interpretarlos durante las reuniones de su grupo de costura. Así es como empecé a tocar.

En la radio de la sala no sonaba blues. Mi abuela la tenía bloqueada en la emisora que daba sus radionovelas por la tarde y sus programas favoritos por la noche. Cuando compramos otra radio, rápidamente recibió el mote de «la radio del béisbol» y, efectivamente, cuando retransmitían un partido de béisbol me ponía a escucharlo. Pero otras veces intentaba sintonizar la WDIA de Memphis, la primera emisora negra del país, con personalidades como Rufus y Carla Thomas y B. B. King. Entrada la noche trataba de captar «Randy's Record Show», que emitía desde Nashville.

La gente hablaba de que se había producido una explosión musical en Memphis. Sabía que mi música favorita, el blues, también venía de ahí. Pero yo vivía en Jackson, ciento cincuenta kilómetros al este de Memphis, y no me apetecía irme a ningún otro lado. Hasta que me tocó hacerlo, cuando la familia (mi madre y yo) nos trasladamos a Nueva York. Aunque dejamos Jackson en el verano de 1962, sabía yo que se avecinaba el traslado desde el momento en el que se anunció la construcción de la nueva carretera; de lo cual tuve noticia un par de años y un centenar de rumores antes. El trazado que seguiría la carretera había sido motivo de horas de conversación. Finalmente pasaría a través de nuestro barrio.

Cuando nosotros nos fuimos ya habían despejado gran parte del barrio. Habían cerrado sus puertas la iglesia de la calle Liberty, justo detrás de nuestra casa, y Rock Temple, la iglesia de los bautistas reformados, unas cuantas manzanas más lejos. Nunca había habido muchos comercios en aquella dirección y los cuatro carriles discurrirían a través de lo que habían sido desvencijados edificios. Pronto todo habría desaparecido. Podía imaginar las filas de gasolineras y garitos de comida rápida bordeando lo que había sido mi patio trasero. Un acceso más fácil para los camioneros y los viajeros que iban a Memphis, al oeste, o a Nashville, al este.

En cierto sentido este fue el preludio de un funeral de mayores proporciones. La pavimentación de América constituyó un entierro simbólico del hacha de guerra, una señal de que los ejecutivos del norte y los del sur por fin se habían puesto de acuerdo. Los estados confederados finalmente habían encontrado avaladores para su préstamo de cien años y se habían abierto camino desde la batalla de Appomattox Court House a través de tribulaciones, la apostasía, y pasando por la apatía, la disculpa, la contemporización, los ruegos, el consentimiento, la aprensión y la asignación hasta la aprobación. El cuadrante sur del país contiguo había cumplido un siglo de gélido aislamiento y te juro que un negrat... un negro había puesto un soplete en el termostato. Thurgood Marshall* había descongelado las cosas, había echado abajo la última barricada con el caso Brown contra el Departamento de Educación. Ahora la gente de las finanzas se enfrentaba a la última frontera.

Yo había representado mi pequeño papel, una insignificante ondulación apenas en una de las incesantes olas que estaban erosionando la incólume montaña que había fosilizado la segregación racial. Junto con Madeline Walker y Gillard Glover, nos inmiscuimos e hicimos nuestra lucha contra la segregación en Jackson. Y se construirían fábricas. Y las carreteras se irían desenroscando como serpientes de cascabel desde Maryland hasta el golfo de México. Y Jim Crow, el cabrón que había blandido miles de porras y prendido fuego a miles de cruces no había perecido aún, pero había sido herido. En aquella ocasión por tres niños: Madeline, Gillard y yo, civiles en una guerra civil.

Desde aquellos inicios, no todo lo que me ha pasado o he hecho a lo largo de mi vida me hace sentirme orgulloso. Pero me considero afortunado. Me criaron dos mujeres (mi madre y mi abuela) entregadas a mi bienestar y que hicieron todo lo posible para que no me faltara ninguna oportunidad para triunfar en la vida. Se afanaron en enseñarme a través de los libros y fueron ejemplos de lo que debería intentar ser como persona adulta y como caballero. Mis erro-

---

* Abogado estadounidense, nieto de esclavos (1908-1993). Fue el primer juez negro del Tribunal Supremo elegido para el puesto, prestando sus servicios entre 1967 y 1991. Célebre por su victoria en el caso Brown contra el Departamento de Educación de los EE.UU. Miembro de la Asociación Nacional para el Progreso de las Personas de Color (NAACP, su sigla en inglés) fue el principal artífice del fin de la segregación racial y trabajó infatigablemente para la equiparación de derechos entre ciudadanos de distintas razas. (*N. del E.*)

res se han debido a mi escasa capacidad para juzgar tanto a las personas como las circunstancias.

Soy padre de tres hijos, a pesar de los rumores y comentarios en sentido contrario. Mi primogénito es Rumal, un anagrama de las letras del nombre de su madre. Mi hija mayor es Gia, palabra de dulce sonido para un encanto muy femenino. A mi hija menor le pusimos Chegianna y la llamamos Che (pronunciado *Shay*). Este libro es, en cierto modo, una oportunidad para compartir algunas cosas con ellos y con otros lectores, cosas que espero que sean útiles. Parte de él es puramente autobiográfico. Su eje central, sin embargo, discurre en torno a las actividades organizadas por mi hermano Stevie Wonder, un verdadero prodigio de talento y de interés por el prójimo. Tuve mucha suerte de estar con él cuando aplicó su determinación e ilusión a la consecución de algo importante, algo que mucha gente creía imposible y que él consiguió.

Todos necesitamos constatar que hay gente que va más allá de lo que parece posible y alcanza sus objetivos. Conviene tener noticia de más ejemplos sobre el modo de conquistar esas metas. Todos nos enfrentaremos a circunstancias difíciles a lo largo del camino que pondrán en peligro nuestra confianza en nosotros mismos y tratarán de alterar nuestras decisiones sobre la dirección que deseamos tomar.

Espero que este libro os recuerde que podéis triunfar, que la ayuda puede llegar de lugares insospechados en los momentos cruciales. Yo creo en «los espíritus». A veces, cuando explico a la gente que he sido bendecido y que los espíritus han cuidado de mí y han orientado mi vida, supongo que sueno como una especie de predicador de una nueva religión. No lo soy y no tengo ninguna iglesia personal que promocionar. Aun así, creo, parafraseando a Duke Ellington, que en casi todos los momentos difíciles de mi vida ha habido alguien o algo que me ha mostrado el camino. Esos puntos de referencia, esas señales, los proporcionan los espíritus. Pero no es mi intención sacar a colación este asunto con la intención de suscitar un debate. Como sea que denominéis las influencias intangibles que nos ayudan a orientarnos en la vida no viene a cuento. En mi opinión, la bondad de cuanto nos sucede tiene su origen en nuestras propias acciones y en nuestras contribuciones positivas. Pero estas deben provenir del corazón, no de lo que esperemos a cambio. En caso contrario nuestra contribución deviene un préstamo y deja de ser un regalo desinteresado.

Estoy agradecido a montones de personas que me han ayudado a sacar adelante mi trabajo a lo largo de los años y que han contribuido a dar forma a cuanto intento contar aquí. Espero que quede claro en el relato que sigue. Mientras tanto, me gustaría que este libro nos sirviera, a su vez, a todos para acordarnos de honrar públicamente a mi hermano Stevie Wonder el día de su cumpleaños mas también el 15 de enero a Martin Luther King Jr., día de su nacimiento.

1

Las palabras me han importado desde que me asiste la memoria. Su sonido, su estructura, sus orígenes. A causa de este interés, hay pocos lugares donde podría haber crecido que me hubieran proporcionado una materia prima más estupenda que el sudeste de Norteamérica.

Hace trescientos o cuatrocientos años la palabra Tennessee significaba «tierra de árboles» para los nativos de esa parte del mundo. Los habitantes de esa región respetaban la tierra y la atención que prestaban a los detalles de sus alrededores se hace patente en sus descripciones. Examinaron su entorno meticulosamente y trazaron dibujos de lo que veían desde una montaña que proporcionaba una vista panorámica de varios kilómetros a la redonda. Al sur y al este de la montaña, una alfombra de copas de árboles se extendía hasta los senderos marcados por los seminolas. Justo al oeste, el pueblo de los *chickasaw* vivía a orillas del ahorquillado río Tennessee, que te encontrabas dos veces porque divide el estado en tres partes. Y por todos lados se alzaban densos bosques. Tennessee, dicen, fue en el pasado una zona cubierta por un extenso manto de bosques sin fin, la tierra de los árboles.

Los nativos de las zonas altas de los Apalaches se dispersaron cuando una gente nueva llegó a las montañas desde el este. Esos toscos, sucios intrusos eran más que una tribu diferente. Y menos. Eran más que un color de piel y una lengua diferentes. No respetaban la tierra ni a sus habitantes. Llegando en oleadas, atacaron las montañas como si fueran a arrasarlas. Abrieron en ellas agujeros irregulares como a cuchillazos y condenaron a su extinción los arroyos antes de que atronadoras explosiones abatieran la faz de las laderas, dejando solo la impronta de las horrendas cicatrices como testimonio de su búsqueda de las rocas negras que llamaban carbón. Los nativos cartografiaron sus quebradas sendas de mutilación desde la cumbre que se alza sobre Chattanooga y se llevaron a sus familias hacia el oeste.

Cuando yo era un niño, en Tennessee, la primera clase de la mañana era geografía y la hora siempre se dedicaba a Tennessee y a su conexión con la historia. Tennessee era el Estado Voluntario. Los equipos de deportes de la Universidad de Tennessee eran los Voluntarios. Recuerdo que nos mostraban imágenes de Davy Crockett y del Oso Smokey. También me acuerdo de la diagonal un poco curva que tracé para unir Knoxville con Nashville y con la ciudad que lleva el nombre de una antigua metrópolis egipcia, Memphis.

Memphis, Tennessee, estaba a tan solo ciento cincuenta kilómetros al oeste de Jackson, mi hogar. Pero en mi mente quedaba tan lejos como el Polo Norte. La gente de Jackson siempre estaba hablando de algún otro lugar, sobre todo de Memphis, ya que era un lugar cercano donde se podía beber alcohol, mientras que Jackson estaba en un condado que aplicaba la ley seca. Yo hablaba de ir a Chicago, donde vivía mi madre. Algunos parientes de mi abuelo residían en Memphis y les había visitado, pero lo que recuerdo del viaje en coche es que me mareé y vomité.

La historia que nos explicaban sobre Memphis estaba escrita con trazos ligeros que se abrían paso a trompicones hacia un embarcadero más o menos firme con Elvis Presley en *The Ed Sullivan Show*. La ciudad había brotado como un mercado en medio del camino, un lugar de encuentro a orillas del río Mississipi acuclillado entre el estiércol casi en el punto intermedio entre Nueva Orleans y Chicago. Como tal, constituía un emplazamiento perfecto para comerciantes de todo tipo y de toda procedencia, que llevaban de todo para intercambiar: desde pieles hasta muebles, algodón o reses. A medida que los barcos de vapor y los propulsados por ruedas de paletas exploraban los bajíos de Memphis y St. Louis, iban removiendo grandes masas de limo y arena que teñían la superficie de la vía fluvial de un marrón bruñido. El Mississipi se hizo famoso como el Gran Embarrado.

El puerto en las afueras del pueblo atraía como un imán a cazadores, tramperos, granjeros y nativos, que se presentaban en carros de madera para trocar montones de tabaco, verdura y pieles de búfalo por armas de fuego, whisky y aperos. Todos ellos pasaban de largo de las estrechas, miserables chozas, simples jaulas, donde resonaban los gemidos y el repiqueteo de las cadenas del cargamento humano.

Las jornadas en Memphis iban de sol a sol, y al rayar el alba empezaba la procesión desde el puerto hasta las malolientes chozas de barro bajo las plataformas de subasta. Allí conducían a hombres y mujeres negros semidesnudos, apenas cubiertos por podridos harapos, atados y encadenados, con dogales de cuero sin curtir en el cuello. A los cautivos menos dispuestos a cooperar les ponían grilletes en los tobillos que solo les permitían dar pasos cortos, vacilantes. Esos negritos serían vendidos a los cajunes asesinos de las ciénagas de la costa. Se decía que por cada año que un hombre pasaba en el abrumador calor del verano de Luisiana se le restaban cinco años de vida. Cuando un esclavo era vendido a los señores de Luisiana, los allí presentes se lamentaban de que hubiera sido «vendido río abajo», expresión que posteriormente tomaría el significado de «ser traicionado».

Memphis se desarrolló y de mercado en medio del camino pasó a ser una importante metrópolis. Tiendas de campaña que acogían tabernas y casas de putas, antaño empapadas del sudor de marineros borrachos y apestando con el agrio hedor de cerdos, cieno, aguas residuales y esclavos, ahora es más famosa por Graceland y los Grizzlies que por la calle Beale y el blues. Su inmunda fundación como oficina central para putas y para humanos vendidos al mejor postor quedó oculta tras la magia del mestizaje musical. Sun Records se consideraba la mecha que había encendido la década de 1950 con Elvis y el rock and roll. Con Carla y Rufus Thomas y Otis Redding, Stax Records llevó el blues a las listas de éxitos con estribillos pegadizos, metales y un ritmo contundente, que evolucionó hasta llegar a Al Green y Willie Mitchell. Memphis significaba música.

Y a menos que os paréis a pensar un minuto, podríais olvidar que fue en Memphis donde el doctor Martin Luther King Jr. fue asesinado de un disparo en el balcón de un motel el 4 de abril de 1968. Este asesinato es uno de nuestros puntos de partida.

Stevie Wonder no lo olvidó.

En 1980, Stevie se unió a los miembros del Caucus Negro en el Congreso de Estados Unidos para defender la necesidad de honrar el día en el que el doctor King nació, para convertir su cumpleaños en una festividad nacional.

La campaña empezó en serio la víspera del día de Todos los Santos de 1980 en Houston, Texas, con la gira nacional de Stevie para promocionar un nuevo LP titulado *Hotter than July* que contenía el single «Happy Birthday», canción en la que se propugnaba un día festivo para el doctor King. Llegué a Houston a primera hora de la tarde para unirme a la gira como telonero. Me invitaron a tocar en las ocho primeras actuaciones, a lo largo de dos semanas, y me gustó estar ahí, y de nuevo ver a Stevie y a su loco colega Calvin.

No sé por qué pero parece que el esfuerzo de Stevie como líder de esta campaña ha caído en el olvido, y es algo que todos deberíamos recordar. Con la misma convicción con la que deberíamos recordar el 4 de abril de 1968, deberíamos celebrar el 15 de enero. Y deberíamos no olvidar que Stevie así lo hacía.

Tal como cantaba Stevie en «Happy Birthday»:

We all know everything
That he stood for time will bring
For in peace our hearts will sing
Thank to Martin Luther King

[Todos sabemos todo lo que vendrá / lo que él defendía el tiempo lo traerá / pues nuestros corazones cantarán en paz por fin / gracias a Martin Luther King]

Stevie Wonder no veía. Era invidente. La palabra ciego casi formaba parte de su nombre. Desde el primer momento en que su nombre se divulgó y se etiquetó el título de la canción, fue caracterizado como «Stevie Wonder, el Chico Ciego». Yo sabía que todo formaba parte del plan para vender a Stevie al público, pero aun así sentía un poco de lástima por mi hermano porque se destacaba en mayúsculas algo que a él probablemente no le hacía falta oír.

Yo nunca había oído decir «Ray Charles, el Ciego» o «José Feliciano, el Ciego». No podía deberse al hecho de que Stevie tocaba un instrumento, porque Ray Charles tocaba el piano y José Feliciano tocaba la guitarra. ¿Qué más daba?

Tiempo atrás los miembros de la comunidad negra habían adoptado lo que ellos consideraban nombres religiosos. Cassius Clay pasó a llamarse Muhammad Ali. Bobby Moore se convirtió en Ahmad Rashad. En el pasado tipos que se llamaban de otra manera se habían convertido en Rock Hudson y John Wayne. Malcolm Little se convirtió en Malcolm X. Ma Bell en Nine X. Y Stevie...

Stevie empezó cargando con un tres en raya de alias. Lo llamaban «Little Stevie Wonder» cuando su primera canción que entró en el Top 10 convirtió las ondas de radio americanas en su gran ola surfera particular. De haber andado yo en aquel tiempo con un micrófono, habría sido una ola decisiva para proclamarse campeón. Pero puesto que su verdadero nombre era Steveland Morris, de hecho había estado cabalgando las olas sobre una tabla de surf ficticia.

Puede que fuera pequeño la primera vez que los ejecutivos de la discográfica le echaron el ojo en alguna actuación en la Motown, pero cuando interpretó «Fingertips» en el programa *American Bandstand* ya rondaba claramente el metro ochenta de estatura y parecía que pudiera dejar fuera de combate al presentador, Dick Clark.

Cuando yo tenía quince años y vivía en el Bronx tuve la oportunidad de ver por primera vez a Stevie Wonder en el Apollo de la calle 125. El joven que ocupaba el centro del escenario sosteniendo una harmónica y un micrófono mientras animaba al gentío a batir palmas era tan alto como yo, y solo las gafas oscuras que ocultaban sus ojos me recordaron que su sonrisa de cien vatios que salía del brillante haz de luz de los focos se dirigía a una oscuridad que empezaba detrás de sus párpados y no más allá de las candilejas. El tipo tocaba a toda máquina, y yo deseé que el «Ciego» de su carta de presentación se cayera y no se le quedara pegado como nombre artístico, como en el caso de Blind Lemon Jefferson, (como si el antiguo y sencillo Stevie Wonder fuera un nombre amateur).

Stevie siguió creciendo en todas direcciones. Hasta alcanzar su talla adulta de más de metro ochenta, pero también a ojos del público como un talento musical maravilloso. Un teclista excepcional, un percusionista entusiasta, un compositor ingenioso y estimulante tanto de excitantes piezas de baile como de reflexivas baladas, canciones que se te pegaban y que recordabas con sentimientos nuevos. Demostró todo su dominio conceptual como compositor y arreglista con la banda sonora orquestada de la película *The Secret Life of Plants*.

El timbre de su voz y su registro vocal hacían de todas y cada una de sus creaciones como cantante un logro individual. Sus canciones eran cantadas por otros artistas, pero no «versionadas». A lo largo de las décadas de 1960 y 1970 su fama de artista con gancho se mantuvo y estaba constantemente solicitado.

Antes de conocerlo, pensaba a menudo en Stevie. Aparte de aparecer constantemente en la radio, sonaba todo el rato en mi equipo. Además de aquella primera vez en el Apollo, volví a verlo pocos años después, durante unas vacaciones veraniegas de la universidad en las que me quedé en el campus a trabajar de monitor de colonias. Tomamos un autobús desde el campus Pennsylvania de la Universidad Lincoln hasta un recinto ferial de Nueva Jersey para disfrutar de dos horas de las canciones y la espectacularidad de Stevie.

Hizo una demostración impresionante de su virtuosismo con diversos instrumentos. Al ver lo que había crecido desde aquel día en la calle 125 con la harmónica y observar la maestría que mostraba en varios teclados e instrumentos de percusión y su facilidad cantando, situé a mi hermano como intérprete y como talento, en el primer puesto de mi ranking. Su manera de tocar, de cantar y de componer se había ido desenvolviendo en progresión geométrica sin perder un ápice de aquella alegría desenfrenada que estallaba como una fuerza física a partir de las primeras notas y echaba el lazo a todos los que estuvieran al alcance de su frecuencia de libertad. Nunca había atribuido a Stevie poderes sobrenaturales, tampoco creía que lo hubieran visitado los extraterrestres o que alguna bruja lo hubiese tocado con su varita mágica, pero tras ver un par de sus actuaciones la energía que siempre generaba desde el escenario me cautivó definitivamente.

Cuando conocí a mi hermano (a mediados de la década de 1970) me alegró que fuera simplemente Stevie Wonder. O Stevie. Había perdido o desechado la mayor parte de calificativos inadecuados que le habían ido cayendo de aquí y de allá como feas capas de pintura. De no haber sido así, podría haber acabado a mis treinta años compartiendo cartel con «Little Blind Stevie Wonder». Pero las cosas salieron bien.

Pocos años antes de la propuesta de salir de gira con Stevie, Clive Davis lo había invitado a asistir a una actuación nuestra en el Bottom Line del Greenwich Village, Manhattan. Después de ese día, Stevie se dejaría caer espontáneamente en nuestras actuaciones de vez en cuando, en el Roxy, en el Wilshire Theater, pero yo nunca sabía que iba a venir. Eso es lo que hacían los amigos. Dejarse caer sin anunciarlo previamente y saber que serían bienvenidos. Con los calendarios que manejamos los artistas, no es raro que las cosas pasen espontáneamente. Dispones de un minuto libre, te enteras de que hay alguien en la ciudad y quieres verlo. Cuanto más famoso era el personaje y cuantas más cosas tenía que hacer, más espontáneo resultaba todo.

Yo siempre llamaba a todo el mundo «hermano» y Stevie tenía sus propios apelativos para la gente. Poco después de conocernos empezó a llamarme «Air Reez», y eso molaba porque yo soy Aries.

El hecho de conocerle también me hizo retroceder al Bronx y recordar lo que había pensado del antiguo «Little Stevie» y me alegré por él. Ha sido para mí una alegría íntima haber sentido esa afinidad con mi hermano casi toda la vida. Y ni al principio ni ahora me ha importado nada que alguien pudiera decir «Es ciego, ¿sabes?».

That meant the harmonica on «Fingertips»
Was no sooner settling on Stevie's lips
That what inevitably came to their mind
For some reason was that the brother was blind.
Which obviously didn't mean a helluva lot
'Cause it said what he didn't have but not what he got.
His music hit a certain chord
And moved you like the pointer on a Ouija board
Your feet made all of your dancing decisions
And didn't give a damn if he had X-ray vision.
So why was it that people always remarked

«He's blind» as though Stevie was condemned to the
dark?
Suppose you looked at it the opposite way:
They had 20/20 vision and still couldn't play.
And when they danced seeing didn't help them keep
time
And things like that made me wonder just who was
blind.

[Eso significaba que apenas la harmónica de «Fingertips» / se acomodaba en los labios de Stevie / la gente por alguna extraña razón pensaba / indefectiblemente que el hermano ciego cantaba. / Lo que obviamente trascendencia apenas revestía, / puesto que decía lo que le faltaba pero no lo que tenía. / Su música tocaba cierta fibra / y te hacía mover como cuando un vaso sobre un tablero de oüija vibra / tus pies tomaban todas las decisiones al bailar / y que tuviera vista de rayos X poco debía importar. / Así que, ¿por qué la gente siempre comentaba / «Es ciego», como si que estuviera condenado a la oscuridad fuera lo que contaba? / Mirémoslo desde el ángulo opuesto: / ellos gozaban de una vista perfecta y aun así él ya era rey puesto. / Y, al bailar, al advertir que ver no les ayudaba a seguir el compás, / cosas como esta me hacían preguntarme quién era el ciego sin más.]

3

Voy a tener que pediros que admitáis ciertos datos sin prueba fehaciente alguna, tal como hice yo. Por ejemplo, que la mañana del 1 de abril de 1949, en el Provident Hospital de Chicago, Illinois, una muchacha negra muy bonita llamada Bobbie Scott hizo un viaje de ida y vuelta a la sala de partos del hospital. Según la información de la partida de nacimiento, dio a luz a un niño que era un varón-negro-legítimo, el tres en raya de los certificados de nacimiento en aquel entonces.

La posición en la vida de mucha gente cambió aquel día. Un nacimiento siempre afecta directamente a mucha más gente de lo que parece a primera vista. Todos los parientes de los padres reciben un nombre adicional por el que los invocarán. La madre de mi madre se transformó en abuela, la hermana de mi difunto abuelo en tía abuela, los hermanos de mi abuela tíos abuelos, sus hijos primos de nuevo, y el hermano y las hermanas de mi madre pasaron a ser tío y tías.

La familia de mi padre se vio afectada de la misma manera: su madre y su padre abrazaron la condición de abuelos, sus siete hermanos se transmutaron en tíos y sus hijos amanecieron primos. Mi padre, que era originario de Jamaica, y sus siete hermanos, se llamaban «Saint Elmo» de segundo nombre. No estoy seguro de cuántos de sus hermanos pusieron a sus hijos Saint Elmo, pero mi padre decidió que quería que su hijo se llamara como él, nombre a nombre: Gilbert Saint Elmo Heron. Esto a mi madre le molaba hasta cierto punto. Usar el mismo primer nombre molaba. El uso del mismo apellido no solo molaba, sino que además cuadraba con el varón-negro-legítimo de la partida de nacimiento. Pero usar Saint Elmo habría elevado el conocido número de hombres en el planeta con ese segundo nombre a nueve, cosa que, por lo que respecta a mi madre, ya era excesiva. No molaba en absoluto.

Según mi madre, ella no tenía absolutamente nada en contra de san Telmo ni del fuego que podía o no haber sido creación suya. No ponía en duda la veracidad ni la sobriedad de los numerosos marineros que aseguraban haber visto este fenómeno llameante entre los mástiles de barcos en el mar. Simplemente no le gustaba el nombre Saint Elmo, y convenció a mi padre de que, a menos que el santo llegase desfilando, no habría más.

Mi madre propuso encontrar otro nombre que empezara por «S» para que las iniciales de padre e hijo siguieran siendo las mismas. El problema de mi padre era que no sabía de ningún otro nombre que pudiera quedar bien con su apellido (todos los Heron varones que conocía se llamaban Saint Elmo de segundo nombre). Entonces mi madre sugirió «Scott», su apellido de soltera. A mi padre eso de Scott no le gustaba (todos los Scott que conocía se llamaban así de apellido) pero accedió a regañadientes.

A mi madre le habían puesto el nombre de mi abuelo, Bob Scott. Todo el mundo la llamaba Bobbie, pero su nombre completo era Robert Jameson Scott. Resulta evidente que a sus padres, Bob y Lily, les preocupaban poco las convenciones por lo que respecta a los nombres de sus hijos. Les daban los nombres que querían que llevaran. Bob Scott había muerto en 1948, después de que se quedara ciego diez años antes. Mi abuelo había sido agente de seguros antes de la Gran Depresión y durante lo peor de esa etapa, y entonces empezó a venirse abajo. Primero se quedó sin circulación en las piernas por constricción venosa. Luego perdió la vista. Empezó a chochear, empeoró, enloqueció y más tarde se volvió violento y tuvo que ser internado en el hospital para delincuentes psicóticos de Bolivar, Tennessee.

De todos modos, el hecho de que mi madre viera en mi padre una versión caribeña de Bob es probablemente lo que lo hizo atractivo a sus ojos. Gil, mi padre, era alto, apuesto, vestía bien y tenía buenos modales. Así había sido también Bob Scott, que siempre vestía traje en el trabajo, con camisa blanca y corbata, sombrero limpio y zapatos lustrados. (Más tarde recuerdo que miembros de los antiguos equipos de fútbol de mi padre me hablaban de los elegantes trajes estilo años cuarenta y las anchas corbatas a rayas con los que Gil se presentaba siempre en el vestuario.) Cuando mi madre hablaba de su juventud en Jackson, Tennessee, y de sus viajes con Bob Scott, notabas el orgullo en su voz y los ojos le brillaban. La fuerza de la relación entre ambos era obvia.

Mi abuelo había sido «Bob Brazo de Acero», un pitcher que derrotó al equipo de Satchel Paige por 1-0 cuando pasó por Jackson en la gira de exhibición de pretemporada. Leyéndole a su padre las páginas de deportes fue como mi madre llegó a saber tanto sobre deportes y promedios de bateos (los conocimientos y el verdadero entendimiento de los detalles). A mi padre eso le encantaba.

Gil Heron era joven, exótico y con mucho mundo, un veterano de las fuerzas aéreas canadienses. También era duro y atlético, y daba lo mejor de sí mismo cuando competía. El fuego de Aries le encendía la cara y se la hacía resplandecer. La alegría de ganar le hacía sonreír de una manera que te sentías como si estuvieras ante un sol brillante, cálido. A veces se apasionaba y a veces se ponía pensativo, dándole vueltas a la calidad de sus contrincantes y sus compañeros de equipo, que no podían pasarle la pelota cuando los marcaban. Le encantaba hablar de fútbol, de los partidos jugados, de sus compañeros de equipo, de los rivales ridiculizados porque sus vanos, desesperados intentos de atraparle siempre acababan de la misma manera: ¡Gooooool!

Fueron la franqueza y curiosidad, que no ingenuidad, de mi madre, Bobbie, lo que hizo que Gil se sintiera atraído por ella. Mi madre era la segunda de cuatro hermanos, una alumna becada que se licenció por el Lane College, la universidad Negra de Jackson, con una increíble nota media de 3,96 y luego se trasladó al norte, a Chicago. Era evidentemente una joven bonita y vivaz, una licenciada universitaria que hablaba con voz suave y pausada y no jugaba mal a los bolos. Se habían conocido en la bolera contigua a la planta de la Western Electric en Chicago donde ambos trabajaban. Era delgada pero él se fijó en sus piernas torneadas, sus caderas firmes y su sonrisa cándida. Había conocido a mujeres que fingían ser fans de los deportes y le decían «Me encantaría venir a un partido y verte anotar una carrera». Ella no. No la señorita Bobbie Scott de algún lugar de Tennessee. Ella sabía de deportes. Incluso sabía de fútbol.

Gil llegaba a casa después de los partidos de fútbol y se daba friegas con alcohol en las piernas. Solo entonces los cortes y rasguños y moratones recibían la atención que merecían. Durante el juego era ajeno al dolor; sus heridas horrorizaban a mi madre. Los rivales trataban de lesionarlo deliberadamente, con entradas peligrosas incluso cuando ni siquiera tenía el balón. Era inevitable cuando jugaban contra equipos de los alrededores. Sus habilidades ofendían a los adversarios y a menudo les hacían sentir tontos y les dejaban debatiéndose en vano, víctimas del excelente juego de piernas de Gil. Había bribones en sitios como Skokie, un suburbio de Chicago habitado entonces principalmente por europeos, que consideraban el fútbol como si fuese una reliquia étnica. Mi madre hablaba de los incidentes que provocaban los jugadores contrarios cuando forzaban una falta al abalanzarse contra sus piernas y no en busca del balón, no con la intención de quitárselo sino de lesionarlo; estas cosas hacían que Gil se saliera de sus casillas. Mala opción. Los agarraba y los sometía con la fuerza de sus poderosas piernas, o bien mientras forcejeaban de pronto tiraba bruscamente de su adversario y le daba un cabezazo en plena cara. Una vez se irritó tanto con los árbitros, que hacían la vista gorda pasando por alto los intentos deliberados de lesionarlo, que de pronto se abalanzó sobre el balón y de un chut lo mandó por encima de la valla al lago Michigan, con lo que el partido se terminó.

Bobbie estaba tan preocupada por las peleas como por la posibilidad de que lo lesionaran en un partido. Y esas cosas no dependían de las mismas circunstancias. Gil tenía fama, o así cuenta la leyenda, de manejar cada una de esas aptitudes tan distintas con igual destreza y entusiasmo. De manera que ella iba a verlo jugar con la esperanza de que no pasara nada.

Mi madre me explicaba que había cierta elegancia y ferocidad tanto en su manera de dar patadas a la pelota como al culo de la gente. No se había formado esa opinión solo porque estuviera casada con él. Aunque es posible que no fuera imparcial, su confianza en el talento de su marido se vio confirmada cuando el equipo nacional escocés visitó Chicago para jugar un encuentro amistoso, un partido de exhibición, y se quedaron impresionados. De hecho, después del partido miembros del equipo técnico hablaron con él y le propusieron de manera informal que se fuera a jugar a Escocia. Al fin y al cabo, ya era ciudadano de la Commonwealth.

Mi madre y mi padre se separaron cuando yo tenía un año y medio, cuando el Celtic de Glasgow, Escocia, le ofreció un contrato formal. Mi padre decidió aprovechar la ocasión para hacer lo que siempre había querido: jugar a fútbol a tiempo completo, al más alto nivel, contra los mejores jugadores. Representaba para él la oportunidad de su vida, la oportunidad de jugar en uno de los equipos más famosos de las islas británicas. Era una ocasión de saber quién y qué era, para evitar caer en una espiral de accesos de vejez, rencor y arrebatos del tipo «Yo podría haber sido un aspirante» que nadie creyera. Este tipo de cosas pueden incluso hacerte dudar de ti mismo, dudar de lo que sabes, de lo que habrías jurado si alguien te hubiera prestado oídos. Jugar con el Celtic representó también para él una invitación a lo Jackie Robinson, el primer beisbolista negro que jugó en las ligas mayores de béisbol. Era algo que había estado fuera del alcance y fuera de los sueños de los negros.

4

Según mi abuela, Lily Scott, llegué a la casa de la calle South Cumberland de Jackson, Tennessee, en diciembre de 1950, después de haber tomado con ella el tren al sur. Mi abuela había venido a Chicago para recogerme de casa de mi madre tras haber convenido ambas que yo estaría mejor en Tennessee mientras todo en la vida de mi madre se reestructuraba. Por ejemplo el lugar en que viviría, el modo en que viviría y, para ser francos, con quién ya no viviría. Ella y mi padre habían concluido que no valía la pena discutir porque no llegarían a ningún acuerdo, e hicieron esta diversidad de pareceres tan oficial como su previo entendimiento mutuo. Yo no hacía falta ni como árbitro ni como testigo en este proceso, y fui enviado en el tren Seminole a vivir con la madre de mi madre. Según lo planeado, estaría con ella seis meses. A mí no se me consultó.

Mi estancia se prolongó más allá de los meses planeados y finalmente estuve más de seis años, y así fui a parar al mismo colegio al que había asistido mi madre, el St. Joseph's. Al volver la vista atrás, el período que va desde que era un niño de edad preescolar travieso, flacucho y achocolatado hasta que me puse el uniforme de pantalón corto de la escuela católica se me antoja apenas un abrir y cerrar de ojos. A medida que crecía, fui disfrutando de todos los rincones de un barrio envejecido del sector meridional de la ciudad donde siempre tenía cerca a un «primo» o a alguien que me reconocía como un descendiente de una familia que era casi legendaria en South Jackson. Yo era un heredero de Bob y Lily Scott. Todas y cada una de mis apariciones provocaban recuerdos de algún vago acontecimiento de los idílicos tiempos antes de que la calle Cumberland estuviera siquiera pavimentada, antes de que Jackson fuera lo bastante grande como para destacar en los mapas estatales.

Toda la gente negra vivía en South Jackson. Un porcentaje considerable de los miembros de la comunidad eran de la generación de mis abuelos. Al parecer, las cifras se repartían entre las personas que avanzaban hacia la tercera edad y las que estaban en edad escolar. En medio había un agujero: la gente de la edad de mi madre. Eran los que habían abandonado Jackson y Tennessee por un trabajo en una fábrica y una vida urbana en el norte o más al oeste: St. Louis, Memphis y Chicago. Por alguna razón todos sus hijos, al igual que yo, acababan en Jackson con sus abuelos, tías y tíos.

El deporte más popular en el sur era el béisbol y en las competiciones de la liga de alevines las gradas siempre estaban llenas de expertos de la comunidad entrados en años. Mi manera de jugar era entre mediocre y correcta, pero mis lanzamientos les recordaban a «Bob Scott Brazo de Acero», mi abuelo, que había sido el pitcher del equipo local. En general mis esprints y carreras por las polvorientas calles les evocaban anécdotas de los cuatro hermanos Scott, que habían corrido y esprintado veinte años antes de mi llegada. Todo el mundo los recordaba, de manera que Jackson era para mí como una población llena de padres y abuelos. Me recibían bien en todas partes. Se me identificaba y se me respetaba como a un Scott: «el chico de Bob Scott». Era como si los Heron no existieran.

No me importaba que se me relacionara con Bob Scott. No lo había conocido por poco, ya que había muerto el año antes de que yo naciera. Al pensar en ello, concluí que la mayoría de cosas importantes habían ocurrido antes de que yo naciera: mi abuelo, la Segunda Guerra Mundial, Jackie Robinson; las cosas que importaban a la gente cuando iba a la iglesia o charlaba en el porche de casa por la noche. Ya habían hecho todo lo que tenían que hacer en la vida y sus logros formaban una fila a sus espaldas como perlas ensartadas en una traílla. Las relajadas conversaciones al atardecer nos permitían a todos dar paseos figurados por los jardines donde se habían plantado esos hitos de sus vidas.

Mi abuela había nacido en Russellville, Alabama, con el nombre de Lily Hamilton. Era un nombre apropiado para una mujer delicada, de tez blanca y cabellos de azabache que casi le llegaban al suelo cuando se los soltaba para cepillárselos. Apenas pasaba del metro sesenta y nunca pesó más de cincuenta kilos. Era lavandera. Su primer empleo lo había obtenido en el ferrocarril: lavaba y preparaba los manteles y los cubiertos para los clientes del vagón restaurante y los uniformes para los mozos y los revisores que trabajaban en los dos trenes de pasajeros de la línea Miami-Chicago. Para facilitarse el trabajo se trasladó a Jackson, Tennessee, más o menos a mitad de camino entre ambos puntos. Cuando me mudé a Jackson, todos los veranos me subía en el Seminole o en el City of Miami con un billete de ida y vuelta a Chicago para ver a mi madre.

Cuando me fui a vivir con Lily en 1950, ella se ganaba la vida lavando para otros. Lo hacía en la casa de la calle Cumberland para clientes privados, particulares, que le llevaban la ropa a casa y pasaban a recogerla al cabo de unos días. No sé cómo empezó a hacer este trabajo ni cómo consiguió su clientela, pero entre la gente a la que prestaba este servicio estaban el alcalde (aunque había empezado a llevarle la ropa antes de serlo), el jefe de policía (aunque su mujer y su hijo venían a casa más a menudo que él) y el dueño de unos grandes almacenes del centro.

Me enteré de las opiniones de mi abuela acerca de muchas cosas escuchando lo que les decía, así como del gran respeto que ellos le tenían a juzgar por manera de escucharla. La oía hablar al jefe de policía sobre «el problema», sobre lo que no era justo, lo que fastidiaba a la gente, lo que se debía hacer. Él asentía con su cabezota calva y, arrastrando las palabras, le respondía medio refunfuñando su «Ay, Lily, ya sabes que este tipo de cosas llevan su tiempo».

Ella siempre decía lo que pensaba y tardaba lo justo en concluir sus razonamientos y reunir las camisas y otras prendas de sus clientes. Pero decía lo que pensaba en cualquier sitio. Como por ejemplo la opinión que le merecía la sala de espera reservada a los negros en Corinth, Mississippi, una recámara mugrienta y oscura como una cueva donde teníamos que esperar para cambiar de autobús cuando visitábamos a la familia de Russellville, Alabama. Se aseguraba de que el taquillero blanco la oyera soltar su lista de quejas. Al parecer, esto ponía nerviosos a los demás negros presentes. Y a mí me daba la impresión de que a ella la traía sin cuidado. No había racistas buenos ni lugares más preferibles que otros donde ser discriminado. No había ningún estado racista mejor que los demás; pero, según mi breve experiencia, de haber habido un estado racista pésimo ese deshonor le habría correspondido a Mississippi. Por la razón que sea, me sentía mal en Mississippi. Me sentía negro y maltratado. Quizá fuera por lo que había oído decir sobre Mississippi, sobre los asesinatos, sobre Mack Parker y Emmett Till y Medgar Evers, todos ellos asesinados en Mississippi mientras yo vivía en Jackson. Quizá fuera por el tamaño de los carteles de la estación de autobuses de Corinth donde se leía DE CO-LOR. Quizá fuera por el tremendo hedor que despedía el excusado de esa estación de autobuses, algo que no había olido antes ni he vuelto a oler nunca.

Mi madre y mi tío solían decir que odiaban ir a las tiendas de Jackson con Lily porque siempre les hacía pasar vergüenza. Los cajeros blancos de las tiendas de la zona alta invariablemente atendían primero a la gente blanca; nunca preguntaban «¿A quién le toca?». Si entraba algún blanco se iba directo al mostrador como si los negros fuéramos invisibles.

Pero eso no ocurría con mi abuela. Ella no estaba de acuerdo con ciertos usos y costumbres. Había carteles que indicaban algunas de las reglas (como en aquella estación de autobuses de Mississippi con su sala de espera para gente DE COLOR). Pero mi abuela no consideraba que tuviera que atenerse a ninguna regla si no había ningún cartel. Y los blancos tenían sus propios remilgos en lo relativo a los límites hasta dónde podían o querían llevar esa gilipollez del «nosotros primero». Así que en la cola ante la caja registradora mi abuela decía en voz alta: «Yo estaba antes que ellos» y alargaba el dinero. No les intimidaba su estatura; por alguna razón, su actitud y su porte le conferían el respeto de la gente.

En las tiendas de la zona alta de Jackson, cuando mi abuela se plantaba ante el mostrador y decía, con voz alta y clara, que quería comprar algo a crédito, yo oía murmurar a la gente blanca. Por lo general, a la gente de color no le estaba permitido ni tan siquiera pedir que les fiaran, pero mi abuela no seguía reglas como esa. Si hablaba con un empleado nuevo, se creaba un silencio que se cernía en el aire que nos separaba como un cóndor, sin necesidad de batir sus alas y perturbar el aire. Los dependientes se la quedaban mirando (evidentemente, a ella no le daba miedo sostenerles la mirada) y notaban cómo se les hacía un nudo en la garganta. Entonces se excusaban y se iban a buscar al jefe para que le dijera a ella que no podía comprar a crédito. Pero los jefes daban el visto bueno y los dependientes volvían con una sonrisa estúpida que les desfiguraba la cara mientras anotaban lo que mi abuela quería comprar. Me podía imaginar a los jefes diciendo: «Esa es Lily, la mujer de Bob Scott».

Cuando hacía buen tiempo, las reuniones en el porche delantero eran frecuentes. Podían congregar a unas cuantas personas del vecindario, pero siempre incluían a la señora Cox, la mujer del bedel de la escuela, que vivía enfrente, y a alguien de la familia Cole, de la casa de al lado, así como a la prima Lessie o al tío Robert. Y, con independencia de cuál fuera el punto de partida de las conversaciones, siempre se acababa hablando de la raza. Qué pasaba aquí y allá. Qué habían leído en los periódicos. Qué información les había llegado de los hombres y mujeres que trabajaban en el tren y sabían lo que ocurría desde Miami hasta Chicago. Recuerdo haber oído hablar de Emmet Till y Mack Parker en el porche delantero. Un niño de doce años y un camionero, ambos asesinados por blancos. Mack Parker fue linchado y Emmet Till golpeado hasta la muerte. Indefectiblemente, siempre había alguien que proponía soluciones a fin de evitar que se matara a la gente de esa manera. La conclusión más frecuente era que alguna organización, quizá la NAACP (Asociación Nacional para el Progreso de la Gente de Color), tenía que hacer algo. Mi abuela rara vez hablaba mucho en tales ocasiones. Hablaba cuando tenía algo que decir y se reía un montón con las cosas que decía.

Los negros de Jackson se guiaban por su fe en la iglesia bautista. Nosotros asistíamos cada domingo a la iglesia bautista bereana. A mi abuela no le gustaba mucha gente. No era de las personas que se lo pasan bien echando unas risas con desconocidos. Era amiga de la gente de la iglesia y participaba en todos sus jaleos. Cuando estaba en Russellville con el tío Counsel o cuando sus hijos pasaban unos días en casa, su alegría era manifiesta. Pero a Lily Scott no le gustaba la gente por que sí. No era estirada, ni creída, ni esnob. No era intolerante, ingenua, neurótica, cotilla ni negativa. No era combativa, quejica, compulsiva, ni displicente. Podías contar con ella. Era previsible, paciente, perspicaz, persistente, digna, reservada y práctica. Tenía un respeto sano por el trabajo duro y no le daba miedo dedicarle su tiempo. Era una luchadora sensata, razonable, ordenada, responsable y resuelta. Y era una mujer religiosa y temerosa de Dios con ideales elevados, principios sólidos y, sobre todo, con fe en el poder de la educación. Aunque no tenía una gran formación académica, había insistido en que sus hijos recibieran una educación. Y había batallado, escatimado, luchado, estrujado, restregado, arañado, reñido, trabajado como una bestia y ahorrado hasta que de algún modo sus cuatro hijos se licenciaron en la universidad con matrícula.

Me leía y me enseñó a leer muy temprano. A mis cuatro años ya leíamos las tiras cómicas del periódico de los domingos y unos cuantos capítulos de la Biblia todas las noches. Los jueves un hombre nos traía *The Chicago Defender*, el semanario para los negros. Fue en el *Defender* donde leí por primera vez las columnas de Jesse B. Semple, incluyendo sus conversaciones con Langston Hughes. Su columna acabó siendo lo primero que buscaba. No recuerdo muchos detalles de la Biblia después del Éxodo, pero sí sé que el Antiguo Testamento tenía un montón de nombres largos que pronunciar y que eso me enseñó fonética.

Al atardecer, en Jackson todo el mundo de la comunidad negra se sentaba a tomar el fresco en el porche de su casa y cuando pasabas por delante la gente te invitaba a sentarte con ellos. Pero mi abuela rara vez se detenía. Saludábamos con la mano a la gente que conocíamos y a menudo oía decir: «Son el chico de Rob Scott y Lily. Un buen hombre, Bob Scott». Nunca entendí por qué siempre se saltaban a mi padre y me relacionaban con mi abuelo, pero ni me importaba ni decía nada porque sabía que mi abuela los oía y nunca se daba la vuelta.

5

A veces mi abuela hablaba de su vida en Russellville, Alabama, antes de trasladarse a Jackson. Tenía varios hermanos y hermanas, aunque yo solo recuerdo a dos de sus hermanos, pues me llevaba a verlos a Alabama. Siempre evocaba la firmeza de carácter de ellos, lo dignos de confianza que eran y lo bien que ejercían de árbitros entre la gente de su generación. Nos alojábamos en casa del tío Buddy, que se llamaba Morgan, como su padre. Era el de más edad y el cabeza de familia, un venerable y grave anciano que nunca decía cuatro palabras si bastaba con tres. También estaba el tío Counsel, un hombre bajo, nervudo y embaucador, de ingenio agudo y con montones de historias frescas para explicar.

Los Hamilton, la familia de mi abuela, eran casi blancos. El padre de mi abuela y de sus hermanos había sido un blanco que, evidentemente, no pudo casarse con la madre negra de sus hijos porque estaban en Alabama. Al parecer pasaba la mayor parte del día en la gran casa que había frente a la finca, donde ahora vivía el tío Buddy, y al atardecer iba a la parte de atrás para reunirse con su familia. No recuerdo haber visto nunca una sola foto suya, ni de la familia, de aquella época (que sería a principios del siglo XX), pero todos se apellidaban Hamilton y tomaban las decisiones sobre cómo gestionar la granja y los animales de manera colectiva.

Los Hamilton venían en dos tamaños característicos. El tamaño pequeño, económico, de mi abuela, con su enérgica ética protestante del trabajo que la hacía ir por la casa y por el jardín, de sol a sol, barriendo, sacando el polvo, cavando entre las flores y el granado; el tío Counsel era del mismo tamaño y tenía el mismo tipo de energía incontenible. El tío Buddy representaba la otra talla, la XL, y daba siempre gusto tener cerca a esa persona enorme con su peto desteñido y su sombrero para protegerse del sol. Representaba la estabilidad, la fiabilidad y la seguridad, y su tamaño implicaba fortaleza tanto física como de carácter. Al otro lado de la ventana del dormitorio de casa del tío Buddy en Russellville estaba oscuro como boca de lobo, pero yo sabía que él andaba cerca y cuando estaba ahí nunca me costaba dormir.

El tío Buddy, con su cara alargada y tranquila y sus ojos meditabundos, era siempre quien nos venía a buscar a la estación de autobuses de Tuscumbia o, con menos frecuencia, a la de tren en Red Bay, Alabama. No había nada que fuera directo a Russellville. Mi abuela y yo llegábamos a paso de tortuga al rincón noroeste de Alabama en un polvoriento Greyhound que se ahogaba o en una locomotora casi exánime. Un viaje de poco más de doscientos kilómetros duraba casi todo un día para acabar deteniéndose ante un puñado de casuchas de madera o de chamizos solitarios como si hubiéramos llegado a algún sitio.

Como siempre, el tío Buddy llegaba arrastrando los pies, y le dirigía una sonrisa de bienvenida a su hermana y a mí una inclinación de cabeza. Ese gesto era una de sus maneras de hablar. Después de que el tío Counsel hiciera una larga descripción de algo, él asentía con la cabeza y sonreía. Después de que se llegara a un acuerdo acerca de algo que la familia necesitaba hacer, él manifestaba su aprobación asintiendo con la cabeza. Podrían haberle llamado Papá Cabeceos.

Una de las anécdotas más interesantes que oí acerca de la clase de familia de la que procedía fue protagonizada por el tío Buddy. Un día iba por el camino del jardín trasero mientras el resto de la familia se hallaba reunida en el porche de atrás. De pronto apareció Buddy tapándose un ojo con la mano. Cuando se acercó más y apartó la mano, los del porche pudieron ver que le había picado un abejorro y le había dejado el aguijón en la córnea. Mi abuela decía que todo el mundo gritaba excepto Buddy. Le ayudaron a sentarse y Lily le sacó el aguijón con unas pinzas. Una vez lo hubo hecho, le dieron un trapo húmedo. Se levantó y dijo: «Gracias, sois muy amables». Luego regresó a lo que hubiera estado haciendo hasta entonces en el jardín.

Yo solía pensar que, en el diccionario, debajo de la palabra «estoico» debería haber figurado un retrato del tío Buddy. Pero «estoico» no es el término adecuado, ya que no incluye su sonrisa ni la mirada amable. Y el hecho de tener un aguijón de abeja en el ojo y no abrir la boca hasta que le das las gracias a la persona que te lo saca va más allá del estoicismo. Fue un milagro que no se limitara a inclinar la cabeza.

Siempre me lo pasaba bien en casa del tío Counsel, adonde íbamos a comer de vez en cuando. Tenía hijos más o menos de mi edad y podía jugar con ellos. Las comidas eran siempre fantásticas, con un montón de familiares alrededor de la mesa y los recuerdos del tío Counsel, que hacían reír a todo el mundo. Los Hamilton eran una familia unida, y gracias al amor de mi abuela yo nunca me sentí excluido de nada, y el amor que todos ellos sentían por ella en parte me llegaba a mí.

También en Jackson teníamos familiares que vivían cerca. La casa de los Scott en South Cumberland era la segunda contando desde la esquina con la calle Tanyard. Doblabas a la izquierda por Tanyard y la tercera casa era donde vivía la señorita Emmaline Miles. A la señorita Emmaline yo la llamaba «tía Sissy», y aunque en el sur había un montón de gente a la que se llamaba pariente sin serlo, como la prima Lessie o el tío Robert de la casa de al lado, la tía Sissy era realmente mi tía; de hecho, mi tía abuela. Era la hermana de Bob Scott. Yo no siempre entendía a la tía Sissy, ni su manera de abrazarme invocando espíritus africanos. Me sorprendía en su porche con intensos, emocionados, agobiadores achuchones y me pasaba sus dedos huesudos por la columna, arriba y abajo, sin dejar de sujetarme. Era también un pozo de información del que me habría podido servir para averiguar más cosas sobre el hombre que me había dado la mitad de mi nombre, Bob Scott. Pero yo era demasiado joven para saber preguntar.

Todos los que hablaban de Bob Scott durante cierto rato acababan por sacar a colación su amor por los deportes. Solo este hecho fue suficiente para convertirlo en mi pariente favorito, sobre todo entre los Scott varones. Mi madre tenía una fotografía en un álbum, un retrato de familia en blanco y negro hecho a finales de la década de 1930 o a principios de la siguiente. Salía la familia Scott al completo, tres chicas adolescentes con el vestido de los domingos, un muchachito lozano con americana y camisa blanca, sin corbata, y una señora bajita de tez blanca y largo pelo moreno. Posaban en semicírculo alrededor de un caballero bien vestido sentado un tanto de lado. Era la única foto que vi nunca de ese hombre, Bob Scott, que estaba evidentemente tenso en el centro del semicírculo, sosteniendo un bastón con unas manos grandes y recias y buscando la cámara con la mirada perdida.

Me llamó la atención lo alto que era Bob Scott, que sentado le llegaba a su mujer a la altura del hombro. También pude ver enseguida dos cosas que buscaba en él. La primera, el atleta: Bob Brazo de Acero, el pitcher que había vencido a Satchel Paige. La segunda cosa era la tía Sissy. Estaba buscando el parecido familiar entre él y su hermana, y ahí lo tenía ante mis ojos: el físico alto y huesudo, los pómulos africanos, el cabello y las cejas poblados, los ojos tristes. Todo estaba ahí. A causa de la tía Sissy y las demás personas mayores de South Jackson, también me buscaba a mí mismo en aquel viejo retrato. Buscaba qué veían en mí cuando al pasar decían: «Es el chico de Bob Scott. Un buen hombre, Bob Scott». Buscaba qué era lo que hacía que la tía Sissy me abrazara y me llamara su único pariente consanguíneo cuando yo aparecía después de haberle hecho algún recado, qué era lo que la hacía decir que por nuestras venas corría sangre de la realeza africana, por qué se inventaba palabras para enfermedades que supuestamente la acometían, como la «epizootia», algo que aquejaba únicamente a gente especial: gente como nosotros.

«Era un gentilhombre y un hombre gentil», me decía mi abuela de su marido. Este era el mejor resumen que se suponía que yo podía entender. Decía algo sobre ellos dos que se correspondía con cosas que me habían explicado o que había oído por casualidad.

—Papá nunca nos pegó —me dijo mi madre durante una visita a Jackson—. Pero mamá sí. Él incluso trató de convencerla de que no lo hiciera.

—¿Nunca os pegó a ninguno? —le pregunté.

—No. ¿Sabes? Decía que ningún Scott varón pegaría jamás a una mujer ni a un niño, que tener que recurrir a eso significaría que había perdido el control de su hogar y que debería marcharse.

Quizá intuyó la pregunta que me rondaba la cabeza.

—Papá fue el hombre de los seguros —añadió— durante lo peor de la Gran Depresión, cuando todo el mundo estaba deprimido.

Conocí a un agente de seguros en Jackson. Se llamaba Fuller y nos visitaba una vez por semana, aunque a veces parecía que lo hiciera todos los días. Era un señor de edad madura, medio calvo, que siempre estaba sudando y secándose la cara y la cabeza con un pañuelo. Se plantaba en la sala hojeando su talonario de recibos, esperando a mi abuela y sudando. Y, al secarse la cara, movía los ojos a hurtadillas para ver si yo lo estaba mirando, cosa que efectivamente hacía. El señor Fuller parecía sentirse incómodo, pero estaba moralmente obligado a cobrar aquel puñadito de monedas cada semana.

—A veces la gente no tenía el dinero —prosiguió mi madre—. No era más que calderilla, pero ni eso tenían. Pero durante aquel tiempo, con tal escasez de dinero, necesitabas un seguro más que nunca. Porque no podías saltarte una semana y quedarte desprotegido esa semana. Perderías todo tu dinero, tu póliza y tu inversión, hasta ese punto.

»Era un hombre alto, de huesos grandes y piel morena de tonos rojizos, como la de los indios, y una cara ancha, abierta, con una gran nariz. Responsable. Honrado. Atento.

Más o menos a los ocho años yo ya podía cruzar las calles grandes y hacer recados. Iba a casa de la tía Sissy cada día. Había pocas alteraciones en la vida tranquila y organizada que llevábamos mi abuela y yo, y una de las pocas personas o cosas capaces de sacar verdaderamente de quicio a Lily era Sissy. A ojos de mi abuela era demasiado juguetona y tenía un comportamiento impropio de alguien de sesenta años; le habría gustado que Sissy se comportara de acuerdo con su edad. Pero es que, ¡caray!, a veces Lily Scott pretendía que incluso yo me comportara como alguien de su edad. Por alguna razón, la irreverencia y la indiferencia que Sissy mostraba hacia la sosegada sensatez irritaban a Lily; y Sissy probablemente pensara que su cuñada se tomaba a sí misma demasiado en serio.

Yo volvía de su casa con un parte médico diario que, como de costumbre, incluía alguna enfermedad nueva de la que nunca había oído hablar. Desde luego la tía Sissy sabía demasiado sobre la materia como para hablar en serio sobre enfermedades africanas ficticias; era una enfermera jubilada. Y, de todas formas, Sissy siempre estaba alegre y andaba tambaleándose por su habitación; una señora especialmente alta, huesuda y achocolatada con una cara redonda, una sonrisa agradable y una cabeza de pelo cano cortado al rape. Me necesitara o no para que le hiciera algún recado, siempre hurgaba en su pequeño monedero en busca de un par de centavos para que me comprara golosinas.

Compartía su casa con una mujer bajita y silenciosa llamada Ora Boyd, y de vez en cuando se sentaban las dos en el porche al atardecer, aunque no parecía que hubiera mucha comunicación entre ellas. Si yo me dejaba caer después de la cena, Sissy se animaba inmediatamente, siempre lista para conversar.

—¿Cómo es que la tía Sissy no tiene hijos? —pregunté una vez a mi abuela.

—Sissy estuvo casada —me dijo mi abuela— y tuvo un hijo llamado Jimmy Doe que murió.

—¿De qué?

—Tenía la columna muy desviada. Le hacía parecer un jorobado, y la cosa fue empeorando a medida que crecía hasta que la columna le presionó el corazón y lo mató.

Intenté representármelo mentalmente pero no pude.

—¿Qué es eso? ¿Cómo se coge?

—Se llama escoliosis. Es una desviación de la columna, una desviación lateral. Sissy tuvo lo mismo pero no tan deforme.

—La tía Sissy cogió la epizootia —afirmé con seguridad—. De África. Me dijo que venimos de África, yo y ella. ¿No?

—Ella es de Memphis y tú de Chicago —dijo mi abuela en un tono que parecía exasperado, como lo era a menudo cuando el tema de conversación era la tía Sissy.

Me quedé cavilando en silencio.

—La epizootia no mata, ¿verdad?

—Scotty, si una cosa no existe no te puede matar. Ya he oído todas esas estupideces que dice Sissy sobre lo que tiene y ¿sabes qué es? Nada. Eso es lo que tiene: nada.

No solo heredas lo que quieres de tus ancestros. O digamos que lo heredas todo de tus ancestros. De niño, yo no sabía que tenía escoliosis, ni que era algo que iba a darme problemas durante toda mi vida, ladeándome a la izquierda como una rareza de arquitectura italiana de un metro ochenta. Lo descubrí años más tarde, cuando me hicieron un reconocimiento médico en el instituto.

Pero la tía Sissy no buscaba a nuestros ancestros africanos cuando me recorría la columna con sus dedos huesudos. Buscaba a Jimmy Doe, y se alegraba de no encontrarlo.

6

Estoy muy orgulloso de la educación que recabé a lo largo de diecisiete años y en diez instituciones distintas, a lo largo y ancho del sur de Jackson, Tennessee, y en la Universidad John Hopkins de Baltimore, Maryland. La manera más fácil de describir la experiencia en su totalidad sería calificarla de «diferente». Si se tratara de describirla de una manera gráfica, se me podría haber ocurrido el adjetivo «ajedrezada», aunque esta palabra me recuerda más a una antigua empresa de taxis que no lo que ahora intento decir, a saber: negro/blanco/negro/blanco, un largo viaje que abarcó todas las posibilidades docentes, incluida la educación en casa. Porque es ahí donde empezó mi formación, en la sala de estar de la casa de la calle Cumberland junto a Lily Scott. Es ahí donde aprendí a leer y a contar y donde adquirí respeto por la cultura. Gracias a una mujer que tenía muy poca.

Quizá eso del negro/blanco/negro/blanco no sea más descriptivo que recordar el chiste de «la monja que rueda colina abajo». Pero así resultó: desde una escuela negra y luego otra blanca en Tennessee, pasando por los institutos de Nueva York hasta la universidad, las casillas alternas se dieron con la susodicha alternancia. Y todo empezó con una escuela en blanco y negro, niños negros instruidos por gente blanca en Jackson.

Mi abuela me llevó al St. Joseph's el día en que cumplí cinco años. Yo y mi abuela, nuestras piernecitas pisando fuerte y resueltamente, medio endomingados, bajamos dos manzanas por la calle Tanyard, dejamos atrás el barrio de viviendas protegidas y llegamos a la casa embrujada de ladrillos y tres pisos, residencia de unos seres vestidos de forma muy rara, las empleadas y confidentes del Dios de la gente blanca (representadas, me pareció, por un pingüino: fue la primera vez que veía a una monja). Los blancos se negaron a dejarme entrar. Finalmente fui admitido cuando un tiempo después confesé mi edad verdadera, cinco años y medio.

La escuela estaba en un edificio destartalado con aspecto de bloque de viviendas baratas venido a menos (un purgatorio para el puñado de monjas y el sacerdote de cara colorada condenados a trabajar allí). Era un lugar espantoso y escalofriante; atravesar los pasillos tenebrosos colmaba de temerosa intimidación de Dios a los niños negros encarcelados allí como yo. La prueba del precario estado de la escuela se admitió tras mi segundo año, cuando se clausuró y el edificio fue declarado en ruina.

Si Dios en persona vivía verdaderamente en algún rincón de aquel lugar es algo que al principio no pude determinar. No obstante concluí que, a pesar de su aspecto juvenil, aquellas mujeres-monja que arrastraban sus hábitos por el polvo hacía años que estaban en el St. Joseph's y se acordaban de mi abuela y sus hijos, y resultó que me habían rechazado hasta que tuve cinco años y medio a propósito. No me querían admitir porque a mi abuela no le daba miedo la gente blanca. De manera que me castigaban y me hacían sentir incómodo.

Había un montón de mitos que otros niños negros habían ido reuniendo sobre la escuela católica (como por ejemplo, que te lavaban la boca con jabón). Pero yo nunca vi nada de eso. De hecho, no recuerdo haber recibido ninguna azotaina hasta que ingresé en la escuela pública, dos años más tarde. Las aulas estaban en el piso de arriba, sobre la capilla, que se encontraba en la planta baja. Celebraban misa

63

cada mañana antes de las clases. Si llegabas tarde a misa, se consideraba que habías llegado tarde a la escuela.

Estudiábamos el catecismo. Se aprendía todo de memoria, de manera que probablemente todavía podría recitar las oraciones. Las recuerdas tal como recuerdas el juramento de lealtad a la bandera; aun en el caso de que no supieras lo que decías, se consideraba que Dios te estaba escuchando. Decidí que yo no podía ser católico. Al menos no entonces. Había demasiadas putas normas y reglas sobre dónde estar de pie, dónde sentarse y cuándo. En la misa matutina no parabas de moverte: ahora de pie, ahora sentado, después arrodillado y vuelta a empezar, en silencio, y de vez en cuando murmurabas las oraciones que te apuntaban desde el altar. ¡Anda ya!

Lo curioso era el efecto que esto tenía en los niños. Lo tensos e intranquilos que nos ponía. Y esto también se convirtió en una lección para toda la vida sobre la lealtad que acabé reconociendo como tal. Mi primera experiencia de un chivatazo fue en el St. Joseph's. Un vuelco. Y en vez de que lo hicieran otros, estábamos aprendiendo a hacernos estas cosas a nosotros mismos.

Una mañana de comienzos de primavera, de camino a la escuela encontré un cuchillo viejo y oxidado. Más tarde alguien me dijo que se trataba de una navaja suiza, pero aquella mañana tan solo era un objeto corto y grueso absolutamente fascinante. Mientras cruzaba por un rincón del césped que había en el camino de enfrente de la iglesia de la calle Liberty le di un golpe con el pie. Lo saqué de donde estaba. Y al inclinarme para ver qué era no me podía creer mi buena suerte.

Había sido blanco en algún momento, de color perlado o nacarado, y molaba un montón. Tenía tres o cuatro hojas de diversos tamaños, un sacacorchos (para un corcho muy corto), un abrebotellas, un cortaplumas y partes tan oxidadas que no podía sacarlas. Me puse a pensar en cómo eliminaría la herrumbre cuando llegara a casa.

Me ensimismé inspeccionando las maravillas de mi hallazgo sin dejar de recorrer un trayecto que mis pies se sabían de memoria. Al final de la calle Tanyard, tuerces a la derecha y dejas atrás el barrio de viviendas subvencionadas. Hasta más o menos una manzana antes de llegar al St. Joseph's estaba tan intrigado por mi descubrimiento que apenas reparé en... Ann Morris. Era compañera de clase, pero no la conocía mucho. Ya le empezaban a salir los dos dientes de delante y me recordaba a Bugs Bunny.

Pero aquel día, aquella mañana, cualquiera habría sido un buen amigo puesto que yo necesitaba enseñar a alguien mi cuchillo. De manera que se lo enseñé a Ann Morris mientras cruzábamos la entrada y subíamos las escaleras de la escuela. Acto seguido me metí mi tesoro en el bolsillo del abrigo.

A la hora del almuerzo ya lo había olvidado. Y después del almuerzo, durante el recreo, cuando toda una panda de colegiales de primero hasta cuarto se perseguían entre sí describiendo vertiginosos círculos sin propósito, intuí y luego advertí, sin señal alguna, un cambio en el tono de aquel juego de persecución. Al volverme para averiguar qué pasaba vi un grupo, un corrillo harapiento de caritas negras y morenas que miraban hacia arriba a una cara blanca como la tiza que parecía tener pegado el velo «habitual» y fruncía el ceño con severidad. En medio de aquel círculo creciente estaban Ann Morris y el tema de su serio discurso.

Se dirigieron hacia mí. Todos ellos, con una Ann Morris que parecía todavía más pequeña y encogida al lado de la madre como-se-llamara llevándola de la mano.

No recuerdo exactamente cómo empezó el interrogatorio, pero fue a causa de que Ann Morris le había dicho a la mujer que yo tenía un cuchillo, en un tono que parecía que se tratara de un machete y que yo fuera un Zorro en miniatura. Yo dije que ya no lo tenía, que lo había tirado. Y entonces Charles Dawson, siguiendo órdenes de la pingüino, fue elegido para que rebuscara en mis bolsillos hasta que, debajo de un pañuelo y dos envoltorios de chicle, en el forro del abrigo...

Entonces me invadió una oleada de ironía religiosa: cuando necesitabas ayuda se la pedías a Dios. Cuando la obtenías, le dabas gracias a Jesús. Cuando no, maldecías a Dios. Pero yo no. Yo maldije a Ann Morris. Y a Charles Dawson. Y a la hermana como-se-llamara, que se sirvió de aquel incidente del registro y posterior descubrimiento tras mi desmentido como de una lección enviada por Dios según la cual: 1) No mentirás porque 2) Dios se asegurará de que te pillen y 3) serás castigado. La hermana como-se-llamara se encargó del punto 3) y para ilustrarlo fui castigado a estar de cara a la valla todos los días durante el recreo. Y en aquellos momentos todavía no había cumplido los siete años. Pero cada día, a la hora del recreo, me sentía como si tuviera mil años.

Saqué algunas cosas positivas del St. Joseph's. Por una parte, recibí una educación lo bastante buena como para saltarme un curso al llegar a la escuela pública: hice tercero y cuarto en un año. Por otra, debuté como vocalista en segundo curso en el St. Joseph's durante uno de los múltiples festivales escolares. Interpreté una versión sin acompañamiento de «Jamaica Farewell» de Harry Belafonte. Era número uno en aquella época.

«Down the way where the nights are gay...» [Por el camino donde las noches son alegres].

Joder, fue un éxito.

7

Cuando el St. Francis fue declarado ruinoso fui a parar a la escuela de enseñanza primaria de South Jackson. No es que allí cantáramos mucho, pero de vez en cuando mi mejor amigo Glover y yo hacíamos algo que se suponía que era cantar. La niña más guapa de nuestra clase se llamaba Wanda Womack. Tenía dos hermanas y eran todas preciosas, pero solo Wanda iba a mi clase. Por alguna razón, en quinto se extendió por la escuela el rumor de que Wanda y yo «salíamos», que éramos novios. Parecía que la gente miraba a su alrededor y aparejaba a la gente, así sin más.

Ritchie Valens acababa de sacar la canción «Donna» y Glover y yo estábamos haciendo tonterías y entonces le cambié la letra de manera que decía «Oh, Wanda» en vez de «Oh, Donna». Glover me retó a cantarla en clase. Le dije que lo haría si él me hacía el acompañamiento. ¡El público enloqueció! Naturalmente, después de esta probamos de cantar otra. Atacamos «All in the Game» y fue un desastre.

Wanda y yo acabamos saliendo juntos un par de años, hasta séptimo. Aunque en aquel entonces habrías tenido que ser pero que muy despabilado para saber algo sobre sexo. Puede que nos besáramos una o dos veces cuando la acompañaba a casa al salir de la escuela. Tuve una sola cita formal con Wanda, si es que a eso se le puede llamar cita: cuando se celebró un banquete en la iglesia en honor de nuestro equipo de baloncesto. Normalmente, si acabábamos la temporada nos podíamos considerar afortunados; aquel año acabamos primeros.

A decir verdad, Wanda y yo más que novios éramos rivales. Había una reñida competencia por las notas entre las tres mejores niñas y los tres mejores niños de nuestra clase, a saber: Wanda, Dorothy Nell Bobbitt y Alice Bonds contra Glover, John Odom y un servidor. En Jackson yo todavía daba importancia al boletín de notas, y saqué las mejores calificaciones a lo largo de todo sexto.

Aunque me iba bien, no tenía buenos hábitos de estudio. Dependía de lo que recordaba de los debates en el aula y de los apuntes que tomaba de la pizarra durante la clase. Pero las calificaciones eran importantes y sacar buena nota era algo que me tomaba muy a pecho. Tenía muchas razones para no defraudar. Gloria, una de las hermanas de mi madre, ya daba clases de inglés en el extranjero. Había estado en Indonesia y en Israel y me envió una montura de camello desde Egipto. La única en Jackson.

A pesar de la falta de recuerdos y fotos de esos primeros años, puedo meter la mano en un barril, por así decirlo, y sacar pedacitos del pasado que en su momento fueron tirados como envoltorios de chicle. Los sentimientos intensos, como los sustos y el dolor agudo o el miedo oprimiéndote de pronto el corazón, son los que están más arriba y los más fáciles de alcanzar. A veces resurgen espontáneamente.

Me quemé gravemente el dorso de la mano derecha en la estufa de carbón y leña que, como un Buda de hierro colado, descansaba en la sala de estar, el dormitorio de mi abuela. En otra ocasión tuvieron que darme doce puntos en la pierna izquierda después de un frenético deslizamiento en la tercera base. Jugué en las competiciones de la liga de alevines de béisbol, fútbol americano y baloncesto. Hice de parador en corto, de pitcher, quarterback, receptor, guardia, imaginando que me estaba preparando para ingresar en el Merry Lane High y el Lane College. Recuerdo haber practicado casi todos los deportes. Excepto el fútbol, del que apenas sabíamos nada en Jackson.

Puedo ver otros pedazos inconexos de mi infancia en Jackson. Recuerdo al periodista deportivo Harry Caray retransmitiendo los partidos del equipo de béisbol St. Louis Cardinals en todas las radios del vecindario. Recuerdo asistir a las misas de los domingos con la regularidad de un diácono. Los primeros brotes de lo que yo creía que era amor, sensaciones cercanas a la conmoción cada vez que veía a la niña más hermosa que había visto nunca. La memoria congelada como una escultura de hielo mientras estoy de pie con el corazón casi parado; una sonrisa en plan «que ella no lo note» malogrando todo el «muéstrate tranquilo» de que estaba haciendo acopio. Montones de imágenes como estas permanecen abandonadas en el barril: retazos fascinantes, casi descoloridos, de mi vida.

Había cultivos por todas partes y un montón de conversaciones sobre lo que la gente plantaba y cuántas cosechas diferentes hacía. Esa parte del país es célebre por su suelo negro y fértil, «bueno para cultivar», y la gente algo cultivaba. Fuera del pueblo había balas de algodón, libras de tabaco y cajas de fresas, recogidas de los fresales que crecían hasta la altura de las rodillas. Pero los granjeros del «campo», que es como llamábamos a todo lo que quedaba fuera del pueblo, no eran los únicos que cultivaban. En los patios delanteros y traseros de las casas del pueblo había todo un surtido de ayeres, un surtido que mostraba que las raíces de aquellos lugareños no eran muy firmemente urbanas; que solo sus casas estaban plantadas en el pueblo, mientras que algo en su interior les hacía salir afuera a cavar y azadonar y rastrillar y ensuciarse las manos bajo el sol del atardecer para plantar ni que fuera una sola hilera de recuerdos vegetales, para remover el denso mantillo negro a paladas y hacer en él tajos de un palmo con la punta de la pala. Entonces metían la mano en el bolsillo de su mandil de jardinero en busca de semillas que esparcir entre las lombrices decapitadas.

En el patio trasero de la calle South Cumberland, mi abuela y yo formábamos un dúo agrícola inusitado. Había un melocotonero que daba frutos anualmente y una parra que serpenteaba por la cerca del sur. Un otoño, la mitad del espacio del patio trasero fue despejada y aplanada cerca de donde se instaló una canasta de baloncesto con un aro de color naranja sin red, pero aparte de eso había una hilera de tomateras, un par de hileras de cebollinos, y un año se intentó plantar una de coles. En el patio delantero había rosales y mundillos y lo más preciado del jardín: un granado que en temporada crecía con las ramas dobladas por el peso de los frutos, rojizos y semejantes a manzanas, que reventaban dejando a la vista las pequeñas y jugosas semillas.

Fue en el patio trasero donde por primera vez me enfrenté a una serpiente y la derroté, una inocua serpiente del maíz larga como un brazo que machaqué a golpes de azadón, picando el suelo con tan desacostumbrada energía que mi abuela se acercó a echar un vistazo.

—Ya sabía yo que estabas haciendo algo más que desherbar —dijo mientras intentaba calibrar la situación y confirmaba que no había ningún peligro—. ¡Ay, chico —me reprendió—, esta era inofensiva!

—Ahora lo es —dije yo, intentando recobrar el aliento.

El mero hecho de saber que había diversas especies de serpientes venenosas en Tennessee, en particular las cabeza de cobre y las boca de algodón, no me invitaba en absoluto a comprobar su pedigrí antes de decidir que el estado podría arreglárselas con una menos.

Tuve un gato negro con una manchita blanca en el cuello. En general los animales no me agradaban. No me gustaban los perros, que te demostraban su cariño con lenguas húmedas y hocicos fríos. No me gustaban los peces ni los pájaros, porque no había nada que acariciar. Me encantaban los gatos y todavía me encantan. Pero alguien envenenó al mío, y mi abuela no me dejó que lo viera muriéndose bajo el porche trasero.

Esta fue mi primera toma de contacto con la crueldad (y con el hecho de que la muerte no siempre pasa sin más, sino que puede ser provocada). Me acuerdo de estar sentado llorando en el porche trasero con mi abuela sujetándome por los hombros tanto para consolarme como para impedir que mirara debajo del porche, adonde el gato se había arrastrado para morir.

Me había sentido algo así como el príncipe del barrio, alguien que conocía a todo el mundo y a quien todos querían. Pero evidentemente no era así, puesto que tenían que protegerme y advertirme: alguien había envenenado a mi gato. Alguien había matado a Snowball.

Otras imágenes de la muerte se suceden a partir de esta: el funeral del señor Spann, en el que tuvieron que mantener el ataúd cerrado ya que había perdido el control del coche y se había quemado dentro. Las exequias por una niña de siete años que conocía, muerta de un ataque al corazón. No sabía que la muerte se llevara a gente que conocías ni a niños tan pequeños. Y una vez lo supe, descifré qué pasaba cuando vi una ambulancia frente a la casa de la tía Sissy, que podía ver a través de la ventana de la escuela. La sacaron en camilla y entendí que no volvería.

Las imágenes (de parientes, de buenos amigos y de vecinos lo suficientemente íntimos como para ser llamados primos y primas y tíos y tías a pesar de no ser familiares) son claras. Algunas están animadas, se mueven a lo largo de las partes de sus vidas en las que les vi más a menudo. Algunas de las señoras van elegantes y limpias como los domingos por la mañana; los hombres están cubiertos del polvo y la mugre de una jornada de trabajo como si fueran una segunda piel. La mayoría sonríen, disfrutan de algo, pero otros están inclinados, casi partidos por la mitad, llorando ante mi abuela, que yace en un ataúd rodeado de flores.

Una triste mañana de un lunes de noviembre, cuando hacía séptimo, al tocar a Lily noté que estaba fría. Me había levantado para hacerle el desayuno y me pareció raro que no se despertara. Me deslicé en silencio por el pasillo de atrás hasta la cocina para preparar la comida y la vi echada ahí, su perfil claro en la cama entre las sombras de su dormitorio en penumbra. Cuando se me cayó una cacerola volví a dar un vistazo furtivo, pero no se había movido. Seguí friendo tiras de bacon crujientes y huevos en la sartén y mientras chisporroteaban llevé una palangana de agua caliente y una toallita a su habitación y las dejé sobre la mesilla de noche. La llamé suavemente por su nombre y le toqué la muñeca para despertarla. Estaba fría como el hielo y tan rígida por el rigor mortis que apenas le pude levantar el brazo.

Llamé a la casa de al lado y descolgó el niño; yo estaba tan desquiciado que me colgó. Salí a la calle y vi a la mujer de la casa que se iba al trabajo, vino y se hizo cargo de todo.

En el funeral mi tío estuvo sentado en un extremo del banco, llorando. Las lágrimas se le escurrían por debajo de las gafas y le manchaban la camisa como si fueran sudor. Puedo sentirme casi como si cayera en esta imagen, de nuevo destrozado y al borde de la rendición, anonadado y pisoteado, luchando contra un viento huracanado para cerrar una puerta que nunca quise abrir. Pero mientras me aparto de las imágenes y del barril recuerdo que no lloré. No aquel día.

Ya no me quedaban más lágrimas.

8

Hasta aquel día de noviembre de 1960, mi madre me había parecido más una tía, igual que sus hermanas: Sammy, la tía hombruna, y Gloria, la tía ratón de biblioteca. Pero aquella mañana deprimente y gris, mi madre y yo nos encontramos como se encuentran los platillos de una banda mal coordinada en el clímax de la canción. No solo porque no estábamos preparados para reunirnos entonces, sino porque ambos acabábamos de perder a nuestra madre.

Inmediatamente después del funeral de mi abuela pasé seis semanas en Nueva York con la tía Sammy y el tío William. Aquel diciembre en Nueva York hizo tanto frío como en el corazón de una puta. Todos los puñeteros días. No puedo recordar un solo día en Tennessee tan frío como uno de aquellos días típicos de Nueva York. Y la nieve te llegaba hasta el culo, o al menos bastante por encima de los chanclos de goma que calzaba. En la escuela a la que asistí durante algunas semanas los profesores hablaban raro y yo apenas me enteraba de lo que pasaba porque había entrado con el curso ya en marcha. Como sabía que pronto me iría, no tenía ningún incentivo para prestar atención y ponerme al día.

La tía Sammy, Sam Ella Scott, había sido tremenda de niña y era la más entusiasta con los deportes de toda la familia. Y no es de extrañar, ya que había jugado a baloncesto en el instituto y en la universidad y trabajaba de profesora de educación física. En visitas previas a Nueva York, Sammy me había llevado a mis primeros partidos de béisbol en directo, a ver a los Dodgers en Ebbets Field y al Yankee Stadium para un partido contra los Indians. Me había llevado a dar vueltas en su escúter no solo por el barrio donde estaba la casa donde vivía, en la intersección de la 225 con White Plains Road, en el Bronx, sino también a Coney Island y al hipódromo Yonkers. A Sammy le encantaba el juego, y cuando no asistía a las carreras de caballos organizaba en casa partidas de póquer que duraban toda la noche.

William tampoco era alguien que se cortara por nada, y por otra parte tenía una mente privilegiada. Se especializó en matemáticas y no tardó en licenciarse en el Lane College. Al igual que sus hermanas, había estado ansioso por dejar atrás la realidad rural de Jackson. A diferencia de las tres mujeres, que pusieron rumbo a Chicago y a su próspera economía de posguerra, William firmó un contrato con las fuerzas aéreas estadounidenses y estuvo destinado en Wiesbaden, Alemania, antes de establecerse en Nueva York y conseguir un buen puesto en la Administración de la Seguridad Social. No sé muy bien de dónde salió su nombre, William, pero poco importa porque todo el mundo le llamaba «Baby Brother», luego abreviado en B. B. o simplemente B.

Me encantaba hacer cosas con Sammy. Lo mejor de estar con ella era que le gustaba ir a sitios que a mí me encantaban. No era como pasar el rato con alguien que habría preferido estar en cualquier otro lugar. Y cuando me hablaba me miraba con franqueza, no aparentando interés. Me hablaba como si yo tuviera cerebro y entendiera el inglés. Era reconfortante. A menudo tenía que plantear cualquier cosa que fuéramos a hacer con un «No le cuentes a mamá dónde hemos estado» de complicidad. Y yo no se lo contaba.

De nuevo en Jackson mi madre, que había regresado de Chicago, y yo pasamos el año siguiente juntos en la calle South Cumberland como las primeras dos personas que observan desde la barandilla cómo bajan los botes salvavidas mientras nuestras vidas hacían aguas. Aunque mi madre tenía interés por vivir en Jackson, donde las raíces de todo lo Scott estaban plantadas en el patio, y por consolidar su puesto de trabajo como profesora en el Lane College, la noticia empezó a circular por todo aquel sector de South Jackson: se acercaba una carretera de cuatro carriles desde el sur que empalmaría con la interestatal 70 y llegaría a finales de 1962. Todo el mundo debía irse a otro lado.

Mi madre y yo no nos movimos de ahí y seguimos recibiendo el correo en aquella dirección, si bien ella ya estaba haciendo planes con su hermano, el tío B. de Nueva York. Vivíamos los dos juntos y yo empecé octavo en la escuela de primaria de South Jackson. Pero pasaba algo más. Mi madre, mucho más perspicaz y mucho más comprometida conmigo de lo que pudiera suponerse, estaba tomando una decisión acerca de su hijo. Ella sabía que me quería porque esto es lo que hacen las madres, pero debía decidir si yo le gustaba. Creo que decidió que podíamos ser amigos siempre que yo fuera sincero con ella. La mejor manera de llevarlo a cabo, decidió, fue mostrarme que ella era sincera conmigo. Sin bombo ni platillos y sin prisas. Lo que me demostró con los años fue que su fe era inquebrantable y su amor, incondicional.

Había en la población un nuevo instituto donde se impartían los primeros cursos de secundaria, una escuela pública solo para estudiantes blancos de séptimo a noveno llamado Tigrett. También se hablaba mucho de abolir la segregación racial, pues el resultado del caso Brown contra el Consejo de Educación se iba extendiendo por el sur y los consejos escolares empezaban a comprender la repercusión de lo que el hermano Thurgood Marshall le había enseñado al Tribunal Supremo. En noviembre de 1961 empezó a circular por la escuela de primaria de South Jackson una recogida de firmas en que se preguntaba: «¿Quién está dispuesto a ir a una escuela para blancos?» o: «¿Quién quiere ir a una escuela para blancos?». Yo firmé, y lo mismo hizo un montón de gente. Pero los blanquitos del lugar todavía sentían que tenían cierta deuda para con los Estados Confederados, una lealtad hereditaria a la memoria de Robert E. Lee y Jefferson Davis (a pesar de que solo los relacionaban con los nombres de carreteras y los campos de batalla que habían sido convertidos en trampas para turistas). Yo sabía que la recogida de firmas solo era algo que debía hacerse según la ley para demostrar claramente que había una necesidad de traslados que debía ser aprobada. Es posible que hubiera gente que solo firmó porque creía que el abogado de la NAACP, la Asociación Nacional para el Fomento de la Gente de Color, que estaba preparando un pleito para cuestionar el sistema de segregación racial en las escuelas, necesitaba presentar un número considerable de firmas. No creo que nadie pensara que eso iba a ocurrir pronto.

Una noche, justo después del día de año nuevo de 1962, cuando acababa de empezar la segunda mitad del año escolar, mi madre entró en mi habitación. Cuando ocurría algo serio, cogía un bolígrafo y se lo iba enroscando en un rizo del cabello mientras con voz grave decía lo que tuviera que decir muy claramente. Lo bastante alto como para ser oída, pero lo bastante bajo como para hacerte prestar atención. Un tono de antipánico, como si estando tranquila pudiera ser escuchada atentamente. Un tipo de tranquilidad que hacía que se te erizaran los pelos de la nuca. Verdaderamente, oír ese tono de voz me solía poner de los nervios. Pero entonces todavía estaba aprendiendo a conocer a mi madre (hacía tan solo un año que mi abuela había muerto) y no sabía cómo interpretar su tono de voz ni lo serio que podía llegar a ser.

Así es como sonó su voz aquella noche. Y sonaba seria. Sonaba como si yo tuviera algún problema. O alguien tuviera un problema. Esperé que fuera al grano mientras empezaba a explicar que las negociaciones entre el abogado de la NAACP y el Ayuntamiento de Jackson habían concluido con un acuerdo. Un acuerdo a favor de la NAACP. Entonces mi madre me preguntó si todavía quería ir a una escuela para blancos. No dijo en ningún momento que iba a ir. Solo me preguntó si quería ir. Y si quería ir, tendría que empezar al día siguiente.

Me dijo que al principio, cuando circuló la recogida de firmas en noviembre, habían firmado cuarenta estudiantes, pero que, ahora que estaban a punto de ingresar en la secundaria, tan solo tres daban el paso. Tres contándome a mí, en caso de que estuviera decidido.

Le pregunté quiénes eran.

Me dijo que los otros dos estudiantes eran Madeline Walker, con la que había ido al St. Joseph's, y Glover, que era mi amigo.

Creo que la rigidez con que mi madre me habló esa noche se explica en parte porque la molestaba que tantos chicos se hubieran echado atrás. Pero no dijo nada más excepto que debía pensármelo, que nadie me despreciaría por no ir, que en realidad nadie se enteraría de mi caso particular. Todo lo que se había hecho público era que había habido cuarenta nombres en la lista.

¿Quería ella que yo fuera? Creo que sí, pero también creo que quería ser imparcial. Mi madre sabía que cuando firmé había habido una larga cola delante y detrás de mí, un montón de gente. Supuse que los del Ayuntamiento pretendían ponernos en evidencia: «Muy bien, negritos, veamos cuántos de los firmantes no estaban simplemente marcándose un farol».

Decidí ir al Tigrett y empecé al día siguiente.

No sabía qué me podía esperar. Los libros eran los mismos y el plan de estudios, también. Estábamos aproximadamente en el mismo punto del programa que en South Jackson. Siempre se había dicho que las escuelas estaban separadas pero eran iguales y que los libros no eran diferentes. Físicamente, aquella escuela sí que era muy diferente. El Tigrett estaba organizado en departamentos e íbamos de aula en aula y teníamos clases distintas con gente diferente. Esto fue una novedad para mí. En South Jackson permanecíamos en la misma aula con los mismos compañeros todo el día.

Puede resultar extraño, pero no pensé en el futuro inmediato. De haberlo hecho, podría haberme dado cuenta de que en clase de historia americana íbamos a estudiar la Guerra de Secesión. Esto iba a suceder. Pero juro que a mí me cogió por sorpresa, y sus repercusiones cogieron por sorpresa a mi clase. Cuando estudiamos la Guerra de Secesión fue como si la examináramos desde el vestuario del equipo perdedor. No sé cuántas clases me habían dado sobre la Guerra de Secesión hasta aquel momento, pero ninguna había sido desde un punto de vista compasivo con el Sur. Muy bien, pues ahora el Sur jugaba en casa.

Fuimos a parar a una página con una ilustración de un negro encadenado, un esclavo. Fue como si nadie supiera que nos la íbamos a encontrar. Todo el mundo se quedó un minuto inmóvil. Luego aquel tipo, Steve, que era verdaderamente insufrible, se rió por lo bajini. El maestro lo reprendió, recuperó el control de la clase y proseguimos la lección.

He llegado a la conclusión de que «Los Espíritus» influyeron en mi proceso de integración en el Tigrett, en el hecho de que todo funcionara sin problemas. Más tarde descubrí que justo después del día de Año Nuevo el Ayuntamiento quiso hacer un trato. Esto se mantuvo en secreto hasta que ya estuvimos en clase para que no hubiera oportunidad de que aumentara la oposición. Si llevaban a cabo el proceso de integración en las escuelas tranquilamente, sin enfrentamientos, podrían ahorrarse dinero, evitar que la ciudad tuviera mala prensa, limitar las posibilidades de que los palurdos armasen jaleo cuando el asunto saliera en las noticias. El Ayuntamiento puso algunas condiciones para cerrar el trato con el abogado de la NAACP: solo estudiantes de los primeros cursos de secundaria; y el Tigrett sería la «escuela cobaya» en parte, estoy seguro, por su situación, lejos de la calle mayor. El Ayuntamiento también quería empezar inmediatamente y haciendo el menor ruido posible.

Supongo que debieron de sentarse y decir «Eh, que esto se nos echa encima (como mañana por la mañana, el día del juicio o las teles en color quien se las pueda permitir)» y decidieron adelantarse a los acontecimientos. No quiero defender a los del Ayuntamiento de Jackson como visionarios sociales, pero su plan funcionó bastante bien. Y fue una jugada que multiplicó por mil el potencial económico de la población: puso de manifiesto que los políticos de Jackson sabían que la Guerra de Secesión había terminado.

9

En la primavera de 1962, cuando estábamos acabando octavo en el Tigrett, los bulldozers y las niveladoras que trabajaban en la nueva carretera estaban justo en la ladera sur, a pocos kilómetros de distancia. Mi tío B. B. se había encargado de conseguir una casa de tres dormitorios que compartiríamos con él en el Bronx. Mi madre y yo nos trasladábamos a Nueva York.

La noche antes de abandonar Jackson fui a visitar a varias personas por última vez. Me había enterado de que pasaríamos meses en Nueva York, pero conservaba la esperanza de que antes de irnos ocurriría algo, algo que me salvara de la gran ciudad. No pensaba en lo que le había pasado a mi abuela. No tenía en cuenta lo que mi madre quería ni lo que mi tío había planeado. No me interesaba la vida de nadie más, solo la mía. Me di cuenta de lo que era esto: algo terriblemente egoísta.

Sabía exactamente lo que sentía. Mi vista, mi oído, mis sentidos del gusto, del tacto y del olfato, todo a la vez. Eran la suma de cuanto sentía y no esperaba que dicha amalgama me diera respuestas porque, por alguna razón, ni una sola sensación de lo que le estaba pasando a mi vida podía darle un sentido. Solo cuando me preguntaba a mí mismo cómo me sentía me podía relajar como si supiera algo. Sabía que «¿Cómo te sientes?» no era la pregunta adecuada para hacer a la mayoría de la gente. Era retórica, irrelevante, una pregunta tan trivial como insignificante. Para la mayoría de la gente. Pero no para mí.

Podía echarle la culpa a la geografía. El traslado a Nueva York no era responsabilidad de mi madre ni de nadie. Teníamos que mudarnos. A algún sitio. Si no a Nueva York, a cualquier otro nuevo sitio. El proyecto de «renovación urbana» del que tanto tiempo se había hablado como parte del futuro de Jackson ya estaba sobre la colina. Desde la calle Church podía ver los bulldozers. Durante años había estado retumbando vagamente a lo lejos como una tormenta que se avecina, pero ahora empezaba a llover.

Jackson's urban had become renewal
Political concessions made things suddenly doable
A six lane highway paved the way with mass approval
And the house on Cumberland Street faced imminent
*   removal*
And all my old side streets were asphalt memory lanes
And in July of 1962 I left on a 4 a. m. train.

[La renovación urbana de Jackson había llegado / las concesiones políticas hicieron de pronto las cosas factibles / una carretera de seis carriles se abría camino con la aprobación de las masas / y la casa de la calle Cumberland se enfrentaba a una demolición inminente / y todas mis antiguas callejas eran sendas de memoria asfáltica / y en julio de 1962 me marché en tren a las cuatro de la madrugada.]

Yo no quería irme. Pero llegué a la conclusión de que en aquel caso no había ningún malo de la película, nadie sobre quien pudiera descargar mi disgusto. Yo no era sino uno más del millar de personas de South Jackson que tenían que largarse cagando leches. Y me sentí mejor respecto a mi situación cuando el tren llegó a Chicago, a medio camino de Nueva York.

Al llegar a Nueva York nos instalamos en el apartamento que mi tío había encontrado en el callejón Hampden Place, en el Bronx. Nuestra calle tan solo medía una manzana de largo y estaba a dos manzanas del 270 Street Bridge, por encima de Fordham Road. Estaba a tiro de piedra de la oficina de la Seguridad Social en Jerome Avenue donde trabajaba el tío B. y a tan solo a quince minutos a pie del que sería mi nuevo instituto de secundaria, el Creston. Esa nueva casa se me antojaba muy alejada de la sita en la 225 con White Plains Road, donde había estado un año y medio antes, después del funeral de mi abuela. Ambas direcciones estaban en el Bronx, Nueva York, pero que yo supiera tan solo este hecho las conectaba. Las seis semanas que había pasado en la otra casa no fueron suficientes para hacerme perder mi condición de novato.

El apartamento era diferente, desde luego. Bastante bonito, estaba en la segunda planta, que era la última, y mi habitación tenía espacio más que suficiente para todos mis trastos, y una ventana por la que entraba una agradable brisa. Nuestras cosas de Jackson habían llegado antes que nosotros y nuestro televisor en blanco y negro ya estaba en la sala. B. B. tenía otro en color sobre un estante de su habitación. Y yo tenía permiso para ver su tele cuando él no estaba, que acabó siendo un par de noches por semana y la mayoría de las noches de los fines de semana. Pero, en definitiva, no me sentía cómodo. Me sentía tonto y a disgusto viviendo con mi tío y cuando iba a la tienda y en todas partes. Era turbador haberse mudado de un sitio donde conocías cada brizna de hierba a otro donde no había hierba. Y los neoyorquinos te hacían sentir su desprecio o su indiferencia. Me preguntaba si podría o debería amoldarme a eso, intentar ser así o simplemente intentar pasarlo por alto, que es lo que hacían ellos: pasar de todo.

Vivir con mi tío le fue muy bien a mi madre. Tenía a alguien en quien confiaba y a quien respetaba, con el que compartir los gastos y, una vez hubo empezado la escuela, alguien que me pedía explicaciones sobre lo que se había convertido en un rendimiento académico mediocre y que desaprobaba las horas que me pasaba en silencio en mi habitación escribiendo relatos breves y redacciones. Al empezar el año anterior, en octavo, me habían entrado ganas de escribir: cuentos, canciones, poemas, redacciones, de todo. Leía y escribía. Pero lo que leía no eran mis deberes ni las lecciones. Y lo que escribía eran principalmente cosas mías para ir adquiriendo práctica. El tiempo que dedicaba a ello era innegociable.

Mi tío opinaba que no había excusa posible para el hecho de que yo no tuviera un rendimiento excelente en las clases, que no sacara sobresaliente en todo como todos los Scott habían sacado a base de esfuerzo. Que hubiera acabado el Tigrett sin ningún sobresaliente no se ajustaba a sus principios.

Me acordé de mi madre leyéndome cartas que el tío B. nos había escrito antes del traslado en las que decía que había un montón de niños de la edad de Scotty en el barrio, que los veía a todas horas. Pero, o bien se habían mudado todos en el ínterin, o bien B. B. había estado bebiendo demasiado. No parecía que hubiera ningún niño en los alrededores. Después de salir cada mañana y cada tarde y no ver a nadie más joven que Matusalén por el callejón sin salida en que terminaba de nuestra manzana, tenía el ánimo por los suelos.

Finalmente me di un respiro y empecé a considerar las ventajas de mi situación. La principal parecía ser que yo había regresado a Nueva York al mismo tiempo que la Liga Nacional de béisbol. El nuevo equipo neoyorquino era una recopilación de antiguos jugadores de antiguos equipos neoyorquinos que hacía que cualquier partido ese fuera como el día de los carcamales. Me convertí en seguidor, si bien no exactamente en hincha, de los Metropolitans de Nueva York, cuyo nombre fue hábil y rápidamente transformado, abreviado, en Mets, probablemente para facilitar los titulares de contraportada. La manera larga de referirse a los Mets tenía trece letras, y a veces todo el titular de contraportada tenía precisamente ese número. Algo como

METS LOSE AGAIN (LOS METS PIERDEN DE NUEVO) encajaba a la perfección (y aquel primer año fue un titular muy frecuente). Cuando llegué al Bronx estaban firmemente apalancados en el último puesto, sin esperanza alguna de avanzar. Titulares como LOS METS GANAN LA PRIMERA MANGA DE CORRIDO me llenaban de gozo.

Finalmente también encontré a los niños de mi edad que B. B. había jurado que andaban por ahí. Había un chiquillo, un niño de unos ocho años, con quien me topé un día mientras estaba tirando mi pelota de goma contra la pared. Le pregunté si había en el barrio otros niños, niños de mi edad, chicos que jugaran a la pelota partidos de verdad. Dijo que sí, sí, sí y sí, y me explicó que los partidos de stickball y de sóftbol se jugaban en «el Deegan». Sin embargo, era demasiado pequeño para salir del barrio, y no supo decirme cómo llegar al Deegan, y se marchó.

Pero ese niño, el primer neoyorquino que conocí que no lo sabía todo y era capaz de admitirlo, regresó al cabo de poco con un chico blanco y delgado de veintitantos años al que sus amigos de Hampden Place llamaban Jimbo. Jimbo estaba bastante enterado. En menos de quince minutos yo ya había ido a explicárselo a mi madre, había vuelto a salir y había caminado los cinco minutos que se tardaba en llegar al Deegan.

It really only took the New York kids one quick look
From the time that I got in the game
They can tell right away if you can or cannot play
A player or just one more lame
After an inning or so when one kid had to go
I agreed to right field in nothing flat
And I didn't make a play because no balls came my way
I did nothing until I came to bat.
And I really don't mind saying I was so glad to be
    playing

That the moment they threw me the ball
The mix of raw anticipation and my two weeks of
frustration
Helped me hit a double off the wall
The smile on my face told the kids from Hampden Place
That a player had moved to their street
They would all mock my drawl, but knew I could play
ball
It shows how much I need to compete

[Con tan solo una mirada tuvieron bastante los chicos de Nueva York / cuando me incorporé al partido / enseguida ven si sabes jugar o no / si eres un jugador o simplemente un maleto más. / Después de una manga o así cuando un chico se tuvo que ir / acepté en un pispás la posición de exterior derecho / pero no hice ninguna jugada porque no me llegó ni una pelota / no hice nada hasta que me tocó batear. / Y no me importa decir que estaba tan contento de jugar / que en el momento en que me tiraron la pelota / la gran expectación junto con mis dos semanas de frustración / me ayudaron a hacer un doble extraordinario / la sonrisa de mi cara informó a los chicos de Hampden Place / que un jugador se había mudado a su calle / todos se burlaban de mi acento del sur, pero ya no ignoraban que sabía jugar / todo esto demuestra lo mucho que yo necesitaba competir.]

Mi tía Sammy me acompañó al Creston el primer día de clase. A esas alturas ya me habían saturado completamente de historias que mejor se habrían podido titular «Leyendas del Creston».

Certain actual events
With semi-factual incidents
In retrospect make no damn sense
But at the time seemed real intense
The mythic and the legendary
Exaggerations seemed so scary
Life feels extremely temporary
When you're headed for the mortuary

[Ciertos sucesos reales / mezclados con incidentes semiobjetivos / volviendo la vista atrás no tienen puto sentido / pero en aquel entonces se antojaban del todo reales / lo mítico y lo legendario / las exageraciones parecían tan terroríficas / la vida te parece sumamente provisional / cuando vas camino del depósito de cadáveres.]

Bueno, huelga decir que en el Creston no me fue tan mal. Salvo por el hecho de que no era un instituto mixto y que mi tía me matriculó en un programa de formación profesional, de manera que me tenía que chupar el taller de metalistería y el taller de electricidad. Mi madre solucionó esto último, si bien el motivo de que se personara en la escuela no fue mi indolente falta de entusiasmo por las estúpidas clases de recuperación a las que asistí durante mis primeros meses en el Creston. Ella fue al Creston porque yo nunca hacía deberes en casa y finalmente vio un boletín de notas con la relación de asignaturas que estaba cursando.

El día después de que nos dieran el primer boletín de notas me llamaron al despacho del subdirector. Cuando me lo anunciaron, durante la hora de tutoría de después del almuerzo, se alzó un murmullo de respeto. En su despacho era donde se impartía disciplina.

Yo ya había estado antes ahí. Por cuestiones relacionadas con la verdadera tarea del subdirector. Cuando algo iba mal en el Creston o si se sospechaba que alumnos del Creston estaban implicados en algo que había pasado en el barrio, incluyendo dos o tres manzanas de la calle Grand Concourse, se podía considerar oportuno echar una reprimenda o incluso la apertura de un expediente, cuando no directamente la expulsión. De estos castigos se encargaba el subdirector. Yo había tenido que ir a verlo después de haberme liado a guantazos con otro alumno de noveno.

Esta vez comenzó con su tono de voz en modo «todo controlado».

—Heron —dijo mientras apartaba un plato de cartón sucio y colgaba el abrigo—, tu madre es una señora imponente.

Se giró hacia mi expresión de sorpresa con una sonrisa de tiburón y volvió a sentarse tras el escritorio.

Entonces comprendí que aquello no tenía nada que ver con sus ocupaciones habituales: había dejado que me quedara de pie, por encima de su cabeza, una posición que nunca habría permitido a un adversario ni a nadie que estuviera a punto de recibir malas noticias o un mal trato.

—Ha estado aquí esta mañana —prosiguió al mismo tiempo que abría una carpeta—. Y ha presentado una queja poco corriente. Dice que es una estupidez que vayas a las clases de recuperación, ¿sabes? Que lo habrías podido solucionar antes de matricularte. Que el tiempo que pasas en el aula probablemente parece un castigo y que ni en la peor de sus pesadillas te ve estudiando en una escuela de formación profesional.

Se echó hacia atrás para examinarme, como si fuera la primera vez que me veía. Y quizá lo era. Le miré buscándole los ojos. Desvió la vista de nuevo hacia la carpeta.

—He ido a hablar con tus profesores, ¿sabes? Tu madre no sería la primera que se imagina que su hijo es más un Einstein que un Frankenstein, ¿comprendes?

Al parecer ese chiste le gustaba.

—Más original que criminal —dije entre dientes, ya un poco cansado de que jugaran conmigo.

Empezó a mirarme con recelo.

—Pues bien, la respuesta ha sido casi unánime, y le han dado la razón. ¡Ja! Cuando le he dicho que estudiaría el caso, ella ha contestado que esperaría. ¡Ja! No creo que me haya creído del todo. Así que le he asegurado que hoy tendría una respuesta que le podrías dar tú al llegar a casa. La verdad es que estaba empezando a pensar que tu madre sabía de lo que hablaba. Su vestido, su porte, su vocabulario, todo... De todas formas ha habido un poco de debate con la señora Kaufman, que ha dicho que tienes que currarte más las mates.

Asentí con la cabeza. Se puso de pie y mientras se levantaba cerró la carpeta.

—Te vamos a pasar a 9-2. La señora Kaufman será tu nueva tutora. He mandado una nota a la señora Katz y mañana todos los demás ya estarán informados y habrán modificado sus listas de alumnos.

Volví a asentir con la cabeza, como el tío Buddy.

—Ya puedes marcharte, pero no olvides saludar a tu madre de mi parte.

Me tendió la mano.

En el Creston también progresé mucho en mi carrera musical. La verdad es que en aquella época no tenía ambiciones musicales. Me gustaba sentarme al piano y tocar los acordes de «Ooo, Baby Baby» de Smokey Robinson. Pero más o menos eso era todo. Hasta que se me presentó una oportunidad. Un día una profesora de música del Creston, pequeña y pelirroja, me llamó a su clase. Al entrar me pidió que le leyera parte de un guion. Yo entonces no tenía ni idea, pero resultó que se trataba de *El Mikado* de Gilbert y Sullivan, y lo que me hizo leer era el papel principal: Ko-Ko, el gran verdugo.

Más tarde me enteré de que el tipo que la profesora había querido que representara el papel lo había rechazado, de manera que ella había ido preguntando por ahí si a alguien se le ocurría algún otro candidato que tuviera inclinaciones musicales. Se hacía una sola función al año y, por lo que pude averiguar, ese tipo había arrasado el año anterior. Se daba casi por supuesto que sería él el protagonista de *El Mikado*. Supongo, pues, que se hacía de rogar. Finalmente me hice yo con el papel protagonista del verdugo que no quiere ejecutar a nadie. Parecía que me estuvieran encasillando.

10

No sé cómo interpretarlo, pero ha habido un montón de Jacksons en mi vida. Viví en Jackson, Tennessee. El tipo con quien más tarde escribí canciones se llamaba Brian Jackson. En 1984 voté por el reverendo Jesse Jackson e hice una actuación benéfica para recaudar fondos a su favor. Mi representante durante mucho tiempo y buen amigo durante más tiempo aún se llamaba Earnest Jackson. Y mientras vivía en el Bronx (antes de todos estos Jacksons) trabajé en un sitio llamado Jackson's.

Hampden Place, el callejón sin salida donde vivíamos con mi tío, parecía el camino de entrada privado de alguien que viviera en Fordham Road, justo al este de la autopista Major Deegan, y del 270 Street Bridge que venía de Manhattan. Si seguías hacia el este por Fordham Road llegabas a un punto en que debías girar a la izquierda y donde empezaba una cuesta pronunciada que, pasando por la avenida University, la avenida Jerome y la calle Grand Concourse, te llevaba hasta el barrio comercial de Fordham. A mitad de esa cuesta, a mano derecha, había un restaurante que tenía buena pinta: Jackson's Steak and Lobster House. Uno de los principales atractivos del Jackson's era una enorme pecera de cristal con bogavantes donde se invitaba a los clientes a elegir cuál se querían comer. Genial. Veía los bogavantes de la pecera encaramándose desesperadamente los unos sobre los otros como si supieran la suerte que les aguardaba.

No me atraían «cosas» para las que mi madre tuviera que echar mano de sus ahorros. Me daba absolutamente igual cómo iba vestido y no me importaba tener que aguantar algunas burlas en la cancha de baloncesto por el hecho de no calzar unas Converse (las Converse All Stars eran las Air Jordan de aquella época). Había heredado un par de chaquetas bonitas y una buena colección de jerséis de mi tío, pero desgraciadamente B. no tenía ningunas Converse que legarme; de todas maneras tampoco calzábamos el mismo número.

A mi madre ya le iba bien que no le insistiera en que me comprara esto o lo otro, pero la razón por la que yo no lo hacía no era esa. Sabía que sus gastos habían aumentado al marcharse mi tío, pero antes de que se fuera yo ya no le pedía nada. Tenía todo lo que necesitaba para ir tirando: un buen surtido de mangos de escoba que me servían de bates de stickball, una buena pelota de baloncesto de cuero, una colección en aumento de cómics de la Marvel y una radio que me transportaba a la cancha con los Mets, mi equipo de béisbol adoptivo.

Conseguía mantenerme con algún que otro currillo. Hacía repartos a las señoras mayores que vivían en la cuesta con mi bici, que me había traído de Tennessee. Tenía una cesta en el tubo del manillar donde viajaban los pedidos del colmado del barrio mientras yo iba de puerta en puerta. Al anochecer iba a buscar los camiones de reparto de periódicos para la edición nocturna y los seguía hasta una tienda de golosinas que había en la esquina de Fordham Road con Sedgwick. En aquellos tiempos el *Daily News*, el *Mirror*, el *Post* y el *Herald Tribune* sacaban ediciones nocturnas como la primera edición del día siguiente. No se hacía reparto por las tiendas, sino que había un punto de recogida central en Fordham Road en que los camiones eran recibidos por chicos con carritos que transportaban los diversos ejemplares a las tiendas del barrio, donde apretados grupos de jubilados los estaban esperando. Entre lo que recorría con el carrito y lo que repartía de puerta en puerta por la cuesta sacaba unas monedas que a menudo doblaba apostando en los partidos de stickball que se disputaban en el parque por las tardes.

Pero entonces me salió un empleo. O mejor dicho, el empleo. Fue cuando me llamaron para sustituir al tipo que fregaba los platos en el turno de noche en el Jackson's. La verdad es que yo era demasiado joven para trabajar allí, demasiado joven para estar en un local que servía combinados después de medianoche. Pero, aunque suene ridículo, me había puesto un poco de sombra de ojos de mi madre en el labio superior, donde tenía tan pocos pelos que los conocía a cada uno por su nombre. El propietario sabía que yo era demasiado joven. El encargado también. No tanto lo joven que era como lo mayor que no era. Pero me llamaban cuando de pronto necesitaban a alguien.

A veces podía tocarme el turno de ocho de la tarde a una de la madrugada, las horas de mayor ajetreo en el restaurante. Las horas en las que normalmente habría estado estudiando, escuchando la radio o escribiendo uno de mis rela too sobre un detective privado con nombre de cómic y cinco páginas de margen para atrapar al malo. En vez de eso me tocaba estar en «las calderas», al cuidado de un lavaplatos que no hacía otra cosa que gemir y gañir mientras se desplazaba penosamente la cinta transportadora que más que nada transportaba información sobre lo caliente, lo cascado y lo cubierto de grasa que estaba todo.

Tan pronto como entré ahí, me sentí fatal. Accedí a la parte de atrás por la puerta de vaivén que separaba el comedor de aquel moridero donde hacía mucho calor, un calor anormal. No sé si me explico. Quiero decir el tipo de calor que te hace cambiar de humor y de actitud. Un calor inmisericorde quiera-Dios-que-me-espere-una-birra-fría-en-la-que-bañarme. Como un horno microondas combi y una tía tetuda bajo los efectos de un afrodisíaco restregándose contra ti como si quisiera derretirte de calor.

Esto algo tenía que ver con la combinación del calor que desprendía la parrilla, con todos los quemadores a tope, y el vapor que invadía mi puesto de trabajo, el rincón del lavavajillas donde había las dos portezuelas de entrada y salida que te recordaban al tren de la bruja. Cuando levantaba la portezuela de la derecha, empujaba una bandeja de madera de más o menos mi tamaño hacia la oscuridad, siempre rugiente sobre los platos chorreantes. Por la de la izquierda salían los platos envueltos en una espesa bocanada de vapor que, literalmente, me dejaba aturdido de un guantazo cada minuto y medio.

Había un camarero joven, italiano, que entraba como patinando en nuestra zona de trabajo con el bogavante de algún cliente camino de una enorme olla de agua hirviendo y siempre cantando «¡No tienes puta escapatoria, cariño!».

En el Jackson's acabé comprendiendo qué quiere decir «sudar la gota gorda», si bien no me sentí explotado ni maltratado ni un solo segundo. Pero también acabé comprendiendo por qué hay leyes sobre el trabajo infantil allí donde las hay.

A eso de las once fue como si los Espíritus susurraran mi nombre al encargado, justo en el momento en que la manaza de vapor me golpeaba de lleno en la cara y me hacía sentir tan mareado que las rodillas me flaquearon literalmente.

—¿Te apetece un filete, chaval? —preguntó el encargado.

—Me comería tu puto corazón —grazné como respuesta.

Y todo el mundo se puso a berrear y alguien me dio una palmada en la espalda y estuve a punto de vomitar. Dando tumbos, a trompicones, me acerqué a la ventana de atrás, donde el sabor diferente del aire, su olor, al sentirlo contra la cara y contra el pecho, como el agua tras una caminata por el desierto, casi me hicieron entrar en éxtasis.

Elogié el filete y las patatas y las verduras que el cocinero había preparado especialmente para mí. Era un jamaicano enorme que siempre cantaba desafinado, y era capaz de encargarse de las notas de media docena de mesas a la vez y aun así mantener sus fogones inmaculados y presentar unos platos que parecían sacados de un anuncio de revista.

Me lo comí absolutamente todo y al final solo me quedó en los dedos la mantequilla de los panecillos.

Pronto aprendí a evitar el calor yendo hasta la puerta abierta después de cada dos bandejas de platos, más o menos cada cinco minutos. Aprendí a derrotar el vapor, a reírme del humo y a verter un vaso de agua fría sobre hojas de lechuga que acto seguido me metía en la gorra. Resistí cada turno porque mi madre y yo necesitábamos aquel dinero. Por las cinco horas que hacía habría tenido que ganar siete pavos y medio, pero ellos siempre me daban diez. Los tipos con los que trabajaba me llamaban «hombre» y me trataban como tal, de manera que volvía siempre que me llamaban, normalmente una o dos veces al mes.

Tras acabar los primeros cursos de secundaria en el Creston tuve que decidir en cuál de los dos institutos del Bronx quería matricularme: el Benjamin Franklin o el DeWitt Clinton. Después de dos años de educación masculina en el Creston, supongo que me había figurado que iría al Franklin, que era mixto. No sabía que el Clinton se preciara de ninguna superioridad intelectual. Su equipo de baloncesto era bueno, pero en aquel instituto no había chicas.

Mi madre no sopesó todos los factores, estoy seguro. Había oído algunos comentarios peyorativos sobre el Franklin y esto bastó para convencerla de que no iba a ir allí. Acabé, pues, matriculado en el Clinton, una fábrica educativa de ocho mil chicos que asistían a clase en tres turnos: de 7.30 a 13.30, de 9.00 a 15.00 y de 10.30 a 16.30. En el primer semestre me tocó el segundo turno.

El hecho de matricularme en el Clinton hizo resurgir el mayor temor que me despertaba Nueva York: ser tragado vivo. Mentalmente me había visto como una más de millares de personas corriendo en estampida por un bulevar como una marea humana, sin poder ni siquiera aminorar la marcha, a solo un paso tanto de la persona que tenías delante como de la que tenías detrás. Y lo peor era que aquello no se trataba de ninguna emergencia, de ninguna huida a algún

lugar para escapar de algo: se trataba simplemente de super-
vivencia cotidiana.

Me sentí como si estuviera aceptando un empleo en una
cadena de montaje. Me sentí tal como había imaginado que
Nueva York me haría sentir: luchando por no acabar con-
virtiéndome en nadie. He aquí la diferencia que habría debido saber expresar desde mi primera estancia en Nueva
York. Había estado buscando esto en el Creston, pero el hecho de ir a pie o en bici a la escuela con otros chicos del barrio había mitigado aquella sensación de extrañamiento que
me aterraba. Volvió en el Clinton. Reapareció en la cola de
la matrícula; yo era una cifra insignificante, un memo de
seis dígitos sin relación alguna con aquella historia, sin un
lugar que me perteneciera. En Jackson había sido alguien,
reconocido y respetado. Quizá mi problema fuera el ego.
Quizá mi problema fuera ser un mimado. Pero yo lo veía de
otra manera, yo creía que el éxito que pudieras cosechar
dependía de lo cómodo que estuvieras. Había personas que
simplemente eran pueblerinos, y no había nada de malo en
ello.

Aquella tarde, en medio de aquella cola de emociones
encontradas, me sentí completamente anónimo, como si
me estuvieran borrando, como si al conectarme desconec-
tara, y mi inscripción fuera una proscripción. Al encuadrar-
me en el instituto quedé descuadrado; al aceptar un número me convertí en uno. Yo estaba en Nueva York porque mi
madre así lo quería. Ella estaba conmigo porque eso deseaba para mí.

Tuve toda suerte de problemas en el Clinton. No basta
con atribuirlo a un malestar general como por ejemplo una
depresión, sentirse estresado o soportando la presión de un
gentío en Nueva York: es demasiado común. De manera que
yo lo achaqué a los profesores.

—Es culpa de los profes —le dije a mi madre—. No co-
nectamos.

Explotó. Podía hablar con ella de temas serios todo el

tiempo que hiciera falta, pero los problemas chorras, los problemas que ella sabía que yo debería haber resuelto, no colaban.

—¿No te gustan tus profes? ¡Oooh, qué pena! Mira: la profe no está ahí para gustarte. Si te gusta, perfecto, pero no es esa su tarea. Lo que tú tienes que hacer es leer los libros que ella ha leído. Y pídele que te recomiende lecturas suplementarias, añadidas al programa. Y no te olvides de hacer las asignaturas en las que andas más flojo por la mañana y las que se te dan mejor por la tarde. En tu caso esto significa mates y ciencias por la mañana e historia e inglés por la tarde. ¿Vale?

—Vale.

Fue una conversación importante, y la sugerencia que me hizo sobre a qué hora debía matricularme de qué asignaturas resultó crucial. Al semestre siguiente decidí matricularme en una asignatura de inglés que se impartía a última hora y así fue como conocí a la señorita Nettie y me salió la oportunidad de ir al Fieldston. Y estuve a punto de pifiarla.

11

Durante aquel primer semestre de instituto mi madre y yo fuimos a Alabama con la tía Sammy para visitar a los Hamilton. Y de camino nos paramos en Jackson, Tennessee.

Esta visita llegó en un momento en el que yo estaba verdaderamente desesperado, incapaz de sentirme cómodo en el Bronx. Pasaba períodos en los que me parecía perfecto vivir en Nueva York y otros en los que estaba seguro de que aquel no era mi sitio. Que quizá no era lugar para nadie. Durante esos períodos pensaba que mi sitio estaba en Jackson.

Regresar a Jackson fue una experiencia curiosa, una revelación que necesitaba. Después de pasar por las Smoky Mountains, habiendo dejado atrás el punto en el que Bristol, Virginia, toca con Bristol, Tennessee, entramos en Jackson por la Interestatal 70, carretera de ocho carriles que entonces cruzaba en diagonal Tennessee a lo largo de ochocientos kilómetros. La finalización de las obras de la Ruta 70 había producido un cambio espectacular en Jackson: el hecho de que había experimentado un notable desarrollo pude verlo desde la autopista. Industria, puestos de trabajo, dinero.

Llegamos a la casa de una amiga de mi abuela pasada ya la medianoche. Apenas dormí y, a una hora que incluso los *amish* calificarían de temprana, ya estaba levantado. Me bañé y me vestí con la intención de salir inmediatamente. Me moría de ganas de caminar por mis calles y respirar mi aire. Era un día entre semana, lectivo, y me encaminé hacia el instituto Merry, el instituto negro, y llegué justo después de que sonara el timbre de entrada.

Toda mi antigua pandilla estaba ahí. Incluso estaba Glover, mi mejor amigo y rival de toda la vida, el chico que se había integrado en el Tigrett conmigo y con Madeline. Descubrí que Glover era el rey de los pasillos. Yo había crecido en los dieciocho meses que habían transcurrido desde que me fuera, pero él me seguía sacando dos centímetros y seguía pesando unos cinco kilos más que yo. Y entonces exhibía una madurez social que me hizo sentir que yo me había quedado muy rezagado. Y quizá fuera cierto. Glover me dijo que ya había tenido relaciones sexuales. En mi caso tan solo tenía la aspiración de tenerlas. Pero lo que realmente le envidié era lo relajado y cómodo que se le veía. A todos se les veía así. Estaban en casa. Yo no me había sentido cómodo desde mi partida. Quería volver a sentirme así.

El verdadero placer, lo que pensé que echaba más en falta, fue ver a las chicas y hablar con ellas. Resultaban agradables incluso sin tocarlas. En Nueva York hablaba con las chicas con la boca llena de duda, intentando medir cada palabra que decía y despojarla del acento sureño. Aquella mañana todas las chicas eran tan guapas y dulces como recordaba, pero ahora tenían bultos bajo las blusas y unas caderas que les hacían bailar las faldas al andar. Esbocé el equivalente de un mes entero de sonrisas en Nueva York mientras paseamos ufanos de un lado a otro, a la vez que saludaba «¡Hey!» y «¿Qué tal?» en todas direcciones, como un político.

Me reuní con la tía Sammy y mi madre para comer y les expliqué con entusiasmo mi día como celebridad de Nueva York. Después de la comida me lavé y me arreglé para volver al Merry y asistir a las Southern Serenades, un festival escolar en el que alumnos de todo el instituto cantaban las canciones de moda. Sabía que, de haber estado yo aún ahí, habría hecho algún número solo o con un grupo. En el Clinton no hacía nada de canto.

Pasó algo extraño. Hacia el final de la función todo se me volvió mustio. Jackson. El Merry. Las Southern Serenades. Incluso las chicas. Seguían siendo dulces y guapas, sí, pero esto era lo malo: que todo seguía siendo lo mismo. Me figuré que al cabo de veinte años podía regresar y nada habría cambiado en absoluto. Sin abandonar mi butaca, mientras la música sonaba y alguien cantaba, me imaginé de nuevo en la autopista y de vuelta en el Bronx. Y ya nadie me llamaba pueblerino, o no sin una sonrisa. Y no se me ocurría pensar en otra cosa que en un viaje en metro.

Cuando aquellos pocos días hubieran pasado y estuviera otra vez en Nueva York, me sentiría bien. Ya no vivía en Jackson. Puedes regresar a tu hogar, pensé, pero solo de visita.

12

En el Clinton, el endeble sistema de megafonía del instituto hacía que las voces sonaran metálicas y como salidas del fondo de un pozo, y aún recuerdo al director hablando por los altavoces mientras yo entraba en clase de historia una tarde de noviembre de 1963, todavía húmedo tras la clase de natación. Estaba diciendo algo sobre un suceso terrible en Texas. «Han disparado al presidente y a varias personas más... todavía no se conoce la gravedad de las heridas... horrible que haya pasado algo así...»

La profesora de historia tenía los ojos llorosos y la cara roja, se sonaba la nariz, no decía nada, no pasaba lista. Me deslicé de lado junto a varios compañeros para llegar hasta mi pupitre en el aula abarrotada. Joder, pensé para mis adentros, esto es una verdadera pena. ¿Es que va a ser así toda mi vida de instituto?

Al cabo de un rato la voz volvió a emerger del pozo.

«Les ruego presten atención, por favor. Lamento notificarles que el presidente ha fallecido.» No hubo más palabras, pero nuestra profesora ya había oído bastante. Retrocedió uno o dos pasos y se sentó señalando la puerta con la mano. Las clases habían terminado. Habían asesinado al presidente.

Yo no era consciente de las consecuencias que podía tener el asesinato de un presidente. Pero sí que era consciente de la muerte. Y esta lo invadió todo. Entró en todas las casas y tomó asiento. Se metió en todas las radios de todas las emisoras. Y en todos los canales de televisión aparecían las mismas imágenes al mismo tiempo. Imágenes de Oswald. Imágenes de Johnson, antes vicepresidente, prestando juramento en un avión. Imágenes del gobernador que también había recibido un disparo. Imágenes de la mujer de Kennedy. Imágenes del almacén de libros. Vacío de nuevo. La ventana del tercer piso. El policía que detuvo a Oswald. Más imágenes de Oswald, la avenida... una nueva toma del avance de la comitiva de vehículos desde el lado opuesto de la avenida, frente al almacén de libros, en lo alto, presidiendo el espacio por donde aparecerán los coches. Sin demasiada visibilidad porque aquella cuesta la impide, y hay un viaducto con hombres con la cabeza descubierta que llevan impermeables y lo que posiblemente sean subfusiles Uzi. Destellos de cromo y movimiento, la gente se da la vuelta. El murmullo de la muchedumbre alineada a ambos lados del camino aumenta de volumen cuando aparece el coche principal y entra en un tramo bañado por la luz del sol. La gente saluda y aplaude, y de dentro del aplauso, distantes pero distintos: ¡Pum! ¡Pumpum! Tres tiros, de los cuales el segundo y el tercero suenan solapados.

Teorías, especulaciones, pesquisas, explicaciones.

Oswald, esposado, es sacado de un ascensor a un pasillo atestado de gente: a ambos lados se alinean los curiosos, los furiosos. Un ayudante del sheriff que lleva un sombrero blanco parece molesto por el resplandor de las luces y baja la mirada a su izquierda. El grupo se abre paso a empellones por en medio de las apretadas filas de los presentes, que van formando un camino para que, como en un desfile, pasen los agentes del orden y su prisionero. Entonces un intruso desmañado saca una pistola y dispara a quemarropa, a la altura del cinturón. Oswald se desploma hacia adelante mientras su agresor es reducido. Acabo de ver un asesinato.

Cuando pocas semanas después empecé el segundo trimestre las cosas no tenían muy buena pinta. Entré en el aula de inglés a las dos de la tarde y me encontré con una chica blanca que parecía una estudiante. Evidentemente no estudiaba en el Clinton, pero en la avenida un poco más allá había un instituto femenino y podría haber ido a ese centro. Supuse que debía de ser una sustituta provisional, una lectora o alguien que estaba haciendo un trabajo de campo para una asignatura de sociología. Era bajita, llevaba gafas, hablaba con un hilo de voz y se escudaba tras una falsa fachada de formalidad. Si hubiera sabido que los mormones tenían un plan de trabajo fuera de su recinto, podría haberla tomado por una misionera.

No tenía la pinta de alguien destinado a llevar a cabo tareas docentes en una institución para ocho mil chicos, en su mayoría negros y latinos, que estudiaban en un edificio diseñado más como una prisión que como un colegio. Y, para colmo, se llamaba Nettie Leaf.*

Lo que me acabó gustando de la señorita Leaf fue lo seriamente que se tomaba sus clases y a sí misma. Era mejor tener a un profesor que se preocupaba por la clase, por el material didáctico, por ti, que se preocupaba por algo, que no resistir otro muermo de hora intentando no dormirte. El inglés no era la asignatura más valorada por los imbéciles del Clinton. Pero a mí me molaba. Y si la señorita Leaf consideraba que el inglés era lo más importante, ¿cómo iba yo a quejarme? Así que asistía a sus clases y no enredaba. Quizá destaqué porque hice los malditos deberes: leerme *La lotería* de Shirley Jackson y *Una paz solo nuestra* de John Knowles.

Estos deberes constituyeron una importante pista sobre la señorita Leaf. En el instituto del que ella venía, fuera el

* *Nettie* fue un nombre de pila usual en Estados Unidos hacia la década de 1880, pero a partir de entonces fue cayendo en desuso hasta casi desaparecer. En los años sesenta, pues, debía de sonar como una antigualla. Además es casi homófono de *nutty*, «chiflado». Y puesto que el apellido de la profesora, *Leaf*, significa «hoja», su nombre podría sonar fácilmente a «hoja chiflada», o *nettle leaf* «hoja de ortiga». (*N. del T.*)

que fuera, los alumnos podrían haberse enganchado verdaderamente con aquellos relatos, pero el nuestro era la antítesis de cualquier instituto. No les pregunté a los demás alumnos su opinión al respecto, pero yo pensaba que *La lotería* estaba a la altura. Por una vez. *Una paz solo nuestra*, en cambio, fue el libro que me llevó al punto en el que mi comunicación con la señorita Leaf se llenó de interferencias. Yo opinaba que ese libro era cháchara blanca sobre gente blanca; que hablaba sobre la señorita Leaf, no sobre nosotros. No sé por qué ese libro en particular fue la gota que colmó el vaso. No era más irrelevante que cualquier otro que hubiera leído en la escuela. En el Creston había leído *Grandes esperanzas* y a Leon Uris (¡por el amor de Dios!). Había actuado en *El Mikado* sin profundizar en el racismo inherente tanto en Gilbert como en Sullivan, ninguno de los cuales tenía un club de fans en el gueto. Pero dicha reacción no fue ninguna suerte de protesta étnica ni tampoco parte del movimiento «Arriba Harlem». Joder, yo ni tan siquiera vivía en Harlem. Y, aparte de la columna de Langston Hughes en *The Chicago Defender*, desconocía un montón de literatura negra.

> *For two or three days in a row*
> *I sat there like I didn't know*
> *Two or three hours went past*
> *And I didn't say nothing in class*
> *She thought that I didn't read it*
> *So when she pushed me about where I was at*
> *I said I could write better than that*
> *And when she said she didn't believe*
> *I gave her some of my stuff to read*

[Durante dos o tres días seguidos / estuve en el aula como si no me enterara / dos o tres clases transcurrieron / sin que yo abriera la boca / ella pensaba que yo no lo había leído / así que cuando me presionó para que le dijera qué pasaba / le dije que yo podía escribir mejor / y cuando me respondió que no lo creía / le dejé leer parte de mi trabajo]

Por lo visto, a la señorita Leaf le gustaron mis escritos. O pensó que deberían gustarle. O algo así. Pocos días después, al acabar la clase, la señorita Leaf me pidió que me quedara. Me preguntó de dónde era y qué más había escrito y si había oído hablar del Fieldston y si me gustaría conocer a alguien.

Mis respuestas fueron Jackson, Tennessee, un montón de cosas, no y ¿conocer a quién?

Cuando me explicó que el Fieldston (no Feelston, como yo había entendido) era un instituto, bromeé con ella:

—¿Es ese su *Paraíso perdido*?

Afortunadamente, pilló la broma. Tenías que ser muy prudente cuando se trataba de bromear con blancos. Se lo tomaban todo, especialmente a sí mismos, muy en serio. Y, al mismo tiempo, les molestaba que un negro se tomara en serio a sí mismo.

—Sí, exacto —respondió—. Está en Riverdale y es un instituto privado. Creo que te iría bien allí, ¿Qué piensas?

¿Que qué pensaba yo? Nunca había pensado en ello. No creía reunir los requisitos necesarios, de manera que no dije nada. Pero cuanto más escuchaba a la señorita Leaf, tanto más me convencía de que era el tipo de persona que la gente creía que era yo: una paleta que acababa de apearse del autobús de la Trailways procedente de algún pueblo donde el autobús paraba tres veces a la semana ante la tienda donde se vendía de todo y que además era oficina de correos, y que pensaba que todo el mundo que salía en la tele tenía que ser muy pequeñito para caber ahí. Cuando me propuso un encuentro con un viejo amigo suyo que era profesor en el Fieldston pensé «¿Y qué?». Al fin y al cabo, si podía aguantar unos meses más quizá sacara sobresaliente en su asignatura.

Y así fue como acabé sentado en un restaurante de la cadena Howard Johnson's que había en Fordham Road, delante del zoo del Bronx. Me acababa de zampar una hamburguesa con queso y estaba dando buena cuenta de un helado de fresa con frutas y nueces en un reservado de cuero o de linóleo frente a la señorita Leaf y un hombre bajito, de cabello pajizo y con gafas que respondía al nombre de profesor Heller. Este me estaba escrutando como si no me estuviera escrutando. Observé cómo me observaba e intenté andarme con ojo. También me tomé mi tiempo en degustar el helado. Lo estaba disfrutando, tal como ellos me habían invitado a hacer, pero me preguntaba por qué en su caso se habían limitado a pedir una Coca-Cola.

Pero a medida que pasaba el rato me empezó a picar la curiosidad. Cuando la señorita Leaf había mencionado la posibilidad de estudiar en el Fieldston yo había pensado que bromeaba o que simplemente trataba de parecer simpática, que es lo que hacía cierta gente blanca cuando bromeaba. No me había tomado demasiado en serio la idea de aquella reunión. En primer lugar porque no creía que nadie que estuviera bien relacionado con el Fieldston tuviera que pringar en el Clinton intentando que treinta gamberros le prestaran atención en una clase de inglés de última hora. Si este era el caso, sin duda había cometido algún delito grave por el que estaba haciendo penitencia. Quizá debía cazar a alguien como parte del castigo. Pero no me parecía que ella fuera una gran cazatalentos, ni que el Clinton fuera un territorio de primera para cazarlos, ni que yo fuera un gran talento. Mis posibilidades eran muy remotas. Pero ¿cuánto? ¿Qué posibilidades le daríais a un asno en la carrera de caballos de Kentucky?

Eso significaba que nada de lo que pasara en ese restaurante era más importante que el helado de fresa. Pero me encontraba en una situación difícil. Si prestaba demasiada atención al helado, pasaría de las personas que me lo habían pagado. Pero si no me dedicaba a él, se derretiría, lo cual sería una pena y por otra parte podría dar la impresión de que no me apetecía. Y sí que me apetecía.

La reunión también me había puesto entre la espada y la pared en casa, con mi madre. Había sido una buena jugada decirle que estaba interesado. Mi madre había oído hablar de ese instituto cuando trabajaba en la biblioteca de la calle 231. Sabía que el Fieldston era real y que era un instituto bueno de verdad. Mi tío, que era muy mordaz, dijo que no creía en cuentos de hadas a menos que incluyeran un hada real. Me quedé con la copla.

Así que ahí nos tenéis a mí, a la señorita Leaf y al profesor Heller, cuyos ojos parecían más grandes tras las gafas, echándome miraditas de vez en cuando. Ambos eran buenos amigos, y a medida que el tiempo transcurría sin sobresaltos fui pasando de la incomodidad y la irritabilidad a la afabilidad y la simpatía. Lo que comprendí cuando iba por la mitad del helado fue que aquel día no pasaría nada. Daba igual lo que ellos dijeran o pensaran, a menos que yo dijera categóricamente que no quería ir o que me pusiera en plan sabihondo. Decidí no preguntarles si era verdad que no había negros en Riverdale.

El profesor Heller me hizo algunas preguntas. Era un señor amable y de voz suave que me hizo sentir un poco avergonzado de mis recelos. Le miraba tal como los neoyorquinos lo miran todo, como si fuera falso y no pudiera ser una persona amable que apreciaba mis escritos.

—Así que eres del oeste de Tennessee —dijo.

—Sí, de Jackson —concedí.

—¿Para qué habéis venido a Nueva York?

—Para siempre —contesté en plan de broma, sin indignación.

—No, ¡ja, ja! Quiero decir, ¿le salió aquí algún empleo a tu madre?

—Ella sabía que encontraría trabajo —repuse—. Tiene sus másters.

La conversación prosiguió con trivialidades por el estilo.

—¿Y crees que el Fieldston podría gustarte?

—No lo sé. Tengo entendido que es un buen instituto.

—Un muy buen instituto, con clases menos llenas y un plan de estudios más intensivo, lo cual significa mejores oportunidades de cara a la universidad —dijo—. Pero tendrás que pasar un examen.

Decidí que era probable que él aceptara un chiste, o al menos que lo comprendiera.

—¿Un examen médico? Lo pasaría.

Había tomado la última cucharada de mi helado de fresa.

Y así se acordó la cosa. Más o menos. De los trámites, fueran cuales fueran, que me procurarían el ingreso en el Elíseo de Riverdale se encargaría el profesor Heller. Entendí que esto representaba una ventaja excepcional, una seguridad, una garantía (o algo tan ajustado a los hechos como el *New York Times* del día anterior). Como si el gran volatinero Joseph Wallenda hiciera un número en la cuerda floja especialmente para ti. Como convencer al popular mentalista Amazing Kreskin de que te eligiera cada día el número de la lotería. Lo único que quedaba era la mera formalidad del examen de ingreso. Raramente era un obstáculo, me dijeron; se usaba más como un test de aptitud para determinar qué asignaturas te tendrías que trabajar. De manera que proseguí con el curso en un instituto, el DeWitt Clinton, del que entonces tenía la certeza que podría escapar, puliendo mi estilo baloncestista en cualquier gimnasio del barrio que estuviera abierto por la noche y aceptando cualquier trabajo que me saliera en Fordham Road.

Pero justo antes del examen hice una especie de visita informativa al Fieldston para conocer el lugar y asistir como oyente a un par de clases. Fue algo realmente odioso. Tenías que ser rico ya solo para atravesar el campus, que parecía una universidad de Nueva Inglaterra, con todos los edificios espléndidamente conectados mediante pasajes elevados y piedras grises alrededor de cuidados parterres de césped. En las paredes había hiedra suficiente para volver a cubrir el muro que circunda el campo de juego del estadio de béisbol Wrigley Field. De manera que, llegado el momento del examen, hice tongo, me dejé catear. El aula donde me examinaron era como la sala de conferencias de una universidad.

Estaba medio llena, habría unas setenta y cinco personas. Puede que no todos estuvieran intentando ingresar gratis como yo (la señorita Leaf había dicho que la matrícula costaba alrededor de 2.200 dólares al año) y parecía poco probable que todos intentaran entrar en undécimo curso. Dudaba que en cinco años hubiera más de una docena de oportunidades para ser admitido en un aula del Fieldston, a menos que tiraran una bomba en Wall Street. Dediqué a la parte de inglés las tres horas enteras de que disponíamos, pero cuando empezó la de matemáticas respondí de corrido treinta y cinco o cuarenta preguntas y al cabo de más o menos una hora me largué.

Dos semanas después sonó el teléfono de nuestro apartamento. Era el profesor Heller. No me esperaba una llamada, había supuesto que enviarían una carta. Pero quizá estuvo bien que el profesor llamara: le debía una disculpa o un agradecimiento. Tenía que ser algo así como «Gracias por la oportunidad que no he querido aprovechar, señor». Decir que lo habría podido hacer mejor en el examen no le sonaría más convincente de lo que, taladrándome la cabeza, me sonaba a mí. Y sabía que era cierto. Pero si no me podía convencer a mí mismo...

—... resultado del examen un tanto decepcionante —decía.

Una manera impecable de expresarlo.

No puedo decir que no supiera lo mucho que mi madre deseaba que yo fuera al Fieldston. Sí puedo decir que mientras escuchaba al profesor Heller pensé que sabía lo mucho que ella lo deseaba. Dudé de nuevo.

—... y el tribunal no está muy entusiasmado que digamos. Pero si estás dispuesto a reunirte... Necesito preguntarte de nuevo, no obstante, si verdaderamente quieres estudiar aquí, Gil, porque si no, estamos perdiendo el tiempo.

—Sí, señor: me interesa.

Dijo que intentaría concertar una entrevista con el tribunal. Aquello empezaba a olerme a cosas adicionales que no me daba la gana hacer, pero justamente se trataba de esto. Ir a mendigar a algún sitio es algo por lo que no quieres pasar. Si quieres la beca, tienes que revelar esto y revelar lo otro, examinarte de esto y examinarte de lo otro. Tío, había un montón de mierda por la que debía pasar. Y ahora, algún tipo de tribunal.

Pero ¿acaso no había hecho una cola kilométrica para matricularme en el Clinton? ¿No había perdido horas y horas para apuntarme a las putas clases equivocadas en el Creston? ¿No había esperado ciento cincuenta o doscientos años para poder entrar en el Tigrett, cuando vivía en Jackson? Al menos se suponía que lo que me tocaba pasar ahora era por algo que valía la pena.

La entrevista fue concertada y luego, una mañana, una semana o así más tarde, oí cuatro golpes secos en la puerta de mi habitación. Pam, pam, pam, pam. No era la manera acostumbrada de despertarme. Todavía grogui, me di la vuelta en la cama sobre el libro que había estado leyendo la noche anterior y mis pies descalzos tocaron el suelo. No lo bastante deprisa.

Pam, pam, pam, pam.

Era mi tío.

—¡Scotty! ¡Son las ocho!

Abrí la puerta. Mi tío se encaminaba a la habitación de mi madre.

—Bébete un zumo —dijo— y vete a hacer lo que tengas que hacer.

Entró en la habitación de mi madre y cerró la puerta.

Mientras me lavaba me di cuenta de que mi cara parecía un signo de interrogación. Podía oír a mi madre a través de ambas puertas, gimiendo y hablando con una voz ronca que no le reconocía.

—Di a Sca-dy qu' vaya d'recto a la 'ntre-v'sta, ¿va-leee?

¿Qué estaba pasando? ¿Qué iba mal? El tío B. B. salió de la habitación y cerró la puerta con una expresión tensa, incómoda.

—Venga, vístete y vete a la entrevista —dijo con ojos serios—. Se pondrá bien. Ahora muévete. No hace falta que llegues tarde por esto. Irá al hospital donde estuvo Sammy. Llama cuando tengas un minuto.

Luego regresó a la habitación de mi madre y yo me arreglé el cuello de la chaqueta y me lancé escaleras abajo a toda prisa. Todavía pude oír a mi madre diciéndole a B. B. en voz alta y arrastrando las palabras que me dijera que fuera a la entrevista y a él contestándole «Sí, sí».

Al llegar a la planta baja oí el zumbido del interfono y el chasquido de la puerta al abrirse y reconocí al agobiado, apurado y horroroso médico de mi madre que entraba con la camisa medio remangada, la arrugada corbata a rayas colgándole lacia y descentrada y la frente sudorosa.

Frunció el ceño y masculló «acidosis» como en respuesta a una pregunta que yo le hubiera hecho. Luego pasó por mi lado y enfiló las escaleras apresuradamente.

Al poco rato yo me subía corriendo a un autobús, cruzaba traqueteando el 207 Street Bridge y tomaba el tren de Broadway en Manhattan. Me dirigía a una entrevista con el tribunal y mi madre estaba enferma.

Durante mi visita anterior no había estado en el edificio de la dirección, pero había pasado por delante al final del largo y curvo camino de entrada que llevaba al campus del Fieldston. Cuando entré en el edificio de la dirección apenas había unos cuantos jóvenes cruzando el atrio a toda prisa. Subí hasta el piso donde recordaba haber visto la puerta de la oficina del director. Una secretaria sonriente me indicó con un movimiento de cabeza que debía entrar por otra puerta. Dentro había aproximadamente media docena de señores con americana y una señora con un elegante vestido, todos de pie junto a una larga mesa de servicio. Había galletitas en platos de porcelana. Había refinadas tazas de porcelana, una sólida bandeja de plata de ley en la que descansaban una cafetera plateada cubierta de vaho y un cazo algo más pequeño con agua caliente. Había bolsitas de té,

gajos de limón, azúcar, sobres de sacarina, sucedáneo de
nata en polvo, un pequeño cuenco con nata líquida y una
botella de medio litro de nata mezclada con leche sin abrir.

A mi derecha había sillas dispuestas en semicírculo frente a una silla solitaria, aislada, con el respaldo contra la pared. Justo cuando estaba a punto de perder los nervios entró
el profesor Heller apresuradamente y me dio una palmada
en la espalda a modo de saludo. Vestía la misma chaqueta
que el día que nos vimos en Howard Johnson's, con coderas,
y llevaba una de las patillas de sus gafas sujeta con un trozo
de celo. Rápidamente se apartó de mí y empezó a estrechar
con fingido entusiasmo las manos de los demás, todos blancos, todos con aspecto de haber alcanzado una posición aco-
modada, a buen seguro ejecutivos o administradores.

Al poco rato me hallaba sentado en la silla del centro
frente a la gente que el profesor Heller llamaba el tribunal,
es decir el tribunal que decidía quién ingresaba. Me halaga-
ba haber tenido la oportunidad de verme con ellos, y no sabía lo suficiente como para sentirme intimidado. No fui
irrespetuoso; eso no va conmigo. Además, supuse que, puesto que había suspendido el examen, estaba allí solo porque:
(A) el profesor Heller me había recomendado; (B) a los demás les gustaría tener otro motivo, aparte de una puntua-
ción baja en el examen, para rechazar al candidato del profesor Heller y aquella podía ser su oportunidad; y (C) yo
había pedido aquella entrevista.

> *So no matter things that I might sense*
> *I need to be civil in my own defense.*
> *Sitting in front of these folks seems silly*
> *But I owe it to the Prof to stay chilly*
> *If this is judgment day more's the pity*
> *That I have to come in here before this committee*

[Así pues no importa lo que yo pueda sentir / necesito ser cortés en mi
defensa. / Estar sentado frente a esta gente parece estúpido / pero he de

mantenerme frío: se lo debo al profesor / si este es el día del juicio final, qué pena / Que tenga que presentarme ante este tribunal]

No dejaba de hacer cábalas sobre cuál sería el veredicto de aquel semijurado de seis miembros y, tal como yo lo veía, había dos de ellos (el profesor Heller y la única mujer del tribunal) que parecían inclinarse a mi favor; tres más que parecían estar en contra de mi ingreso; y, finalmente, uno que parecía neutral (el presidente del tribunal, que era lo bastante políticamente espabilado como para no querer tomar partido). Eso significaba, a mi entender, que no yo entraría.

Me hicieron algunas preguntas con la intención de averiguar cómo me sentiría al relacionarme con gente que tenía más dinero que yo. Les expliqué que ya entonces casi toda la gente que conocía tenía más dinero que yo, pero que con una buena educación quizá podría alcanzarles. Lo que quise que vieran era que los alumnos del Fieldston no eran las únicas personas que gozaban de una mejor posición económica que yo.

Las preguntas sobre cómo iba a sentirme en medio de todos aquellos chicos con dinero eran preguntas que les incomodaban mucho. Ellos ocupaban una posición intermedia entre la mía y la de la comunidad del Fieldston, la gente del Fieldston. Pero se hallaban más cerca de mi situación financiera que de la de los miembros de la comunidad del Fieldston. Puede que fueran buenos en lo que hacían, enseñar, administrar o lo que fuese, pero se parecían más a profesores particulares con despacho.

Uno me preguntó:

—¿Cómo te sentirías si vieras que uno de tus compañeros de clase llega en limusina mientras tú subes la cuesta a pie después de salir del metro?

—Pues igual que usted —respondí—. Ninguno de ustedes puede permitirse el lujo de llegar en limusina. ¿Cómo les hace sentir eso?

Pude oír miedo en sus voces, un miedo real. Daba la impresión de que se sentían intimidados, no por mí sino por su entorno.

And all of their degrees can't get them on their knees
And their mastery in classes never gets them off their
    asses
They're always tiptoeing and elbowing
As loud as ghost whispers and as quick as grass be
    growing
Their spoiled students must be pampered,
Moving around like snails in amber
Their disciplinary instincts are all the way dead
Smiling at this, patting that one on the head
On fire with midnight sunburns that take root under
    the collars
But «little lord have mercy» here is worth a million
    dollars

[Y ni todos sus títulos les permiten postrarse / ni su magisterio en las clases alzar las posaderas / siempre andan de puntillas y dando codazos / en voz tan baja como un susurro de fantasma y tan deprisa como la hierba al crecer / a sus malcriados alumnos hay que mimarlos, / moviéndose de acá para allá como babosas / con sus tendencias disciplinarias completamente adormecidas / ahora sonríen a este, ahora le dan palmaditas en la cabeza al otro / arden con quemaduras de sol de medianoche que arraigan bajo su ropa / pero cada «señorito, tenga piedad», bien vale un millón de dólares]

A las diez y cuarto decidieron hacer una pausa de pocos minutos. Le dije en privado al presidente del tribunal que era probable que hubieran hospitalizado a mi madre y que quería hacer una llamada. Me indicó que me dirigiera a una secretaria que estaba en un despacho interior. Llamé al Metropolitan Hospital y pedí que me pusieran con el señor William Scott. Tras una breve espera, B. B. se puso al teléfono. Hablaba como si le faltara el aliento.

—Todo bien, campeón —dijo en voz baja—. Parece que nos lo tendremos que montar de solteros por unos días. Tu madre está en coma diabético. Tendrá que tomar insulina, como Sammy. Tenemos que hablar de algunas cosas, así que tienes que venir.

No me hacía falta saber nada más. Había otro sitio donde tenía que estar. Ya.

Cuando regresé a la sala los miembros del tribunal andaban indecisos cerca de sus sillas.

—Disculpen, dama y caballeros, he de decirles una cosa. Me tengo que ir. Esta mañana mi madre ha sido ingresada en el Metropolitan Hospital. Está en coma diabético y tengo que estar con ella. Soy consciente de que ustedes celebraban esta reunión exclusivamente para hablar conmigo, cosa que valoro y quiero agradecerles. Pero me voy. Si ustedes votan a favor de mi ingreso, se lo agradeceré. Si votan en contra, lo entenderé. Pero hagan lo que hagan, van a tener que hacerlo con la información que han obtenido hasta ahora. Espero que sea suficiente.

Me volví hacia el profesor Heller.

—Gracias, señor. Ha hecho mucho por mí y no me ha abandonado. Se lo agradezco, pero voy a ver cómo se encuentra mi madre, ¿vale?

No me apetecía sonreír, pero aquel hombre se lo merecía. Incliné la cabeza y así fui saludando respetuosamente al resto de personas de la sala. Sus caras un tanto atónitas mostraban expresiones indecisas, sin saber qué decir tras verse de golpe y porrazo metidas sin mala intención en la realidad de otra persona que distaba mucho del aislamiento insonorizado de sus rutinas en Riverdale.

Estreché la mano del profesor Heller por si era la última vez que lo veía. Acto seguido salí por la puerta de aquella lujosa sala y me alejé de la plata y la porcelana y las galletitas y el tribunal. Escaleras abajo hasta la puerta que daba al curvo camino de entrada. Desde allí hasta el tren de Broadway. Introduje una ficha en la ranura. Tenía que llegar al centro.

13

Supongo que llegué al hospital antes de lo que se esperaban tanto el médico como el tío B. B., porque de pronto me encontraba donde ellos estaban hablando, delante de la habitación de mi madre, y me abría paso entre los dos para echar un vistazo. Había una enfermera en la cabecera de la cama ajustando tubos del diámetro de un cigarrillo que se introducían por la garganta de mi madre. Un gorro de quirófano le recogía los cabellos. Estaba echada sobre una camilla con los ojos cerrados y toda la salita estaba inundada por el rumor de la respiración asistida. La enfermera trabajaba en penumbra, se desplazaba con presteza alrededor de la camilla, tapando cuidadosamente a mi madre con una sábana y examinando cada ángulo y aspecto de las conexiones a una máquina del tamaño de una nevera pequeña que le ensanchaba el pecho y le sacaba la saliva de la boca. Tenía el color de la ceniza de un cigarrillo. Tenía suerte de estar en coma y no poder verse, porque de haberse visto así se habría dado un susto de muerte.

Al parecer, mi tío pensaba que yo corría el riesgo de que me pasara lo mismo. Miraba fija e inexpresivamente hacia algún punto que nadie más veía, concentrado en las instrucciones, el proceso de recuperación o las excusas que el médico le estaba dando por no haber advertido el empeoramiento de mi madre hasta llegar a aquella situación. Hacía tan solo una semana que ella había acudido a su consulta.

Cuando pasé de nuevo por su lado, interrumpí los esfuerzos de mi tío para creer las mentiras que le estaba largando aquel hijo de puta. B. B. extendió el brazo para impedir que yo entrara en la habitación. Comprendí que él no quería que la viera. Él no comprendió que yo ya lo había hecho. Me aparté de los dos y me alejé unos cuantos pasos por el pasillo. Todavía podía oír el respirador mecánico. Dos o tres tensos minutos más tarde, el médico salió disparado y al punto B. B. se me acercó. Pesaba quince kilos más que yo y me sacaba un par de centímetros, pero aquel día parecía exhausto y visiblemente más pequeño de lo habitual.

—Un imbécil —soltó mirando la figura menguante del médico a medida que aquel hombrecillo nervioso se alejaba.

Me dije que nunca olvidaría a ese médico plantado bajo la luz de la bombilla de cuarenta vatios que iluminaba el pie de las escaleras de casa, olisqueando el aire como un albatros alérgico y diciendo «acidosis» entre dientes.

Pero deberíamos haberlo sabido. Y supongo que el hecho de que yo supiera que deberíamos haberlo sabido fue la razón por la que no eché a correr detrás de aquel enano por el pasillo pintado de caqui para darle de hostias como a un peluche. También tenía muchas ganas de hostiarme a mí mismo. Sabía que ese doctorcito de nariz ganchuda y cabeza de chorlito debería haber evitado aquella tragedia, pero sabía que yo también. Y veía en los bajíos de la expresión de mi tío que él pensaba lo mismo que yo. Como si aquella señora encamada allí en el hospital tuviera a dos hombres a su lado cuya responsabilidad fuera cuidarla... y la hubiéramos pifiado. La habíamos pifiado en algo fácil.

Ir a comprar las provisiones de la familia cada sábado había sido una de mis tareas desde antes de trasladarnos a Nueva York. No solo lo hacía para mi madre, sino ya antes también para mi abuela. Y era una de las maneras de ganarme legítimamente los dos centavos que me daba la tía Sissy, que se convirtieron en cinco cuando su presupuesto se amplió para incluir un filete o cualquier otro lujo del A&P o de cualquier otro colmado de las afueras. Siguiendo por la calle Cumberland, las afueras empezaban al cabo de cinco o seis manzanas, un paseo que se me hizo más fácil y más rápido cuando tuve mi bici roja con cesta de alambre en la parte delantera.

En el Bronx, consideraba que era tarea mía reponer lo que faltaba en la nevera o en el armario. El sábado incluía automáticamente una hora más o menos dedicada a elaborar la lista y arrastrar el carrito de la compra. A veces sabía tan bien como mi madre qué teníamos y qué nos faltaba. No solo sabía cuáles eran nuestras marcas habituales, sino también las cantidades semanales de cada una. En una semana especial, cuando pasaba algo, el paquete de seis refrescos podía clonarse en la lista. Durante las últimas semanas, sin embargo, había estado llevando regularmente a casa dos paquetes de seis refrescos cada sábado y uno o dos más entre semana. Quien estaba bebiendo más refrescos de lo habitual no era yo, sino mi madre. Entonces caí en que había estado combatiendo la deshidratación y el desequilibrio de glucosa en la sangre atiborrándose de bebidas azucaradas.

Había estado cansada, apática, y deshidratada, y nadie entendía por qué. El tío B. B. había vivido con la tía Sammy, que ya hacía diez años que tenía diabetes cuando fui a pasar aquella breve temporada con ellos después de la muerte de mi abuela. Supongo que estar con alguien que se controla los síntomas debilitantes de la diabetes con pastillas o inyecciones de insulina era diferente: B. B. no había presenciado la aparición de la enfermedad, lo que sus vecinos de Tennessee llamaban «azúcar en la sangre».

B. B. y yo salimos del hospital y fuimos a comer unos perritos calientes en el Nathan's, un brunch con algo de retraso, tal como lo llamó mi tío. Nathan's me gustaba casi siempre, pero el perrito caliente de aquel día me pareció un puro de goma. No molaba nada. Mi tío se puso en modo «normal» y dio a aquella salida la misma importancia que a nuestras visitas al barbero o a nuestra excursión mensual al cine. Estas eran sus contribuciones a la normalidad, ya que se suponía que ejercía de padre o de modelo de conducta masculina o de algo por el estilo que debía enseñarme a afrontar cosas como por ejemplo que mi madre hubiera entrado en coma.

—¿Cómo te ha ido la entrevista? —preguntó a mitad de la comida.

Fue la primera vez que pensé en lo que había pasado previamente aquel día.

—Bien, supongo —contesté—. Me ha dado la sensación de que me estaban preguntando todo el rollo que ya sabían por el profesor Heller o por el largo cuestionario que rellenaste tú.

—¿Así que solo querían ver si te acordabas de las mentiras que habías contado? —dijo tratando de sonreír.

No habría sido yo el único en aquella sala que contara mentiras. Ni el primero, ni tan solo el principal. Sentado en aquella sala con el tribunal, me había sentido como si estuviera en uno de esos teatros en los que los actores sostienen con un palo delante de la cara la máscara del personaje que están interpretando. Una representación que ni tan solo es como una representación. Ni tan siquiera se te pide que suspendas tu incredulidad, como en una película o una obra de teatro normales. Sostienen las máscaras ante sus caras. Me di cuenta de que esa era la impresión que me había causado aquel tribunal. Estoy seguro de que alguien evaluaba a todos los candidatos, pero me hubiese jugado cualquier cosa a que no celebraban reuniones como la mía con los alumnos que pagaban toda la matrícula, reuniones en las que te sentabas ahí, como un bicho bajo un microscopio, mientras te hurgaban y te hincaban el dedo, como si fueras un mamarracho.

Cuando B. B. y yo regresamos a casa le oí hablar con sus hermanas y otros parientes para ponerlos al corriente. Yo me quedé en mi habitación y él en la suya, como de costumbre. Comprendí que quería que todo siguiera siendo tan normal como fuera posible, y que evitaba las declaraciones radicales.

Luego, a eso de las siete de la tarde, sonó el teléfono. Era el profesor Heller. Lo primero que hizo fue interesarse por mi madre y después me preguntó qué tal estaba yo.

—Muy bien, gracias —dije—. Pero ha sido un día espantoso.

—Quiero que sepas que te han concedido toda la beca.

Al parecer, mi silencio fue muy elocuente para él.

—Estoy convencido de que tu manera de afrontar aquella llamada y las palabras que nos has dicho a todos antes de irte han sido decisivas. Lo has llevado muy bien, con determinación y madurez, con la actitud correcta respecto a lo que era prioritario.

14

Mi madre se amoldó enseguida a su condición de diabética con todas las de la ley y regresó al trabajo. La habían trasladado a una oficina del Departamento de la Vivienda y se pasaba el día en el complejo de casas subvencionadas de la calle 61 llamado las Casas de Amsterdam. Ella aseguraba que no era un mal cambio.

En nuestra nevera había un estante con insulina. Mi madre había aprendido a medir las dosis y a inyectárselas con una jeringuilla. Un día me hizo observar todo el procedimiento, desde cómo pincharte en la yema de un dedo con una agujita de plata y poner una gota de sangre en aquel papel que cambia de color para indicarte cuánta medicación debes tomar, hasta chutarse en la cadera y limpiar el punto de la inyección con alcohol. Entonces se me acercó con una naranja y una aguja nueva.

—Tienes que saber cómo se hace —dijo medio en serio.

Ella sabía que cuando tenía que mostrar valor se me hundía el mundo. Decliné al momento la petición de meter un jeringazo de agua en una naranja. Le dije que agradecía su voto de confianza, pero que mi principal objetivo era que ella nunca necesitara que yo le pusiera una inyección. Se rio y me dijo que incluso su hermano lo haría, y eso que era un miedica sin remedio. Le respondí que mi miedo tenía prioridad, ya que era un miedo joven y necesitaba ser alimentado. Volvimos a reírnos. Mi madre sabía de sobra que era imposible que yo manejara una jeringa. Le tenía una fobia absoluta a las agujas.

Cuando empecé en el Fieldston aquel otoño, en septiembre de 1964, mi madre y yo también nos habíamos mudado a las Casas Robert Fulton (otro complejo de viviendas subvencionadas), en Chelsea, y vivíamos los dos solos en un piso de dos dormitorios en la calle Oeste 17, entre la Novena y la Décima avenida. Los edificios del complejo ocupaban cinco manzanas y eran el centro de un programa de rehabilitación de aquel sector de la Novena Avenida donde, como si fuera un pueblo, había barberías, colmados, pizzerías, tiendas de discos y de ropa. Pronto me enteré de que yo era una minoría dentro de una minoría: al parecer, el vecindario estaba compuesto por un ochenta y cinco por ciento de portorriqueños, un quince por ciento de blancos y por mí. Hice lo que pude por no desentonar en aquel Pequeño San Juan sin renunciar a mi conexión con la América negra ni a los Temptations.

La buena noticia fue que el alquiler de nuestro nuevo apartamento costaba setenta y tres dólares al mes; la mala, que lo que habría sido un trayecto de veinte minutos desde nuestra antigua casa hasta el Fieldston ahora sería por lo menos de una hora tanto de ida como de vuelta y tendría que hacer transbordos. Para llegar al instituto debía coger el tren doscientas treinta manzanas más al norte.

Con solo echar un vistazo por el campus bastaba para acordarse de lo caro que era aquel instituto. Los edificios de las clases parecían mantenerse unidos por la base mediante un muro de mampostería, como la muralla de un castillo medieval. Los verdes parterres de césped daban la impresión de haber sido recortados con unas tijeras. Había un nuevo gimnasio con los tableros de las canastas de cristal y espacio suficiente para montar dos canchas enteras, una al lado de la otra. También había una cuidada pista de atletismo oval de cuatrocientos metros, y un cuidado campo de fútbol americano separado por una valla de otro de fútbol.

El escenario del auditorio podía acoger espectáculos de envergadura para un aforo de quinientas personas. Había un pabellón de arte en dos niveles donde se pintaba bajo grandes claraboyas que siempre dejaban entrar un montón de luz natural.

Las clases de música se impartían en una torre en la que había una acogedora aula a la que llegabas por una escalera de caracol de piedra sobre el auditorio y la sala de recreo estudiantil, con sus máquinas expendedoras y sus mesas de ping-pong. Había tres pianos en el edificio: uno de pared para el escenario del teatro que estaba disponible solo cuando no había clase, otro en el aula de música de la torre y un estupendo Steinway en una sala contigua al auditorio. Este último era un instrumento absolutamente maravilloso. Y no solo era el mejor piano de los tres: también era el único que estaba casi siempre libre y totalmente a tu disposición. Desgraciadamente, era también el único que el profesor de música, el señor Worthman, había prohibido tocar. Puesto que era yo quien más tocaba el tipo de música que el señor Worthman desaprobaba, pensé que bien hubiera podido prohibírmelo directamente a mí.

El señor Worthman dirigía el departamento de música y la coral. Me recordaba a uno de los malos de los cómics de *Spiderman* que yo leía entonces. Tenía la misma napia ganchuda, la misma tez pálida y, sobre todo, el mismo semicírculo de cabellos canos alrededor de su calva en forma de bombilla. Éramos antitéticos en cuanto a aspecto y a gustos musicales. Pero mientras que yo nunca habría intentado acabar con su coral, él mostraba algo más que una leve desaprobación respecto a mi música. La odiaba.

La primera vez que toqué una canción de los Temptations en el Steinway, recién llegado al campus, mis compañeros armaron tal jaleo con sus alocados bailoteos que sacaron de su cripta al profesor Worthman. Entró en la sala y la encontró convertida en una discoteca. Me trincó justo cuando empezaba a atacar un tema de Stevie Wonder.

Tenía la impresión de que había algo personal entre el señor Worthman y yo. Nadie recordaba con exactitud cuándo se había decretado la norma de no tocar el Steinway, pero, sin saber muy bien por qué, me daba en la nariz que respondía a un motivo muy poco razonable y que se la había inventado el señor Worthman. Quizá tuviera algo que ver con las canciones que yo componía; quizá fuera porque actuaba en el instituto con otros alumnos pero no me había apuntado a la coral. Si todo esto no fuera cierto, siempre podía justificarlo diciendo «es porque soy del gueto», aunque esta explicación no parecía aplicable al señor Worthman: parecía que el hecho de que yo fuera del gueto le traía al pairo.

Cuando llegas a la conclusión de que algo es injusto, tienes diversas opciones. Puedes decir a la mierda y tocar en cada ocasión que se te presente, desafiando abiertamente la norma. Puedes impugnarla legalmente y llevarla hasta el tribunal supremo (o su equivalente en un instituto). O puedes escoger con cuidado tus momentos, tirar la piedra y esconder la mano, intentar evitar la confrontación. Yo hice esto último.

Opté por una forma melódica de la guerra de guerrillas, colándome y escabulléndome con sigilo y con estilo. Añadí un poco de magia negra para que mis dedos fueran más rápidos que los ojos del señor Worthman. Mi táctica era controlar el reloj, y dejaba de tocar justo antes y justo después del almuerzo, cuando mis compañeros de clase disponían de unos cuantos minutos para ver cómo me metía en problemas. Dejé de interpretar los rimbombantes éxitos de doo-wop de la radio. Dejé de acceder a las peticiones de que tocara los últimos éxitos de los Beatles y los Rolling Stones, que invariablemente atraían a una docena de cantantes inoportunos. Dejé de tocar temas que incitaran a los chavales a hacer disparatadas copias de las coreografías que aparecían en los nuevos programas de la tele, como *Shindig* y *Hullabaloo*.

No me gustaban los enfrentamientos, y me habían advertido con frecuencia que al señor Worthman le encantaban, que se le había oído decir que el enfrentamiento era una de sus herramientas didácticas más efectivas. Ahora bien, había momentos en que si el profesor me hubiese pillado le habría plantado cara: cuando estaba trabajando en mis propias canciones. Desde mi ingreso en el Fieldston había adoptado una actitud neoyorquina, y había ciertos espacios que no quería que me volvieran a pisotear. Pero mi beca también dependía de mi capacidad para no reaccionar ante las ofensas personales, para dejarme mangonear, para aceptar restricciones y hostilidades. No es que la beca me importara mucho, pero le importaba mucho a alguien que a mí me importaba mucho: mi madre.

Aun así, yo estaba en vena creativa y el señor Worthman representaba un estorbo. Podía ir trincando a todos los alumnos más jóvenes que se colaran de extranjis para tocar «Stand By Me», pero yo tenía pensado seguir siendo el guerrillero al que no pudiera atrapar. Durante un tiempo lo conseguí. Por unos meses.

Luego, en abril, sentado a solas ante el teclado durante una hora libre que normalmente me pasaba jugando al ping-pong, tuve un arrebato de inspiración. A menudo oía canciones en mi cabeza. Pero esta me llegó acompañada de palabras como lucecitas en un árbol de Navidad. No bien me hube sentado a tocarla, apareció el señor Worthman con un hombre rechoncho vestido con un peto que lucía un bigote daliniano y llevaba una caja de herramientas.

El tipo del bigote me ignoró y metió una caja de metal bajo el Steinway, se desplazó con cautela a un lado y empujó la tapa superior hacia arriba. La dejó abierta formando un ángulo de cuarenta y cinco grados, con lo que puso al descubierto el mecanismo de cuerdas y apagadores del piano. Hay pocas cosas más bellas que las cuerdas de un Steinway. Me quedé observando cada uno de los precisos movimientos del afinador bajo la tapa.

123

Entretanto el señor Worthman no paraba de gesticular histriónicamente con ambas manos indicándome la puerta, demasiado alterado como para largarme un sermón.

—¡Heron, usted sabe que está prohibido! —ladró. Al mismo tiempo le decía al otro hombre lo que había que hacer—: Frecuencia de afinación, La 440, y hay que cambiar un apagador en el fa sostenido de la tercera octava. Suena como si hubiera cogido humedad o algo así. —Luego otra vez a mí—: Ya me ocuparé de usted más tarde.

Volvió a manotear como diciendo «Largo, largo de aquí, maldito Scott».

Yo me quería quedar a mirar al afinador de pianos, pero me fui. Y olvidé la canción que había estado a punto de apresar. Si por fin podía tocar una canción propia una vez, ya la tenía; pero esta se me había escapado.

Las cosas se mantuvieron tranquilas durante algún tiempo. Pasaron unas cuantas semanas sin que viera para nada al señor Worthman, y el hecho de que él no me viera le impidió acordarse de mí.

Tendría que haber dejado las cosas tal como estaban. Tendría que haber dejado aquel piano en paz. Pero el hecho de no haber podido recordar aquella canción me llevó a pensar que me daría igual tener un enfrentamiento. De manera que hice lo que quería hacer.

Tenía un plan. Faltaba poco para que la coral diera su gran recital de primavera en el patio interior, y habría ensayos adicionales después de las clases; la posibilidad de un encuentro en horas lectivas desaparecería. El piano estaría ahí todo el santo día sin que nadie entrara a tocarlo. Era algo casi obsceno.

Mi estrategia pareció funcionar. Durante las tres semanas siguientes fui haciendo visitas diarias al Steinway para tocar unos cuantos acordes o una o dos estrofas de mi última canción. Empecé a sentirme cómodo. Entonces, una tarde de finales de abril, el señor Worthman aterrizó en la sala del Steinway como si hubiera saltado desde la torre en paracaídas. Me quedé tan pasmado que ni siquiera pude mostrar sorpresa.

Cuando recobró el aliento y su cara empezó a recuperar la palidez característica, dijo:

—Esta vez se ha metido en un buen lío, jovencito. Supongo que se da cuenta. Tengo muchas ganas de llevarle ante el tribunal disciplinario. Haremos que vengan sus padres.

Cuando pocos días más tarde llegó a casa la carta del tribunal disciplinario del Fieldston, yo ya me había olvidado de la amenaza del señor Worthman. Supuse que la carta haría elevar la tensión arterial de mi madre y también su tono de voz, aunque no era ese su estilo. Cuando me llamó a la cocina no sabía qué esperarme. Pero al oír su tono apagado se me erizaron los pelos de los brazos.

—¿Me puedes explicar qué significa esta carta? —me preguntó sosteniéndola ante su cara a modo de abanico.

—¿Qué dice? —pregunté yo mientras me sentaba a la mesa de la cocina frente a ella.

—Dice que es necesario que comparezca contigo ante el tribunal disciplinario el próximo lunes a las nueve de la mañana.

Cogí aire.

—Es porque toqué un piano —dije en voz baja.

—¿Y eso es todo? ¿Tocaste un piano y se supone que tengo que ir a tu instituto por esto?

—Sí. Ese profe de música dijo que posiblemente te harían venir, pero te juro que pensé que no lo decía en serio.

Dudó un instante.

—Así que tocaste un piano, ¿y luego qué?

—Luego nada. Todo lo que hice fue tocar el piano.

—Normalmente dices la verdad —dijo—, pero ahora no la oigo. —Hizo otra breve pausa—. ¿Golpeaste a alguien? ¿Quizá al profesor de música?

—No, señora.

Yo sabía por otros alumnos que en el Fieldston no eran partidarios de las expulsiones temporales. Consideraban que expulsar temporalmente a un alumno era como darle unas vacaciones. Se lo había dicho a mi madre.

—Bien, ya veremos —dijo finalmente como si estuviera agotada—. No quiero subir hasta allá arriba para llevarme una sorpresa. Bien podrías explicarme cómo fue todo.

El lunes siguiente mi madre y yo subimos fatigosamente la cuesta después del largo trayecto en metro del que le había hablado tantas veces. Se sorprendió agradablemente al ver las galletitas y el servicio de té y la cafetera y a la gente del tribunal disciplinario conversando con sosiego y sorbiendo café en tazas de porcelana fina y masticando exquisitas galletitas. Yo no es que tuviera mucho apetito.

Se abrió la sesión y mi madre y yo nos sentamos codo con codo ante un semicírculo similar al que me había enfrentado un año antes, cuando ella estaba enferma y yo me había ido antes de hora.

—Señora Heron —empezó el director—, nos enfrentamos a un pequeño problema y necesitamos saber su opinión al respecto. Verá, el señor Worthman aquí presente pilló a Gil tocando el piano.

La reacción de mi madre fue casi imperceptible. Relajó los hombros y cruzó de nuevo las piernas. Su expresión era bastante agradable, una sonrisita. Y fue examinando con mirada crítica una cara tras otra, como si estuviera esperando el remate de un chiste.

El sonsonete del director llegó a su fin y entonces vi que el señor Worthman me clavaba los ojos con intensidad. Había estado esperando aquel momento y se puso a hablar en voz demasiado alta y con cierto énfasis, como si se tratara de un discurso preparado que hubiese estado ensayando. Explicó lo valioso que era aquel Steinway y que ya me había pillado tocándolo con anterioridad y que la prohibición se había acordado para evitar que los alumnos tocaran el boogie-woogie.

No advertí el momento en que el señor Worthman terminó; de pronto se dejó caer en su asiento al tiempo que el director comenzaba a hablar de nuevo. Dijo algo sobre lo fácil que le habría resultado al tribunal imponer un castigo, pero que en el Fieldston creían que era importante que los padres se implicaran y que lo que querían era saber qué sugería mi madre.

La pausa entre la pregunta del director y la respuesta de mi madre cayó sobre cada miembro del tribunal como una guillotina. Respiró hondo antes de volverse hacia mí.

—Échenlo del instituto —dijo ella tajante y claramente—. Tengo entendido que ustedes no expulsan temporalmente a sus alumnos y entiendo por qué. Estoy de acuerdo con ustedes. Yo tampoco creo en las expulsiones temporales. De manera que, si en su institución consideran que tocar el piano es una infracción grave, échenlo definitivamente.

En aquel momento tenía subyugada a toda la sala. Su voz sonaba clara y su dicción era perfecta.

—Ahora me voy al trabajo. Si lo echan, ya me lo dirá él cuando regrese a casa.

Fue una actuación alucinante. No había habido ni un solo segundo en el que se hubiera mostrado agitada ni violenta ni incómoda en absoluto. Tenía todo el aspecto de una mujer de negocios bien vestida y completamente relajada, y mientras recogía el bolso y el pañuelo fácilmente se habría podido pensar que se encaminaba hacia una limusina que la estuviera esperando y no hacia el metro, tal como era el caso.

Finalmente, mientras nos íbamos, se volvió hacia los miembros del tribunal.

—Cuando mi hijo me contó de qué se trataba no le creí. Pensé que había hecho algo de lo que se sentía tan avergonzado que no era capaz de contármelo, que había perdido esta excelente oportunidad y que ambos nos sentiríamos avergonzados de estar sentados aquí cuando yo oyera la verdad. Pero él me dijo la verdad. Me dijo que había estado tocando un piano. Tan solo añadiré una cosa: cuando algo va mal en casa, en la calle Diecisiete, yo no les llamo. Porque es responsabilidad mía. Y este es su instituto. Si hace algo que merezca un castigo, no me llamen. Envíenmelo a casa. Lo comprenderemos. Ahora le necesito para que me muestre el camino de vuelta. Después comuníquenle cualquiera que haya sido su decisión.

Me resistí a las ganas que tenía de volverme para mirar al señor Worthman.

Bajamos la cuesta sin cruzar muchas palabras. Esta era otra de las cosas que apreciaba de mi madre: no le daba miedo el silencio. Cuando llegamos al pie de las escaleras que subían al metro ya volvía a ser la misma de siempre.

—Quiero que dejes en paz las cosas de esa gente —dijo—. Estás ahí para recibir una educación. Recíbela y vuelve a casa. Y perdóname por no haberte creído. Hoy yo también he aprendido algo.

Creo que aquel día nos unimos mucho más.

15

Me complace enormemente comunicaros que solo fui citado una vez ante el tribunal disciplinario del Fieldston. Lo que no significa que cometiera solo una transgresión. Eso sería ridículo. Supongo que es, en cierto modo, como que te imputen una primera infracción aunque sea la décima vez que la cometes. Lo que cuenta es la primera vez que te pillan.

En este sentido no puedo acusar a la gente de Fieldston, ni a los alumnos ni al cuerpo docente, de ser racistas. Sí puedo acusar a los alumnos de conocerse desde hacía años y preferir divertirse entre conocidos antes que con un tipo que acababa de llegar. Y puedo acusar a los profesores de haber dado clases a mis compañeros durante diez años y a mí durante diez minutos. Pero no puedo decir que nunca se tomaran el tiempo necesario para decirme lo poco que me esforzaba.

Así que había estudiantes y miembros del cuerpo docente y de la dirección a quienes yo no les gustaba. Pero debo decir en su favor que, francamente, creo que no les gustaba y basta. ¿Qué hay de malo en eso? A lo largo de los años también ha habido un montón de gente negra que se ha sentido igual respecto a mí. Solo que han tenido menos ganas de hacérmelo saber.

Gran parte de esta sabiduría la adquirí en los tres años que pasé en el Fieldston. Durante mi primer año, siendo un novato de décimo curso, hacía horas extra en el Jackson's o donde fuera para poder llegar a fin de mes y mantenerme a flote en la comunidad hispana. A medida que pasaron los años me fui sintiendo más cómodo. Al fin y al cabo, no dejaba de ser un instituto más. Es probable que hubiera sentado una especie de precedente de pobreza al recibir una beca que cubría tanto los libros como la matrícula. En la enseñanza pública los libros salían gratis, pero en el Fieldston me pareció que su coste estaba más allá de lo que yo podía alcanzar por medios legales y entonces mencioné la posibilidad de dar un golpe, hecho que movió al profesor Heller a conseguirme un vale con el que compré conocimientos por valor de sesenta y cuatro dólares.

Mi madre y yo no teníamos suficiente dinero y este era uno de mis problemas. No dejaba pasar ninguna oportunidad que se me presentara en la calle Diecisiete. Me las arreglé para conseguir un turno en el supermercado A&P de la Octava Avenida tres noches a la semana, y como había progresado mucho en el piano y todavía estaba al tanto de los éxitos de la radio, busqué trabajo de teclista en algún grupo de rhythm and blues o de rock and roll de la ciudad. Logré enrolarme en unos cuantos grupos para hacer bolos de fin de semana en institutos, bares de hotel y fiestas de cumpleaños. Había entonces toda una movida musical un poco por debajo del nivel de los grupos que imitábamos. La guita era poca, veinte o veinticinco dólares por noche, pero menos da una piedra.

Desde que cumplí los dieciséis, cada verano me daban trabajo en el Departamento de Vivienda. Pasé un verano en las Casas St. Nicholas, en la calle 135 de Harlem, otro en las Casas Dykeman, en el Upper Side West, y otro en la oficina central del Departamento de Vivienda, en el 250 de Broadway. Este último resultó ser un verano muy bueno. Aparte de mi horario de oficina, de nueve a cinco de lunes a viernes, me contrataron para hacer de árbitro los fines de semana en cuatro o cinco partidos de baloncesto. El Departamento de Vivienda de la ciudad de Nueva York organizaba una liga veraniega de baloncesto y proporcionaba uniformes, libretas para apuntar los resultados, cronómetros y pelotas para dos equipos a cada complejo de viviendas subvencionadas. El Departamento también elaboraba un calendario, se aseguraba de que las canchas estuvieran disponibles y designaba a un árbitro para que celebrara el partido y, posteriormente, entregara un informe a la oficina central en el 250 de Broadway.

Ahí entré yo. Los árbitros cobraban diez pavos por partido, de manera que me sacaba cuarenta o cincuenta dólares extra cada fin de semana. Mi trabajo llenando estanterías del súper A&P empezaba a las siete de la tarde y terminaba entre la medianoche y las dos de la madrugada. O trabajaba desde el sótano mandando parte de las existencias al supermercado o me quedaba arriba trajinando con una carretilla de mano llena de cajones de conservas, botellas y latas. Las secciones de lácteos y de carnes debían estar muy bien provistas antes de la avalancha de los sábados. Todas las ofertas de fin de semana y los nuevos productos en promoción debían estar bien apilados y etiquetados. Con el trabajo de aquel verano acabé pagándome la matrícula de la universidad.

Tras acabar mis estudios en el Fieldston en 1967 había decidido que me matricularía en la Universidad Lincoln. Quería ir a la Lincoln porque parecía ser un lugar en que algunos escritores negros habían adquirido prestigio nacional. Quizá a causa de su situación: si no exactamente en medio de la nada, sí muy cerca. Estaba en las afueras de Oxford, Pennsylvania, a unos setenta kilómetros de Filadelfia, unos noventa de Baltimore y unos cincuenta de Wilmington, Delaware. Quizá ese aislamiento y la ausencia de distracciones urbanas habían permitido que florecieran la creatividad y el intelecto de Langston Hughes, Melvin Tolson, Ron Welburn y otros. Fuera cual fuera el motivo, yo pensaba que aquel lugar era extraordinario. Sus alumnos habían cosechado éxitos notables en diversos ámbitos. Kwame Nkrumah se había licenciado ahí en la década de 1930 y había llegado a convertirse en el líder de la Ghana independiente. Cab Calloway había estudiado ahí. Y mi candidato a Hombre del Siglo, el abogado de la NAACP y primer negro en ocupar un puesto en el Tribunal Supremo, Thurgood Marshall, también había ido a la Lincoln.

La universidad fue fundada con el nombre de Instituto Teológico Ashmun en 1854 ante la insistencia de los cuáqueros, que eran una fuerza política poderosa en Pennsylvania. En una época en que todavía era ilegal enseñar a leer y escribir a los negros a menos que fueran sacerdotes, el Ashmun no solo fue un instrumento de contemporización política para evitar conflictos con los cuáqueros, sino también una bendición doble para los negros, que entonces dispusieron tanto de una institución de enseñanza superior (la primera) como de un refugio seguro al otro lado del Regimiento de Maryland, que podían usar como escondrijo los miembros del llamado Ferrocarril Subterráneo, la red clandestina que ayudaba a los esclavos escapados de las plantaciones del sur a llegar a estados libres o a Canadá.

En 1869, cuatro años después de la «guerra entre los estados» y cuatro años después del asesinato de Abraham Lincoln en el teatro Ford, la modesta institución para negros aspirantes a teólogos del sudeste de Pennsylvania pasó a llamarse Universidad Lincoln. Abraham Lincoln no tuvo nada que ver en mi decisión de estudiar ahí, si bien resulta obvio que yo sabía que eso de Lincoln no era por el automóvil de lujo del mismo nombre. Los negros americanos siempre se han aferrado a la idea de que «Abe el Honesto» fue un defensor de los esclavos oprimidos y maltratados, a pesar de su nacimiento en el estado esclavista de Kentucky y a pesar de su pragmatismo respecto al tema del esclavismo (como cuando dijo: «Si pudiera salvar la Unión permitiendo al mismo tiempo que continuara el esclavismo...»). Pero el hecho es que no habría podido mantener el esclavismo y conservar a la vez el apoyo de los abolicionistas, de manera que redactó un documento políticamente oportunista, la Proclamación de Emancipación, al que se le atribuye el «Júbilo» desatado a medida que la buena nueva se fue propagando lentamente por el Sur y dando lugar a los festejos que los negros denominamos «Juneteenth».

Cuando me apeé del autobús en septiembre de 1967, la Lincoln ya no era la misma que en tiempos de Langston Hughes y Thurgood Marshall. El año anterior, la directiva de la universidad se había desembarazado de una tradición de 112 años como institución de enseñanza masculina. Había una gran cantidad de chicas descargando sus baúles y bolsas de coches familiares. La actitud de los directivos de la Lincoln era en general notablemente animada; sus conversaciones giraban en torno a lo necesario que era que las universidades negras estuvieran abiertas a los cambios y lo bueno que era que, a pesar de la disminución de fondos y de aportaciones a las universidades negras a causa de los disturbios que había en los campus de toda la nación, la Lincoln siguiera creciendo; que a pesar de la destrucción de todo un siglo de tradiciones, a la larga la Lincoln acabaría siendo una institución más fuerte.

Había algunos de la vieja escuela que parecían inquietos por aquellos cambios. A los alumnos de tercero y a los de cuarto, así como a los que regresaban licenciados del servicio militar, les resultaban desagradables la rápida ampliación del número de alumnos y el sistema de enseñanza mixto a causa de las nuevas restricciones y normas de conducta que habían acarreado, incompatibles con la vida que llevaban antes de la admisión de mujeres. Un montón de alumnos de los últimos cursos mascullaban que estaban contentos de irse y los licenciados del ejército, que se arrepentían de haber vuelto. Yo me sentí afortunado de haber llegado cuando entre aquellos estudiantes de más edad aún quedaban vestigios de la tradición que tanto influyera en los exalumnos de la Lincoln que habían contribuido a formar la América negra, pero el lugar se me antojaba un campus en cambio constante.

The years before a conflict never receive the micro-
      scrutiny
But the fuses are lit then for future upheaval and
      mutiny
Because small events in corners no one cares to see
      as critical
Become defining moments, later underlined as pivotal.
Pennsylvania's Quakers knew a lot about persecution
And to their credit tried to find acceptable solutions.
Speaking out about the Northerners who wallowed in
      hypocrisy
Continuing to discriminate from behind walls of
      bureaucracy
So few cared in 1854 when some religious dignitaries
Founded a school for «colored folks» called Ashmun
      Seminary.
Each state politician would congratulate himself
For preserving the reputation of the entire common-
      wealth.
They successfully stopped the Quakers from raising
      so much hell
And kept them from putting another crack in the
      Liberty Bell
«Off the beaten path» was nearby when compared to
      this school's isolation
Overlooking how perfect a place it would be for an
      underground railroad station
To get back to Philadelphia back then took the best
      part of a day.
There was a small village called Oxford but that was
      more than three miles away.
There's no one to disturb, no one to object, just farms
      and farmers out there,
Fifteen miles from the «mushroom capital» a
      marketing town, Kennett Square,

For one hundred years the school progress in relative
obscurity
Its distance from any place known as a place
provided some both-way security
Another «Lincoln» university out in Missouri helped
to keep folks confused
As to the ground shaken by American giants like
Thurgood Marshall and Langston Hughes
But the 1960 brought «Black Power» and the student
organizations
From colleges became involved leading the «sit-in»
demonstrations
Suddenly schools like Lincoln with Black student
populations,
Suffer corporate backlash and diminishing donations
They bring in a white president despite laughter from
Black schools
And Marvin Watchman comes in with a thick stack
of new rules.
He says changes are the cure for the financial condition
And overnight erases Lincoln's hundred year tradition
Becoming «state-related» and instituting «coeducation»
«Old school» alumni and returning vets resent the
alterations
They had made their own rules out there in the
wilderness
And isolation of the location had built a strong
togetherness
Lincoln's reputation was already going down in flames
When I got there in '67 the place was filling up with
dames
I didn't resent the women but there weren't enough to
go around.
I didn't resent the «state related» kids from nearby
towns

But something else was happening and students
weren't supposed to know
Lincoln's state relationship included «COIN-TEL-PRO».
And now that you've got background and a certain
point of view
I'm awarding you a scholarship to go with me to
Lincoln U.

[Los años anteriores a un conflicto nunca se analizan detenidamente / pero es entonces cuando se prenden las mechas de la agitación y la rebelión futuras / porque los incidentes menores y aislados que nadie acierta a considerar cruciales / se convierten en decisivos y más tarde serán destacados como capitales. / Los cuáqueros de Pennsylvania sabían mucho de persecuciones / y les honra el haber intentado hallar soluciones aceptables. / Diciendo lo que pensaban sobre los de los estados del norte que se regodeaban en la hipocresía / y seguían discriminando tras murallas de burocracia / muy pocos se preocuparon cuando en 1854 algunos dignatarios religiosos / fundaron una universidad para «gente de color» llamada Seminario Ashmun. / Cada político del estado se felicitaría / de haber preservado la reputación de toda la mancomunidad educativa de Pennsylvania. / Impidieron con éxito que los cuáqueros armaran mucho jaleo / y evitaron que estos abrieran otra grieta en la Campana de la Libertad. / «El quinto pino» quedaba cerca en comparación con el aislamiento de esa universidad / y no advirtieron lo perfecto que sería aquel lugar para acoger una estación del Ferrocarril Subterráneo / en aquel entonces regresar a Filadelfia desde allí costaba casi todo un día. / Había un pueblecito llamado Oxford pero estaba a más de cinco kilómetros. / Allí no hay nadie que te moleste, nadie que te importune, tan solo granjas y granjeros alrededor. / Dista veinticinco kilómetros de Kenneth Square, una población con mercado, la llamada «capital del champiñón». / Durante cien años esta universidad fue progresando sin llamar mucho la atención. / Su lejanía de cualquier lugar que mereciese llamarse lugar proporcionaba cierta seguridad. / Otra universidad llamada «Lincoln» en Missouri ayudó a crear confusión entre la gente / respecto al terreno que hacían temblar bajo sus pies gigantes americanos como Thurgood Marshall o Langston Hughes. / Pero con los años sesenta llegó el «Black Power» y luego las organizaciones estudiantiles / de las facultades se implicaron liderando manis y sentadas. / De pronto universidades como la Lincoln con alumnados negros / sufren una reacción adversa colectiva y disminuyen las donaciones, / llaman a un rector blanco a pesar de las risas de las otras universidades negras / y llega Marvin Watchman con un montón de normas nuevas. / Afirma que los cambios solventarán los problemas financieros / y de la noche a la mañana se carga la tradición centenaria de la Lincoln / que deviene un «centro concertado» e instituye la «educación mixta» / a los alumnos «de la vieja escuela» y a los que vuelven del servicio militar les molestan los cambios / se habían hecho sus propias normas allí en aquel desierto / y el aislamiento del lugar había propiciado un fuerte sentimiento de compañerismo. / La reputación de la Lincoln ya se estaba desmoronando / al llegar yo en el 67 el lugar se estaba llenando de mujeres. / No me molestaban las chicas pero no había suficientes para todos / no me molestaban los chicos «concertados» de las poblaciones vecinas / pero pasaba algo más y se suponía que los alumnos no lo sabían / la concertación de la Lincoln incluía operaciones del Programa de Contrainteligencia del FBI. / Y ahora que ya os he puesto en antecedentes y que tenéis cierto punto de vista / Os concedo una beca para que me acompañéis a la Universidad Lincoln,]

16

No me arrepentí enseguida de haberme matriculado en la Lincoln. A partir del primer día en que llegué al campus, pasé un montón de tiempo familiarizándome con su excepcional fondo de literatura americana negra.

Me llevó unos cuantos días organizar el horario de clases y descubrir los huecos para poder pasar tiempo entre las «estanterías negras» de aquella venerable biblioteca. La Lincoln tenía un fondo de libros y ediciones especiales de literatura negra superado tan solo por la ingente documentación disponible en la biblioteca del Centro Schomburg de Harlem, en la calle 135. Al convertirse en un centro concertado, la Lincoln había abierto sus puertas a un porcentaje mayor de alumnos de la zona cuyas materias de interés distaban mucho de las asignaturas incluidas en el plan de estudios que Thurgood Marshall había considerado tan buena base para su posterior carrera como abogado. Pero eso era exactamente lo que yo buscaba.

La mayor parte del tiempo que se suponía que debía dedicar a la biología o a las matemáticas, pronto me encontré pasándolo ante la máquina de escribir o en la sala de la biblioteca donde guardaban los libros demasiado valiosos para ser prestados. Tenías que leerlos allí, y allí me pasaba un montón de tiempo.

Cada miércoles por la tarde el profesor J. Saunders Redding, reputada autoridad en literatura americana negra, se desplazaba en coche desde Washington D.C. hasta la Lincoln para impartir un seminario de tres horas sobre la materia. Durante mi primer año asistí como oyente a sus clases. La mayoría las daba sin abrir un solo libro: era una enciclopedia ambulante de literatura americana negra. Redding había conocido en persona a muchísima gente que me conectaba con mis orígenes creativos.

En algún momento de mi primer año se me ocurrió una idea para una novela y decidí escribirla. Creía poder encontrar el ritmo adecuado y repartir equilibradamente las horas entre el trabajo de clase y la redacción del relato, pero resultó que no era tan fácil y la novela no avanzaba. Una vez había oído contar una historia sobre un asno puesto entre dos balas de heno que se moría de hambre. Yo me hallaba exactamente en la misma situación: cuando abría un libro de texto veía a los personajes de mi libro, y cuando me sentaba a la máquina de escribir me veía expulsado de la universidad de una patada en el culo por haber suspendido todas las asignaturas.

Aun así, en otoño de 1968 volvía a estar en el campus tras haber invertido todo el dinero ganado durante el verano más una exigua beca de la universidad en la prosecución de mis estudios, que habían empezado con un primer año no muy brillante que digamos. Pero seis semanas después del inicio de las clases, el mismo problema que había hecho fracasar el primer curso empezó a amenazar el segundo.

Entonces pedí a la universidad que me concedieran un permiso para poder dedicarme a escribir *El buitre*. Me quedaría en el campus el resto del semestre porque ya había pagado la comida y el alojamiento. Trabajaría en la novela y, en vez de suspender todas las asignaturas, me pondrían «no presentado». Esto facilitaría las cosas cuando solicitara la readmisión en la Lincoln o en cualquier otra universidad.

Mi tutor era el jefe del departamento de inglés y un hombre de lo más amable y comprensivo, pero no tenía la más mínima intención de aprobar mi plan de abandonar la universidad para escribir un libro. Había leído mis escritos y los apreciaba, pero no había encontrado en ellos nada que le hiciera pensar que yo era el próximo gran escritor negro que pasaba por la Lincoln. Y, tal como me recordó, «la novela es un género dificilísimo».

Yo ya sabía lo difícil que era. Pero no escribía una novela por ese motivo, para demostrar lo duro que era yo. Simplemente me había cansado de la universidad. Pero cuando la verdad no funcionó, mi tutor no tuvo empacho en quitarse de encima a un preguntón latoso. El bueno del doctor me dijo que, si quería en serio abandonar la Lincoln, a quien debía dirigirme era al decano.

El decano reaccionó ante mi propuesta como si me hubiera vuelto majara y me invitó a ir al psiquiatra de la universidad para ver si aprobaba mi plan. El decano debió de pensar que estaba verdaderamente loco. Y ciertamente parecía una locura que alguien tan pobre como yo apostara el último dinero que le quedaba a una primera novela.

Cuando se lo dije a mi madre, me respondió:

—Bueno, no creo que dejar la universidad sea lo más inteligente que hayas podido hacer, pero sigue adelante y acaba de escribirla y luego vuelve al redil y métete en faena. Prométeme que volverás y acabarás la universidad. Tendrás que volver y sacarte un título, ¿vale?

—Sí, señora.

Después de hablar con ella me sentí muy bien. Siempre sabía ser crítica y alentadora al mismo tiempo. Me había demostrado una vez más que me quería incondicionalmente. Seguía teniendo confianza en mí. Una vez más. Yo quería que se sintiera orgullosa de mí, y quería demostrarle que su manera de enfocar el asunto había sido la correcta.

Ella no ignoraba los defectos de mi carácter. Ni hacía la vista gorda ante mis carencias como escritor o como cantante. Pero sus críticas siempre eran constructivas y las hacía con tacto para suavizar el golpe. Cuando leía o escuchaba un problema, decía cosas como: «En lugar de eso, yo probaría quizá...» o «Mejor que eso...» y evitaba limitarse a decir que había algo que no funcionaba. Por eso yo siempre le exponía mis ideas (textos en prosa, poemas, melodías y letras) incluso antes de sentirme dispuesto a compartirlas, antes incluso de mostrarlas a otros familiares. Sabía que sus comentarios me enseñarían algo; ella me aportaba un punto de vista diferente sobre lo que yo hacía.

De hecho, fue mi madre quien se inventó el último verso de mi poema «Whitey on the Moon» [Blanquito en la luna] y también quien sugirió imitar a Langston Hughes repitiendo el verso inicial del poema, «A rat done bit my sister Nell» [Una rata mordió a mi hermana Nell], después de la estrofa central que funciona a modo de puente.

Cuando llamé al tío B. B. para decirle que me tomaba una temporada libre para escribir, se me echó encima. En una familia que había enviado a una generación entera a la universidad (mi madre y todos sus hermanos, incluyendo a B. B.) yo sentaba todo un precedente al ser el primero de su linaje que «se tomaba un año sabático». Tuve que permanecer en el teléfono del pasillo escuchando sus opiniones sobre una serie de elecciones que yo había hecho hasta entonces (la marihuana, mi vida noctámbula, los tipos con los que me juntaba). Se guardó las peores pullas para el final: se pasó cinco o diez minutos que me parecieron una hora criticando mi estilo y mi talento. Cuando acabó, los dos estábamos casi sin aliento.

Planeé terminar la novela antes del inicio del segundo semestre, en febrero de 1968. Esto demuestra qué poco sabía yo lo que me traía entre manos. En enero había escrito poco más de lo que ya tenía en octubre cuando había ido a ver al psiquiatra de la universidad y había obtenido su visto bueno. Pero fue entonces, en el mes de enero, cuando se me ocurrió la idea para el final del libro y pensé la manera de conectar las cuatro narraciones separadas con el inicio del relato. Ahora solo necesitaba una silla y mi máquina de escribir.

Estas dos cosas eran casi lo único que tenía. Durante los dos meses siguientes estuve trabajando en una tintorería que había a unos quinientos metros del campus. Como el negocio no andaba bien, el propietario y su mujer necesitaban trabajar los dos en algún otro sitio y buscaron a alguien que atendiera el establecimiento y recogiera y entregara la ropa durante el día. Un tipo en furgoneta pasaba cada tarde hacia las seis para llevarse la ropa sucia que yo le daba en una gran bolsa y devolverme las prendas limpias que había recogido previamente. Yo dormía en la trastienda y de los menguados ingresos que generaban los estudiantes sacaba dinero para comer. Algunos amigos leyeron páginas de mi novela, entre ellos un alumno de la universidad que era cliente habitual de la tintorería. Me salvaron de caer en el terror de la página en blanco que a veces me asaltaba cuando una escena o una idea sobre la trama, los personajes, las conexiones, cualquier cosa, no funcionaba. La experiencia de escribir *El buitre* fue mi manera de hacer el número de la cuerda floja con los ojos vendados, pues sabía que si no funcionaba, si no se publicaba, no habría red de seguridad en la que caer, ni agujero en el que me pudiera esconder, ni manera de dar la cara ante la gente de la Lincoln, ni dinero para ir a ningún otro lado.

17

Como he vivido en los Estados Unidos de América toda mi vida, he visto demasiadas tergiversaciones deliberadas de hechos y demasiadas partes de nuestra historia y nuestras vidas presentadas tendenciosamente como para creer no ya que pueda corregirlas todas, sino ni siquiera que mi corrección haga mella alguna. Todo lo que puedo decir es que si la verdad te importa, debes comprender que la mayoría de las cosas valiosas te las tienes que trabajar, que tienes que buscarlas, meditarlas y hacer que ocurran tras un esfuerzo digno del gran valor que ello añadirá a tu vida.

El precio que deberás pagar será alto. El tiempo y los sudores invertidos en el esfuerzo te pueden costar horas y días que no podrás dedicar a otra cosa. Te pueden costar relaciones por cuya consolidación habrías dado casi todo lo demás, con personas que no soportan quedarse relegadas a un segundo plano. La pasión con que te entregas a algo intangible puede alejar de ti el apoyo mismo que podría sostenerte.

Lo que necesitarás es una ayuda que va más allá de la comprensión. Quizá haya alteraciones a todos los niveles provocadas por aquellos a quienes intentas tocar, que te rehúyen porque no es comprensión lo que tú buscas. Tu única esperanza de estabilidad en una relación personal que vaya más allá de la comprensión, es que haya confianza. Cualquiera que afirma quererte sabe que no comprenderá todas las facetas de esas cosas que tú necesitas, y es ahí donde debe entrar la confianza para ayudaros a los dos a recorrer el resto del camino. La verdad que buscas para escribir sobre ella, para cantar sobre ella, para hacerla comprensible a los demás, es algo que persigues no porque lo hayas visto, sino porque los Espíritus te dicen que está ahí.

Cuando en octubre de 1968 dejé del todo las clases, al principio de mi segundo año en la Lincoln, fue uno de esos momentos de la vida en los que pones a prueba hasta qué punto los demás confían en ti, más allá de que te comprendan. Fue una de esas ocasiones llenas de actividad que toda relación tiene que afrontar y vencer antes de poder avanzar con seguridad hacia el amor. Odio entrar en el rollo Edipo, porque durante la mayor parte de mi vida mis relaciones han sido un fracaso. Mi abuela se habría vuelto a morir de haber sabido que había dejado la universidad. Pero mi madre me apoyó.

Y en abril de 1969 ya había acabado de escribir *El buitre*. Lo había hecho sin moverme de la tintorería de la universidad, sentado en una silla plegable frente a una vieja máquina de escribir Royal, y entonces gasté quince de mis últimos veinte dólares para irme en autobús a Nueva York.

Sorteé con un par de trolas a una severa secretaria de cabellos acartonados que atendía en la recepción de cierta editorial y me las arreglé para reunirme con el hombre cuyo nombre había sacado de una revista (el editor de *Alma encadenada*, de Eldridge Cleaver, que se había publicado el año anterior). Mentí diciéndole que me habían recomendado que acudiera a él «los de la organización», le entregué mi novela terminada y quedamos en volver a vernos al cabo de un par de semanas.

Cuando llegó el día, en la recepción me indicaron con señas que fuera directo al despacho del editor, donde el hombre con quien había hablado la vez anterior estaba de espaldas a la puerta revolviendo papeles en un fichero. El corazón me dio un vuelco cuando vi mi novela sobre su escritorio.

Aunque estaba al revés pude leer lo que había escrito en la tapa con tinta roja: ACEPTADA.

Yo todavía intentaba aparentar que estaba de permiso concedido por «la organización». Me había puesto una chaqueta negra de cuero con cremallera y una elegante camisa azul entremetida en unos vaqueros negros ceñidos y planchados con una fina raya. Llevaba también un maletín para parecerme más a una persona formal que a un matón. Puede que pareciera una cartera para llevar un pistolón o una escopeta desmontable, pero tan solo contenía mi neceser de afeitar con algunos cosméticos.

Ese día al editor se le veía atareado. No eran más de las doce pero parecía al final de la jornada. Se había aflojado el nudo de la corbata y llevaba la camisa arremangada. Había un cigarrillo encendido en un cenicero que contenía las colillas de cinco cigarrillos más a medio fumar, arrugadas y retorcidas.

—¿Qué tal, Gil? —dijo mientras arrojaba sobre el escritorio otra pila de carpetas—. Toma asiento. Tengo un problema. Un libro que creía que habíamos rechazado se ve que por alguna razón ha sido aceptado y ahora no puedo encontrar los datos para contactar con el autor. Ya sabes lo que pasa. Nos llegan tantos originales...

Se dejó caer pesadamente en el sillón al otro lado del escritorio y encendió otro cigarrillo. Tenía un despacho bastante espacioso, con tres sillones de cuero incluyendo el suyo dispuestos en ángulo alrededor de un enorme escritorio de ébano. Pero entre el papelorio y las carpetas esparcidas por toda la mesa, los archivadores abiertos y las nubes de humo de cigarrillo, me sentí como si estuviera dentro de un armario.

—He tenido que defenderte, Gil —dijo reclinándose en el sillón y juntando las yemas de los dedos—. Es interesante, pero no es en absoluto lo que nos esperábamos. Casi un noventa por ciento de lo que tocamos nosotros es no ficción, especialmente en, esto... el ámbito étnico. Un relato de misterio se aparta un montón de *Alma encadenada*.

—No creímos que fuera lo más indicado mandarles inmediatamente otra autobiografía —dije con cara seria—. Habríamos caído en la redundancia y nos habríamos visto atrapados en toda esa estupidez de los «gritos desde el gueto». Sabe a qué me refiero, ¿no? Es importante que nos vean como gente polifacética a quien le gusta todo tipo de música y literatura.

—Bueno —dijo toqueteando una esquina de mi novela—, me han dicho que hay una posibilidad pero con dos condiciones. De hecho, tres. La primera es que nos pongamos de acuerdo en un anticipo de dos mil dólares. —Dicho esto empujó un sobre por encima de la mesa—. La segunda es que reescribiremos en inglés todos los diálogos en jerga del gueto. Y la tercera: es necesario invertir el orden del personaje número dos y el personaje número tres. El dos se parece demasiado al uno. ¿Estás de acuerdo?

Se recostó pesadamente, intentando adivinarme el pensamiento.

Yo estaba demasiado estupefacto como para cambiar de expresión.

No es que estuviera ocultando deliberadamente lo que pensaba poniendo cara de póquer. Más tarde descubriría que hacer eso era una buena idea, pero en ese momento, sentado frente al editor, me quedé paralizado durante un minuto. Lo que acababa de escuchar era como uno de aquellos chistes de «buenas noticias, malas noticias» que entonces circulaban por ahí. «La buena noticia es que hay un cheque por valor de dos mil dólares. La mala noticia es que tienes que someterte a una intervención quirúrgica radical para cobrarlo.»

Ya no recordaba qué expectativas tenía tan solo unos segundos antes. En ese momento lo más fascinante era el cheque que descansaba encima de la mesa. Un cheque cuantioso a mi nombre. Estaba ansioso. Ahí había más dinero del que yo había visto nunca fuera de un banco. Más que los tres meses de paga juntos de los tres trabajos que había hecho el verano anterior para reunir dinero para la Lincoln. Aquel cheque cubriría la matrícula, el alojamiento y la manutención, los libros, todo (incluso después de haberle dado a mi madre una comisión del veinticinco por ciento).

El dinero a cambio de la intervención quirúrgica. Debía de haber en algún lugar de aquel escritorio un contrato que formalizaría el trato. Cobrar el cheque. ¿Y qué pasaba con la intervención quirúrgica? De las tres condiciones, la segunda y la tercera eran un rollo. Pero si podía convencer a aquel hombre de que las eliminara...

—Así que quiere cambiar el orden del personaje dos y el personaje tres —dije con una indecisa entonación interrogativa al final de la frase.

—Verás: Junior, el personaje dos, es bastante parecido al protagonista, Spade. Yo creo que los lectores los confundirán. En algunos aspectos son muy semejantes. Si pusieras en medio al tres...

—Precisamente en la novela juego con el hecho de que Junior idolatra a Spade y lo imita y se esfuerza por impresionarlo —respondí—. Las similitudes son deliberadas. Creo que, si los separara, lo que intento transmitir se perdería. Además, todo el misterio...

—Sí, sí, mira, ¿sabes qué? —dijo el editor dedicándome una sonrisa falsa mientras cogía el paquete de cigarrillos—. Creo que a nuestros lectores les atrapará más la experiencia del gueto que el elemento de misterio. Es decir, la escena inicial con el cadáver, la víctima del asesinato, esos documentos... sí, son recursos literarios magníficos. Pero lo que debería atraer a la gente es el ambiente de peligro, la sensación de que puede pasar algo peligroso en cualquier momento.

—Bueno, el ambiente también cuenta, claro —repuse sin energía—. Pero no considero que el misterio sea secundario. Es lo que sostiene...

Me volvió a cortar. Empezaba a ver que aquello de que me interrumpiera, más que mera casualidad, formaba parte de su estilo.

—Ya sé que los escritores tendéis a considerar todo lo que escribís como si fuera el Santo Grial, pero la persona más importante en estas discusiones es precisamente la única que ahora no está aquí: el lector. Que es a quien los editores representamos. Ya hace bastante que estoy metido en esto, y no se me da mal.

—No pongo en duda su currículum —dije—, ni los buenos consejos que les dé a sus escritores. Simplemente no comparto sus ansias por prescindir del elemento de misterio. —Intenté que sonara como una broma y encontré la manera de sonreír—. Ya ve, tengo dos o tres cadáveres con los que he de hacer algo. No puedo dejarlos tirados por el barrio.

Hubo un cambio perceptible en el despacho. El ambiente se había enfriado. Por si me faltara algo más para comprobarlo, el editor empezó a ordenar las diversas carpetas y papeles del escritorio, se echó atrás en el sillón y encendió otro cigarrillo.

—Te voy a dar un poco de tiempo para que te lo pienses —dijo—. Aquí tienes un cheque de dos mil dólares a tu nombre. Y aquí tienes tu novela. Te he dicho claramente los cambios que hay que hacer para publicarla. Ahora tú debes decidir si quieres que se publique.

Sí, había hablado con claridad. Me quedé sentado con la mente centrada en el billete de cinco dólares que era prácticamente todo lo que me quedaba en el bolsillo y, a decir verdad, en el mundo. Era alucinante pensar cómo habían llegado a cambiar las cosas en el año transcurrido desde que empezara a escribir aquel libro. Al principio tan solo quería ver adónde me llevaba la idea. Luego, al regresar a la universidad, tan solo quería tener un horario despejado, no abarrotado de clases a las que asistir, trabajos que escribir, libros de texto que leer y exámenes a los que presentarme. Había dejado la universidad por esto. Constantemente me encontraba queriendo tan solo acabar algo. Tenía una lista de ideas tan larga como la carretera desde Jackson, Tennessee, hasta la calle Oeste 17, todas ellas inacabadas y volando por la autopista como empujadas por el viento: pedazos de papel, pensamientos nunca desarrollados. De manera que, más que competir con los brillantes historiales académicos de mi madre y sus hermanos, más que sofocar las risitas de mis compañeros de clase en la Lincoln, que me llamaban majara, lo que en realidad necesitaba era concluir un pensamiento. Y lo había hecho.

Pero como nunca había acabado casi nada y nunca había publicado nada aparte de uno o dos versos en alguna que otra revista universitaria, mi obra nunca se había podido hacer escuchar por encima de los abucheos y carcajadas con que me salía al paso la implacable «chusma» de la Lincoln, que insistía en que mi ausencia de las clases se debía a mi dedicación exclusiva a fumar marihuana y en que lo único que había hecho en materia de escritura era garabatear algunas disculpas a todos los que había mentido diciéndoles que estaba escribiendo un libro. Y ahora, en aquel escritorio que tenía delante, había no solo la oportunidad de dejarles a todos con un palmo de narices, sino también un cheque de dos mil dólares. ¿Os lo imagináis? Podría regresar al campus al año siguiente haciendo gala de los beneficios que proporciona un anticipo de dos de los grandes y tendría la oportunidad de obligar a tragarse un libro con mi nombre impreso en la portada a aquellos payasos bocazas, tipos que me habían hecho quedar como un fumeta imbécil durante meses. Y también la oportunidad de ver sonreír a mi madre y de demostrarle que no se había equivocado al tener fe en mí, así como de rebatir las feroces críticas de mi tío. Tan solo tenía que firmar aquel documento e irme.

Irme y dejar allí mi novela. Dejarla como quien deja su mascota en el veterinario para que se la capen. Como dejar un ciervo en la mesa del taxidermista para que le arranquen las tripas y se las cambien por serrín, para que le corten la cabeza a fin de que cuelgue sobre la chimenea falsa del apartamento de algúnególatra engreído y petulante. Traté de sopesarlo todo de nuevo mientras permanecía sentado allí, sintiendo frío y sintiéndome pegajoso, con cara de póquer, como alguna especie de muerto con chaqueta de cuero.

Me levanté lentamente haciendo el que sin duda ha sido mi peor intento de aparentar que sonreía. El editor se había vuelto de espaldas en su sillón giratorio y estaba concentrado en no mirarme. De manera que probablemente no vio cómo cogía mi novela y salía de su despacho.

18

La gente habla en un tono determinado que se parece a una nota musical. Cuando le hablas a alguien con naturalidad, te sientes cómodo porque no hay tensión o tirantez en tus cuerdas vocales. A veces, cuando alguien habla demasiado deprisa o elige un vocabulario que no suena convincente, pienso que algo le pasa a su discurso. Esto es lo que sentí en el despacho de aquel editor de Nueva York.

Siempre he dicho a la gente que aquel día me fui con la novela movido por una sensación. Tuve una sensación. Pero la tuve a partir de una audición. Aquel día, en el despacho del editor, estaba tan pagado de mí mismo que se me podría haber escapado la mayor parte de la discusión si no hubiera encontrado tan trascendentales y espléndidas cada una de las palabras dichas.

En vez de las palabras, lo que se me escapó fue el significado.

Oí todas las palabras. Casi como elementos separados, aislados, como si no tuvieran nada que ver ni conmigo ni entre sí. Pero no pillé el significado que el editor les daba hasta llegar a la mitad de un solo que me estaba largando sobre el hecho de que Junior imitara a Spade. Le oí dar una nota falsa, una nota que no debería haber existido en aquella conversación. Algo como un fa bemol. Esta nota no existe. No para un músico. Y no entre dos músicos. No entre gente que toca la misma canción.

El editor no estaba solo evaluándome. Hubo más notas discordantes. Su voz desafinó totalmente. No sé adivinar el pensamiento, pero me dio la impresión de que estaba estableciendo su dominio sobre un escritor novato que después de aquel día él ya no tendría en cuenta. Su propósito era herir, insultar. No pagarme, sino darme el finiquito. Para que desapareciera y le estuviera agradecido por un par de los grandes.

Tomé el metro hasta la calle 23 con algo semejante a un plan abriéndose paso a través de palpitaciones de pánico. El plan B parecía lo que era y lo que yo no quería que fuera: nada. Lo que no había sido capaz de prever ni tan siquiera lo había tenido en cuenta, como un estúpido. Otra gilipollez más de la que no podía hablar a nadie, que probablemente nadie creería excepto mi madre. Una oferta de dos mil dólares. Una oportunidad de publicar el libro que había escrito a toda prisa con una destartalada máquina de escribir Royal en la tintorería de la universidad.

Una de esas densas neblinas de Manhattan me dio en la cara y en la cabeza descubierta, produciéndome una sensación de frío e incomodidad cuando salí a la esquina nordeste de la 23, a una manzana de la panadería donde tenía la intención de gastarme los últimos dólares que me quedaban antes de ir a la calle 17 y coger diez pavos de la hucha de mi madre, una lata de café de la nevera. Le dejaría una nota, una mentira, y pillaría un autobús de vuelta a la Lincoln.

Pero entonces, frente al albergue de la YMCA de la calle 23 me topé con Freddy Baron, un antiguo compañero de clase en el Fieldston. Iba con su padre. Me alegré de ver a Freddy, y por otra parte su padre siempre me había caído bien. El último año de instituto, Freddy y yo habíamos jugado juntos en el equipo de fútbol americano, un equipo que acabó 4-4. Mi recuerdo favorito de aquella temporada era un partido en el que ambos anotamos los dos únicos *touchdowns* de nuestro equipo, que acabó ganando por 14-8. Freddy anotó el suyo tras interceptar un pase desde su posición en una de las esquinas de la línea defensiva y correr más de cuarenta metros. El mío fue un poco más complicado. Me hallaba unos diez metros por delante de nuestro retornador de *punts*, aparentemente para actuar de bloqueador. Sin embargo, el chut fue alto pero corto, y los que pretendían placar a nuestro retornador se dirigieron hacia él pasando de largo por mi lado. Entonces intercepté el balón y corrí con él setenta metros, eludiendo la sólida línea ofensiva del equipo contrario.

Recordar las heroicidades de los tiempos de instituto fue un alivio en aquel momento, pero ninguno de los tres nos sentíamos demasiado cómodos bajo la llovizna. Los Baron venían de correr un kilómetro y medio y de hacer unos cuantos largos en la piscina. Tenían las mejillas sonrosadas y se les veía sanos y en forma. Pero como la muralla de penumbra de abril se iba haciendo cada vez más densa, me invitaron a comer en su casa asegurándome que la señora Baron, a quien también conocía, se alegraría de volver a verme. No habría podido jurarles que tenía un plan mejor, de manera que nos subimos a un autobús en dirección al este.

Freddy me puso al corriente de su vida, me explicó lo increíblemente fríos que eran los inviernos en Madison, Wisconsin, donde se estaba adaptando a la vida universitaria. Yo le hablé de la Lincoln, del hecho de que finalmente había abandonado la universidad y de lo que me acababa de pasar aquel día en el despacho del editor. La comida fue agradable y luego Freddy y yo bajamos al sótano a jugar al ping-pong y echar unas partidas de billar.

Cuando regresamos al apartamento, Freddy se fue directo al baño y justo cuando iba a dejarme caer en el sofá vi al señor Baron sentado en un rincón junto a una lámpara de pie con las gafas de lectura puestas y mi novela en el regazo. Siguió leyendo unos cuantos minutos después de que yo me sentara a su lado. Luego cerró el libro y volvió a ponerlo cuidadosamente en la funda de plástico.

Sonrió, plegó cuidadosamente las gafas y las metió en el estuche. De todos los padres del Fieldston, él siempre había sido el más accesible, el más dispuesto a llevar a los chicos en coche a un ensayo de algún grupo o a permanecer solo en las gradas mirando un partido de fútbol americano no muy concurrido. Hablaba con mi madre bastante a menudo. Y yo me había quedado a dormir en su casa unas cuantas veces. Los Baron vivían en el barrio residencial llamado Stuyvesant Town, en la calle East 23rd, prácticamente al lado de la West 17 según los parámetros de los habitantes de Manhattan.

—Gilbert —me dijo con su sonora voz de barítono—, he leído unas cuarenta páginas de tu novela y debo admitir que no sé mucho de la vida que describes en ella. Pero ahora ya sé más, porque tú la conoces muy bien. Tengo un par de amigos que escriben anuncios para radio y televisión y siempre están hablando del arte de explicar una historia en un minuto. A eso se dedican. Me gustaría enseñarles esta novela para ver si pueden ponerle algunas acotaciones en los márgenes.

Dicho esto, el señor Baron echó una mirada furtiva al baño, se metió la mano en el bolsillo de la pechera, sacó un billete de cincuenta dólares y me lo ofreció. Comprendí que no quería que Freddy estuviera al caso, pero yo no había dicho nada sobre mi situación económica. Agradecí su perspicacia.

—Mire —dije precipitadamente—, tienen que devolverme unos impuestos...

Me cortó.

—No —dijo con seriedad—. Deja que te cuente una cosa. Justo cuando empezaba mi negocio estuve a punto de fracasar. Había alquilado una nave donde guardaba una línea entera de vestidos y todo lo demás. Y ya tenía casi todo el género colocado, me habían encargado la mayor parte de las prendas y confiaba en que no se echarían atrás. Pero debía pagar el alquiler del almacén y, si lo hacía, no me quedaría dinero para el transporte del género y todos mis puntos de venta tenían un plazo de entrega de entre treinta y cuarenta y cinco días, con lo que el dinero no me llegaría a tiempo. Había hecho todos los recortes imaginables y aun así no me salían las cuentas. Era alrededor de la medianoche y estaba escribiendo una nota al casero diciéndole que desalojaría el almacén y explicándole un poco qué había pasado cuando lo vi avanzar por el pasillo. Al ver la luz encendida, se detuvo y entró.

El señor Baron me explicó que el casero entró en el almacén y que, después de enterarse de la situación, le dijo que retrasara el pago del alquiler, que ya lo resolverían cuando empezara a entrarle dinero.

—Te lo aseguro, Gilbert: yo solo había hablado con aquel hombre cuando alquilé el almacén y después lo había visto entrar y salir alguna que otra vez. Era muy formal, de pocas palabras. Pero me levantó el ánimo. Y nunca he olvidado lo que me dijo entonces: «Si alguna vez se le presenta la oportunidad de ayudar a alguien a ponerse en marcha, hágalo por mí y dígale a esa persona que pase el mensaje». Luego se despidió con un gesto y se fue. Yo creo en eso, Gilbert. No quiero que me devuelvas ese dinero, pero sí quiero que recuerdes lo que te acabo de contar y que pases el mensaje a otros.

El señor Baron sonrió y se puso de pie.

—Les pasaré tu novela a mis amigos y les diré que llamen a este número para ponerse en contacto contigo.

El número apuntado en la novela era el del teléfono público de la cafetería que había enfrente de la tintorería donde trabajaba, al otro lado de la Ruta 1.

Aún me sentía abatido, pero la ayuda que me había prestado el señor Baron era la más pura que hay: cuando alguien hace algo por ti a cambio de nada. Aun así, mi intención era devolverle aquel dinero en un par de semanas, tres a lo sumo.

Unos diez días más tarde, antes de que hubiera tenido oportunidad de saldar aquella deuda, me estaba peleando con la carga diaria de ropa de la tintorería cuando la sobrina del propietario de la cafetería me gritó desde la otra acera.

—Te llaman por teléfono, Spider —dijo con su voz de soprano—. Desde Nueva York.

La señora que me habló por teléfono se llamaba Lynn Nesbit. Era agente literaria de una firma domiciliada en la avenida de las Américas. Una semana antes un amigo había pasado a dejarle un original y le había pedido que le echara un vistazo. Se lo había leído todo de una sentada. Al día siguiente se lo había enseñado a un amigo de World Publishing. Ambos convenían que necesitaba algunos retoques.

—Pero ¿estarías dispuesto a aceptar cinco mil dólares como anticipo? —me preguntó.

No recuerdo si acepté antes de desmayarme o después. Sea como fuere, quedé en reunirme con Lynn Nesbit en su despacho al cabo de tres días. Estaba tan contento que casi me meo encima.

World Publishing también adquirió los derechos de *Small Talk at 125 and Lenox*, un volumen de poesía que apareció al mismo tiempo que *El buitre*. El libro de poemas se lo dediqué a mi madre porque siempre había valorado mucho la poesía y me había ayudado con algunos versos e ideas. La novela se la dediqué al señor Jerome Baron, «sin el cual el pájaro nunca habría levantado el vuelo». Y he intentado seguir su consejo y transmitirlo a otros siempre que he tenido ocasión.

19

Después de haber pasado alejado de deberes y de notas el que hubiera sido mi segundo curso en la universidad, en el otoño de 1969 me matriculé para volver a la Lincoln. Pero aquel verano, cuando la publicación de mis libros estaba ya en marcha, me gasté parte del dinero del anticipo en un viejo descapotable Nash Rambler del 1965 con 160.000 kilómetros. Antes de regresar a la universidad viajé con ese coche hasta Fayette, Mississippi, con un amigo de la Lincoln llamado Steve Wilson para asistir a la elección de Charles Evers, el hermano de Medgar Evers, que estaba a punto de convertirse en el primer alcalde negro elegido en el sur desde los tiempos de la reconstrucción.

Primero nos tiramos un día moviéndonos a cámara lenta a través de la humedad casi tangible de mi antiguo hogar, Jackson, Tennessee. Al atardecer pasé un par de horas con una chica que alucinaba con los neoyorquinos; Steve se emborrachó.

Yo había ido a Mississippi en busca de algo sobre lo que escribir. Me daba miedo pensar en volver a la Lincoln sin tener nada sobre lo que escribir. Siempre había querido escribir novelas, pero había llegado a la conclusión de que un escritor escribe continuamente y, después de mi novela de misterio, yo no tenía ni idea de qué hacer. Era indudable que mi estado de ánimo había estado supeditado al hecho de terminar *El buitre*. Y que pudiera regresar a la universidad tenía relación con el hecho de haber ganado dinero para pagar la matrícula, el alojamiento y la manutención. Mi credibilidad se había salvado al cerrar el trato con la editorial, pero, francamente, no sabía qué hacer a continuación.

En el campus me junté con un montón de tipos que estaban enganchados a los pesos pesados del jazz, esos que no se escuchaban con demasiada frecuencia en la radio. Pasábamos juntos un montón de tiempo supuestamente haciendo los trabajos de clase, pero en realidad íbamos de una habitación a otra escuchando las jams (Coltrane, Dexter Gordon, Herbie Hancock).

Aquel semestre de otoño también conocí a Brian Jackson. Era un alumno de primero con formación en música clásica. Un día yo estaba tocando el teclado y no me aclaraba con la partitura de «God Bless the Child». Brian podía tocar esas cosas como si fueran fáciles. Nos hicimos colegas en el aula de música; me mostró algunas composiciones suyas y yo empecé a ponerles letra. Empezamos a escribir canciones para un grupo llamado Black & Blues y colaboramos una buena temporada componiendo para ese grupo.

Yo había escrito relatos breves desde que era niño, pero hasta los diecinueve o veinte años no pude ordenarme las ideas para crear una novela; de la misma forma, llevaba escribiendo canciones desde siempre pero no eran muy buenas. No obstante, seguía trabajando en ello. Cuando conocí a Brian ya tenía una idea más clara de lo que quería hacer.

Me lo monté para ir a Nueva York al menos una vez al mes. Por entonces los Last Poets andaban ocupados en el taller de escritura llamado East Wind y un par de tipos que conocía (los percusionistas Charlie Saunders e Isaiah Washington) me acompañaban siempre que iba a verlos. Llegué a conocer a todos los Last Poets, ya que el primo de Abiodun Oyewole estudiaba conmigo en la Lincoln. En mi opinión, aportaban un estilo nuevo a la poesía y a la comunidad negra que me gustaba mucho. Yo era pianista y todavía tocaba con varios grupos, y las letras de canciones y los poemas que había escrito tenían un sesgo musical porque eran composiciones y no meros poemas con ritmo. Lo suyo era cantar a capela, sin música. A mí siempre me acompañaba algún grupo, de manera que hacía una cosa diferente. Pero todos intentábamos avanzar en la misma dirección.

Un domingo por la noche del mes de noviembre de 1969, después de haber pasado el fin de semana en Nueva York, al cruzar el arco de entrada al campus salieron a mi encuentro tres tíos que no me dejaron siquiera acercarme a la residencia de estudiantes. Eran Brian y dos tíos de su combo de jazz: Carl Cornwell, que tocaba el saxo, y Leon Clark, el bajista. Estaban visiblemente alterados y querían hablar conmigo.

Resulta que el batería del grupo, Ron Colburn, se había muerto el viernes por la noche. Habían estado ensayando hasta casi la medianoche y Ron, que era asmático, al final empezó a respirar con dificultad. Como su inhalador no le hacía ningún efecto, sus amigos lo acompañaron a la enfermería. Estaba cerrada. Uno de ellos fue a buscar al guarda jurado y le explicó el problema y el guarda les abrió la enfermería. No había oxígeno. Tuvieron que llamar a los bomberos de Oxford, que estaban a cinco kilómetros de distancia. Aunque la ambulancia salió disparada hacia la Lincoln, no llevaba oxígeno, y de camino al hospital de Avon Grove, Pennsylvania, Ron murió.

Brian y los demás miembros del grupo consideraban que su muerte se habría podido evitar y creían que se tenía que hacer algo.

De manera que hice algo: cerré la universidad.

Para ser sincero, diré que yo no habría podido cerrar la universidad sin ayuda. Pero con la misma sinceridad confesaré que si todo aquello hubiese acabado mal, me hubieran culpado directamente a mí. Y yo lo habría aceptado. No por heroísmo ni por ganas de convertirme en mártir, sino porque fue idea mía y porque, al no contar con la ventaja que me habría dado ser algún cargo electo en el campus, toda la responsabilidad de la presión ejercida sobre la dirección de la universidad recaía sobre mi persona, y no tenía otro grupo de apoyo que el que improvisé apresuradamente aquel domingo por la noche.

En todos los campus hay grupos clave y personas especiales que no necesariamente tienen cargos en el sindicato de estudiantes u otras organizaciones, pero que infunden respeto al alumnado. En aquella época había en la Lincoln un grupo así que yo quería que me apoyara y sin el cual consideraba que no podía dar ningún paso: los veteranos.

La Lincoln contaba con un grupo de hermanos que eran veteranos en dos frentes. Era como si esos hermanos estuvieran a horcajadas en el muro que separaba las dos Lincoln: habían iniciado su expedición en busca de un título bajo el sistema educativo anterior, solo para hombres, luego se habían marchado para cumplir con las fuerzas armadas y, al volver, se habían encontrado con el nuevo sistema de un centro concertado de educación mixta que, en opinión de la mayoría, había menoscabado la tradición de la universidad. En su mayor parte habían decidido volver por motivos sentimentales y porque todavía atribuían valor a un título de la Lincoln. Muchos habían aparcado obligaciones y responsabilidades mientras retomaban la tarea de sacarse un título. En resumen, que eran gente que se jugaba mucho en aquel curso en concreto.

Primero fui a verlos a ellos.

El hecho de haber estado un año fuera de la Lincoln y haber vuelto con dos libros publicados en mi currículum me daba una imagen de veterano, si bien no la licencia del servicio militar que la palabra implica. Al menos la gente me miraba como a algo parecido a un veterano de la Lincoln.

Además del respeto del que gozaban los veteranos, había otra ventaja tangible en el hecho de ser uno de los «maduros»: vivías en Vet Ville, un grupo de edificios tipo cuartel situado en el extremo oeste del terreno de la universidad, detrás del antiguo gimnasio y a menudo envuelto en la niebla en el atardecer.

No era usual celebrar reuniones en los dormitorios de Vet Ville, pero la noticia de la muerte de Ron y mi visita despertaron interés e hicieron que se congregara la mayor parte de los veteranos. El vestuario de los presentes era variado: desde el pijama y la bata hasta los tejanos y las consabidas chaquetas verdes.

Les expliqué lo mejor que pude las circunstancias que habían precedido a la muerte de Ron. También les recordé que durante mi primer año, mi vecino de habitación en el dormitorio de los novatos había muerto de aneurisma y que otro alumno había muerto después de sufrir un accidente. Les recordé a «Beaucoup», un alumno de los últimos cursos a quien habían diagnosticado mal una hernia, y a «Bird» Evans, cuya grave rotura de tobillo había sido tratada como un esguince. Mi argumento principal fue que la Lincoln era el doble de grande de lo que había sido cuando las instalaciones y el material médico de que disponíamos ahora se juzgaron adecuados. Y ya no lo eran.

—Entonces ¿qué pretendes hacer, Spiderman? —me preguntó un hermano que estaba cerca de la puerta usando un mote que me había acompañado desde que vivía en Chelsea.

Distribuí unas cuantas copias de una lista de lo que había llamado «peticiones». Dicha lista contenía siete puntos:

1. Pedimos que las instalaciones médicas del campus estén disponibles las veinticuatro horas del día.
2. Que la enfermería sea sometida a una inspección exhaustiva por personal médico competente e inspectores de seguridad que puedan evaluar rápidamente su estado.
3. Que las recomendaciones de la(s) persona(s) que lleve(n) a cabo dicha inspección sean aceptadas cuan-

to antes y que se establezca un calendario para dotar nuestras instalaciones del material indispensable a fin de satisfacer las necesidades de la actual población universitaria.

4. Que el doctor Davies, actual médico del campus, sea despedido.

5. Que se organice un horario entre todo el personal médico suplementario disponible para que asuman todas las responsabilidades del campus hasta que se pueda encontrar un sustituto fijo.

6. Que se adquiera una ambulancia medicalizada y se encomiende su control a los guardas jurados del campus, con un conductor competente siempre de guardia y que disponga del permiso adecuado.

7. Que se busque con empeño y se contrate a un nuevo médico para el campus, cuya responsabilidad principal será toda la comunidad universitaria de la Lincoln y quien por lo tanto esté al corriente de que somos un centro mixto y sea empático con nuestra nueva diversidad.

—Joder, no vas a conseguir nada de todo esto —dijo alguien en voz baja y pasó la lista a los demás—. Los puntos cinco, seis y siete...

—Los necesitamos —dije yo.

Brian y Carl estuvieron de acuerdo.

—Y pues, ¿qué quieres que hagamos? —dijo otro veterano.

—Os quiero a todos en las puertas de los aularios después del desayuno —respondí—. Quiero que digáis a la gente que se suspenden las clases de la mañana y que a las diez se celebrará en la capilla una reunión del campus. Está convocado todo el mundo: los profesores, los alumnos externos, los miembros de la dirección, todos. —Como conclusión añadí—: No puedo empezar esto sin vuestro apoyo.

—Y después de la reunión, ¿qué?

—No habrá más clases hasta que no se atiendan nuestras peticiones.

—Puede que consigas la primera.

—¿Estáis de acuerdo en que necesitamos estas cosas? —pregunté.

—Bueno, sí, pero ya sabes lo que van a decir de la pasta.

—Las matrículas han aumentado, hay el doble de alumnos inscritos. Y se supone que ahora somos un centro concertado —repuse.

—Vale, Spiderman —dijo una voz de barítono desde el fondo de la sala—, mañana trabajaremos contigo.

Era la una de la madrugada cuando salía de Vet Ville y fui andando poco a poco hacia el campus principal. Mientras, iba pensando si los puntos que había enumerado eran lo bastante concisos y si estaban bien redactados. No dejaba de ser irónico que después de haber pasado cinco horas en una montaña rusa emocional todo dependiera de mi pericia como escritor.

Mientras caminaba no cesaba de resonar en mis oídos el coro de comentarios de los veteranos: «Puede que consigas los cuatro primeros puntos, pero olvídate de los dos o tres últimos».

Bueno, ya se vería. Porque no se podía prescindir de ninguno. Sabía que los buenos negociadores siempre incluyen puntos a los que pueden permitirse renunciar. Pero yo no estaba preparando ningún paquete para negociar nada. Todo aquello se tambaleaba. De los más de seiscientos jóvenes que estudiaban en la Lincoln tan solo unos treinta estaban al tanto de lo que se estaba cociendo. Y solo treinta me reconocían como el cabecilla. Lo tenía jodido, sin duda.

Intenté escribir una lista de cosas que había que hacer por orden de prioridad. Fue entonces cuando caí en la cuenta de lo que no había hecho desde que estaba en el campus. No había comido. Ni había bebido nada. No había abierto un libro (pero esto daba igual porque las clases, al menos las del día siguiente, se habían suspendido). Joder, es que ni me había afeitado, ni duchado, ni había sonreído, ni me había sentado a reflexionar sobre lo que iba a hacer al día siguiente. Y entonces, a la una de la noche, ya era casi el día siguiente.

Al llegar a la residencia de estudiantes subí los escalones de dos hasta que llegué al dormitorio de Eddie. Un olorcillo a marihuana se colaba por el pasillo, mezclándose con la humedad de millares de noches lluviosas que se había ido infiltrando en el suelo y las paredes de la vieja residencia al igual que la primera capa de pintura que los recubría, ya inseparable de la madera. En la tele sonaba algo de Miles, algo lento, abstraído y solitario. Algo que a Miles le salía sin esfuerzo, quizá porque él era así.

Llamé a la puerta, entré, saqué un cigarrillo y mientras me dirigía a una silla que había en un rincón le pasé mi lista a Freddie. La habitación estaba llena de gente, como en las noches en que había partido de la NBA o los lunes en que retransmitían alguno de fútbol americano. El dormitorio de Eddie, que contaba con una sala más espaciosa de lo normal, se había convertido en el punto de reunión. Eddie pasó el papel a los demás y asintió con la cabeza.

—Tenemos que montar la movida esa de la capilla —dije al fin.

Todo el mundo se removió en su asiento. Advertí cansancio y seriedad, abstracción y tristeza en las caras de los hermanos.

—Además tenemos que ponernos en contacto con la familia de Ron. A ver cómo lo hacemos. ¿Ha hablado ya alguien con ellos?

Carl dijo que sí. Perfecto. Habría preferido pelearme con los veteranos antes que hablar con los padres de Ron.

Hay tantas divisiones y subdivisiones en un campus universitario que cuando toda la comunidad empuja en la misma dirección, cuando todo el mundo quiere lo mismo, probablemente se deba a un milagro social. A la mañana siguiente, cuando me encaminé hacia el estrado, los congregados en la capilla excedían en mucho su aforo de doscientas personas. Ya no quedaban asientos y la gente se apiñaba en el fondo y en las naves laterales.

Fui lo más breve y lo menos conmovedor posible. Aquella no era ocasión para tratar de levantar olas de emoción entre los presentes. La verdad ya era lo bastante dramática. El tercer colega muerto en dos años en la Lincoln sería enterrado al cabo de un par de días. Aquellas muertes servían para poner de relieve el hecho de que las instalaciones de nuestra vieja y aislada universidad no habían podido seguir el ritmo de su crecimiento.

Recordé los incidentes que habían puesto en evidencia los defectos de la asistencia médica en la Lincoln. Describí a los tres jóvenes, dos compañeros de clase y un colega músico. Me guardé de culpar a nadie de aquellas tragedias. Pero a continuación enumeré los errores concretos cometidos, tanto en diagnósticos como en tratamientos, y dije que aquello ya no era aceptable. Luego sugerí que un boicot completo a las clases minimizaría las posibilidades de sufrir heridas o enfermedades y al mismo tiempo permitiría que la dirección se centrara en nuestras peticiones. Anuncié que el boicot seguiría vigente hasta nuevo aviso. Como conclusión leí la lista con las siete peticiones, dije a la concurrencia que podían coger una copia a la salida y les aseguré que se mantendría a todo el mundo al corriente de los progresos que se hicieran en esos asuntos. Luego manifesté mi confianza (que no tenía) en que los cambios se llevarían a cabo con rapidez y que pronto todos volveríamos a nuestra rutina habitual. Finalmente pedí que abandonara la capilla poco a poco, insistiendo en la necesidad de evitar que alguien resultara herido.

Evidentemente, yo no podía y ni siquiera iba a intentar asumir la responsabilidad de todo el campus. Cuantas más funciones delegara en otras personas, más gente participaría. Hay que indicar que no había sindicato de estudiantes formal, y que de haberlo habido estoy seguro de que sus miembros se habrían centrado más en lo que habría sido considerado como mi golpe de estado que en mi lista de peticiones. En realidad, debo admitir que yo no tenía ninguna autoridad y que la aparición de los veteranos en las puertas de los aularios y mi intervención en el estrado de la capilla eran los únicos hechos que daban a entender que yo era el cabecilla.

No obstante, fue finalmente la reacción de las autoridades lo que consolidó mi posición privilegiada como portavoz, si no cabecilla, del estudiantado. Aquella tarde se fijó un calendario con la relación de enfermeros que estarían de guardia en la enfermería desde la medianoche hasta las ocho de la mañana, hora habitual de apertura. El martes por la mañana el doctor Warren Smith, psiquiatra de la universidad, nos hizo saber que llevaría a cabo un inventario del material de la enfermería y que haría las recomendaciones pertinentes para mejorar sus prestaciones. Los puntos uno, dos y tres.

Me resistí a aprovechar la ocasión y tocar la campana de la capilla para anunciar que casi estábamos a mitad de camino. En vez de eso me fui a comer y luego regresé a la habitación de Eddie. Después de todo, los veteranos ya habían admitido que los tres primeros puntos nos serían concedidos. Conseguir los restantes sería más difícil.

Fui al almacén de la enfermería para hablar con el doctor Smith mientras este iba de acá para allá abriendo un armario tras otro y apuntando lo que encontraba dentro. Era un hombre corpulento como un oso y simpático, medio calvo y de cabello entrecano. Hacía más de un año que no le veía, desde que aprobara mi solicitud de tomarme un año libre. Quería preguntarle qué pensaba de lo que estaba pasando; quería pedirle que me aconsejara sobre cómo abordar mejor a los jefazos de la universidad, el rector y el decano. Sin duda también sabría decirme dónde estaba el dinero y quién lo tenía. Al fin y al cabo, en realidad todo era cuestión de dinero.

Pero el doctor Smith no paraba de hablar y dirigía la conversación como si nos estuvieran vigilando. Sinceramente, dudo mucho que lo estuvieran haciendo. Puede que se sintiera ofendido por mis críticas a las instalaciones médicas. Quizá los de la dirección le habían recordado que su carta del octubre anterior había hecho posible mi reingreso en la universidad. O puede que supiera que el conflicto no había hecho más que empezar y que Ron Colburn no sería la última baja.

De hecho, hubo otra aquella noche.

En todo conflicto hay bajas. No me gustó en absoluto incluir la petición de que se despidiera al médico del campus. El momento en que hice la lista, justo después de la muerte de Ron, daba a entender que había una relación: que la culpa había sido del médico. Pero en realidad él no había estado implicado en ninguna de las tres muertes de las que yo había hablado en la capilla. El médico era un hombre de la Lincoln de la vieja escuela, un licenciado con consulta en la cercana población de Oxford que vivía en el campus con su familia y estaba disponible día y noche. Pero la verdad es que yo no tenía elección: ese médico estaba librando una batalla con la bebida. A veces ganaba y a veces perdía. Un par de veces había perdido en mal momento y su manera de reconocer a los pacientes en la consulta se había visto afectada. La noche del miércoles, uno de esos pacientes dirigió a un grupo de estudiantes al jardín delantero de la casa del médico. Llevaba un muñeco de cartón piedra con una soga alrededor del cuello. El alumno pasó la soga por la rama de un enorme árbol que se alzaba frente a la casa del médico y prendió fuego al muñeco.

El médico de la universidad salió de casa para hacer frente al grupo, manteniendo su inocencia a grito pelado, jurando que él no tenía nada que ver con aquellas muertes.

Entonces llegué yo y me fui situando lentamente entre el grupo de exaltados y el lloroso médico, solo, vestido con una camiseta y unos pantalones de sport oscuros. Pude ver las lágrimas de rabia y tristeza del médico tras sus gafas. También las vieron todos los demás. Tuvimos que mirar a los ojos de aquel hombre que estaba siendo quemado simbólicamente y ver a sus espaldas los ojos como platos de sus hijos clavados en la escena, observando desde el ventanal la humillación y la impotencia del médico, quizá temiendo que sus vidas corriesen peligro.

Un escalofrío me recorrió la nuca. Todo aquello me daba vértigo. No me relajé hasta que los estudiantes empezaron a retirarse, dispersándose hacia sus dormitorios. Entonces tuve la certeza de que el médico dimitiría. No me alegró en absoluto conseguir la petición número cuatro.

A medida que transcurría la semana fui viendo al doctor Smith y más gente entrando y saliendo con material, trajinando paquetes de medicamentos, muletas, vendas, bombonas de oxígeno, lámparas halógenas, diccionarios de medicina actualizados y tratados sobre las últimas terapias, e incluso algunos libros de bolsillo para los pacientes que tuvieran que pasar la noche ingresados. También cambiaron las cortinas y la moqueta y pusieron una lámina de optotipos nueva. Y en la enfermería había personal todas las noches.

Todo el mundo estaba de acuerdo en que el punto culminante de la semana, el momento más tenso, se había alcanzado después de que el alumnado decidiera proseguir el boicot. Los últimos tres puntos no se habían conseguido. No había horario con los turnos del personal sanitario excepto con un día o dos de antelación, no había ambulancia y no había cola de candidatos a ocupar el puesto de médico del campus que acababa de quedar vacante.

El jueves por la tarde andaba preguntándome qué podía hacer para apaciguar a determinados grupos que no dejaban de refunfuñar y mascullar que todo el mundo debería volver a clase. Corría el rumor de que si llegábamos al fin de semana sin haber conseguido nada más, no habría motivo para continuar el boicot. La gente lo advertía: «Hemos obtenido todo lo que podíamos después de la renuncia del médico. Todo esto de prolongar el boicot es cosa de Spiderman. Tiene que dejarlo estar».

Quizá se habrían salido con la suya. Un discurso negativo puede engendrar una actitud negativa. Por esto el corazón me dio un brinco al salir del comedor. Aparcada al pie de la rampa norte, como si estuviera esperando mi gesto de aprobación, había una ambulancia de color rojo sangre recién encerada. Brillaba de tal manera que la habrían podido ver los ciegos, y el mortecino cielo gris se batió momentáneamente en retirada ante la intensidad del rojo que irradiaba aquel vehículo.

Pasó el fin de semana y el lunes volvimos a reunirnos en la capilla. Esta vez pedí que se hiciera una votación, y los alumnos votaron a favor de continuar el boicot.

El martes (séptimo día sin clases, noveno desde que empezara lo que cada vez se parecía más a un desafío chulesco entre gallitos, undécimo desde la muerte de Ron Colburn) estaba sentado en el asiento del copiloto del coche de uno de los miembros de la dirección dando un paseo alrededor del campus bajo una lluvia fina. Era el primer día en el que la dirección de la universidad se centraba exclusivamente en mí como su problema.

—¿Qué es lo que quieres, Spider? —me preguntó.

Ese hermano, de piel clara, con gafas y bigote, era uno de los miembros más jóvenes de la dirección, e intentaba ser empático. Había tenido la oportunidad de conocerle al quedarme en el campus durante parte del verano para trabajar de monitor en unas colonias. Debía de ser unos ocho años mayor que yo, estaba casado, jugaba al béisbol y era exalumno de la Lincoln.

—Tan solo lo que pone en la lista, tío —respondí mientras encendía un cigarrillo.

—No, Spider —dijo aminorando la marcha del coche—. ¿Qué es lo que tú quieres sacar de todo esto?

—Crees que...

—Bueno, ¿sabes? Yo y algunos más te conocemos. Te conocimos cuando estuviste aquí este verano con los niños y no hubo ninguno...

—Yo era amigo de Ron —dije—. Igual que soy amigo tuyo. Hay seiscientos o setecientos...

Asintió tristemente con la cabeza sin dejar de mirar hacia adelante, a través del ambiente gris.

—Tendrías que haberlo dejado estar anoche —dijo.

La noche anterior había sido tensa, y me había dado la impresión de que mucha gente pensaba que no habría tenido que haber ninguna votación; que yo habría tenido que limitarme a entrar en la capilla y agradecer a los alumnos su colaboración al ejercer presión, con la que habíamos conseguido seis de nuestros siete objetivos. La victoria, en lo esencial. Seis de siete eran dos más de lo que habían previsto los veteranos, y nadie creía que fuéramos a conseguirlos todos. Por consiguiente, la noche anterior habría tenido que entrar en la capilla y decir: «Hemos ganado, así que mañana todos a clase».

Pero no lo había hecho. Y quizá en mi decisión había habido algo de desafío chulesco. Olvidemos que el lunes por la noche no estábamos en mejor situación que el viernes por la mañana. Había habido la sensación de que todo se congelaba en el campus a partir del momento en el que había aparecido la ambulancia de color rojo ketchup, rojo sangre, rojo camión de bomberos aparcada frente al centro estudiantil. Aquello era una verdadera rendición.

—No podía...

—Sí, sí que podías, Spider —dijo. El hecho de que me llamara por mi mote de alguna manera me rebajaba de líder estudiantil a caricatura de cómic—. Y deberías haberlo hecho.

—Se supone que debía limitarme a anunciar que todo había acabado, ¿no? Algún hijo de puta me habría acusado de ser un dictador.

Fue como si me lo estuviera diciendo a mí mismo.

—Lo empezaste tú solo y tú solo lo has mantenido en marcha. Le has dado una forma y una fuerza que nadie más del campus le habría podido dar. Nadie lo suficientemente popular habría tenido los huevos, el valor.

Calló un momento y luego bajó la voz para contarme un secreto.

—Les has estado jodiendo toda la semana pasada —dijo riendo—. Estaban mosqueados consigo mismos por haberte dejado volver a la universidad. Pero otros no paraban de decir que no había nada de malo en todo esto porque lo que tú decías era razonable. Oscilaban entre la admiración y el sentimiento de culpa. Nosotros también hemos sido estudiantes. Y sabemos de qué va. —Luego concluyó—: No te tienen miedo. Van a expulsarte.

No le pregunté a quién se refería. Me bajé del coche y corrí a refugiarme de la lluvia. El coche se alejó.

Todavía seguía sentado en el sótano del centro estudiantil cuando la noche empezó a caer sobre el campus, llenando de oscuridad todos los espacios entre los pocos árboles desnudos y la gris, espartana residencia de estudiantes. Los aularios y demás edificios donde se almacenaba apilado todo el conocimiento quedaban ocultos tras la niebla. Yo mismo estaba prácticamente envuelto en una niebla personal, concentrado y confundido, cuando una estudiante de primero que conocía se me acercó. No recuerdo qué me dijo, ni siquiera para poder expresarlo en otras palabras, pero sí que tan deprisa como pude subí las escaleras y eché a andar y luego a correr hacia el sur, entre el edificio de la dirección y el de seguridad. Crucé la calle y me dirigí rápidamente hacia otra casa, normalmente a oscuras pero entonces bien iluminada.

Dentro me esperaba la sonrisa de una atractiva mujer de mediana edad. Se presentó como la «doctora Mondry» al mismo tiempo que yo le tendía la mano para estrechar la suya. Estaba interesada en la plaza de médico vacante que teníamos, dijo, pero solo la aceptaría con mi aprobación.

La doctora Mondry me salvó la vida.

INTERLUDIO

Mayo de 1970

Las leyes del azar se llevaron sin duda un buen guantazo la noche en que el artista acabó con la espalda contra la pared. Había sido noqueado y a medida que fue volviendo en sí, poco a poco, aparecieron las caras preocupadas del altísimo Robert Berry y del veterano Joe Sheffi mirándole fijamente desde arriba con ojos como platos.

Empezó a recordar.

Estaban en la Ruta 1, a unos seis kilómetros al norte de la Universidad Lincoln y a un par de kilómetros de Avondale, Pennsylvania. Uno de los viejos neumáticos Isaac Hayes (calvo, ¿lo pilláis?) del destartalado y herrumbroso Rambler, el neumático izquierdo del eje trasero, se había suicidado. (Al parecer se había pegado un tiro. Habían oído una fuerte explosión.)

Desgraciadamente, aquello se transformó en uno de esos incidentes con efecto dominó. Tras la muerte del admirable neumático izquierdo del eje trasero, en adelante candidato a convertirse en un millón de gomas elásticas, el Rambler descapotable se transformó. De Rambler blanco del 65 pasó a Rambler blanco con capota negra de vinilo e innumerables manchas de herrumbre derrapando a cien kilómetros por hora. Sin ayuda del freno, que el artista ni siquiera se atrevió a tocar. Y con una vista panorámica de la América más o menos rural deslizándose al otro lado del parabrisas mientras la carretera de dos carriles se convertía en una de cuatro y el coche, como una ballena con tres patas, cruzaba patinando la doble línea amarilla y el arcén de gravilla del lado opuesto, atravesaba buena parte del parking de una compañía de seguros y poco después chocaba a cien kilómetros por hora contra la esquina de la oficina de dicha aseguradora.

A medida que el artista volvía en sí afloraron más recuerdos.

Todavía agarraba con la mano izquierda el tirador de la puerta del conductor, si bien ahora el coche estaba unos seis metros más allá. Tenía la puerta detrás y le servía tanto de respaldo como de explicación de por qué no se había quedado despachurrado contra la pared de la oficina. El coche estaba destrozado sin remedio. El artista no.

Según la versión de los testigos presenciales Berry y Sheffi (y esos dos siempre estaban sobrios), había usado la puerta como escudo cuando el viejo Rambler se había hecho pedazos al chocar contra la esquina de la pared de la compañía de seguros. La bisagra de la puerta se había partido como un lápiz del número dos y el artista había salido volando. Primero la puerta y luego su espalda se habían estampado contra la suave capa de yeso.

Recuperó la conciencia lo bastante deprisa como para ordenarles que sacaran las escopetas y los cartuchos del coche y del maletero y los escondieran al otro lado de la carretera, detrás de un muro que oponía cierta resistencia a los vehículos resueltos a precipitarse por un empinado terraplén que había en el lado oriental de aquella vía de dos carriles que daba acceso a Avondale, Pennsylvania.

No le había preocupado el hilo de sangre que bajaba cautelosamente, siguiendo un camino no trazado, del largo corte que tenía cinco centímetros a la izquierda de la mitad de la frente y que milagrosamente era la única herida visible en los tres accidentados. Era verdad que a causa del golpe había perdido el conocimiento, pero cuando le dijo al policía estatal que estaba bien no lo mencionó.

De hecho, estaba bien.

Los tres regresaron al campus en autostop, y al artista le pusieron un punto de sutura adhesiva en la frente que le hizo parecer un guerrero herido en el caos de los disturbios universitarios cuando dos días más tarde salió en el boletín informativo nocturno de Washington D. C. entrevistado por Max Robinson. Se estaban carcajeando todos de la cara que se le había puesto al policía mientras sus ojos iban y venían de la puerta del coche al artista, que le decía que no necesitaba atención médica a pesar de que la sangre iba empapando la servilleta con la que se presionaba el corte.

—Los ojos se le salían de las órbitas —exclamó Berry doblando casi por la mitad su largo corpachón—. Cuando ha dicho «¿Se encuentra bien?» se supone que era una afirmación, pero le ha salido como una pregunta ¡con un chillido al final!

—Yo me he alegrado de que no dijera: «¿Me permite ver su permiso de conducir y la documentación del vehículo, señor?» —dijo el artista riendo entre dientes.

Quizá las risas procedieran en un setenta y cinco por ciento de la tensión nerviosa. Las secuelas de un incidente que habría podido tener consecuencias mucho más trágicas: el trayecto que estaban haciendo, las escopetas, los cartuchos, la velocidad, el inicio de una llovizna que lubrificó el asfalto bajo los desgastados neumáticos del Rambler, el estallido de la rueda izquierda del eje trasero al reventar y el derrape incontrolado a través de la Ruta 1, la tranquila discusión mientras atravesaban limpiamente la valla de tela metálica frente al edificio de la aseguradora, la tensión, prepararse para resistir el impacto con el artista agarrando fuertemente el tirador de la puerta, y entonces...

Tenía que admitir que todo aquello casi se le había ido de las manos. Y «casi» vale como palabra clave porque la gran «Manifestación en Oxford» nunca llegó a realizarse. Habría sido una verdadera pesadilla. Y el artista todavía había estado considerando si podría haberse unido, si se habría unido o no a los manifestantes en caso de que él, de que alguien no hubiese sido capaz de darle la vuelta a la situación.

Comprendía que, justo al final de los simbólicos años sesenta, acordar no hacer algo no era la respuesta satisfactoria para los que buscaban soluciones. Durante una concentración por la paz en la Universidad Kent State de Ohio, enviaron a la Guardia Nacional al campus para mantener el orden. Cuando los manifestantes cambiaron de rumbo y se dirigieron hacia ellos, les entró el pánico y dispararon contra la multitud matando a cuatro personas. Luego fueron asesinados dos alumnos de la Jackson State, una universidad negra de Mississippi, abatidos a tiros a través de las ventanas de sus dormitorios por agentes de la Patrulla de Caminos de Mississippi.

El problema que tenía el artista era la tibia reacción del fiscal general, John Mitchell. Bueno, tildarla de «tibia» era innecesariamente considerado. Una reacción nula no es tibia. Es fría como un témpano. Un témpano enorme.

Vale, los agentes del FBI eran los responsables de la Guardia Nacional en Ohio y no tenían jurisdicción directa sobre la Patrulla de Caminos de Mississippi. El problema era que nadie en Mississippi tenía control sobre ella, y como poli supremo del país, Mitchell tenía autoridad sobre quien fuera que no la estaba ejerciendo en Mississippi. De ningún tipo.

De manera que el artista se puso en marcha y pidió a los alumnos de la Lincoln que suspendieran todas las actividades del campus en protesta por los asesinatos a tiros de los estudiantes negros y el subsiguiente silencio nacional. Funcionó, pero solo con mucho esfuerzo. Descubrió lo difícil que es contener todos los factores resultantes de una respuesta masiva.

Los alumnos de la Lincoln eran conscientes de las implicaciones de lo que estaba sucediendo en los otros campus; no podían ignorar una mierda como aquella y no decir nada, porque cada silencio por respuesta, o falta de acción, se lo pone mucho más fácil al próximo incidente de esa naturaleza. Un acuerdo de todo el campus de la Lincoln mostraría su solidaridad con la Jackson State y la Kent State.

Pero justo cuando el artista estaba a punto de decirse a sí mismo que la cosa había ido mucho mejor de lo previsto, alguien gritó: «¡Vayamos a manifestarnos en Oxford!».

De pronto la idea de una manifestación empezó a rebotar por la capilla como si fuera una pluma de bádminton, saltando impotente de acá para allá a raquetazos y armando un follón que salió de la antigua sala de reuniones para congregarse de nuevo bajo el arco de entrada que te daba la bienvenida a la universidad.

Al principio el artista no supo qué hacer: ¿enviar por adelantado un grupo a Oxford para intentar alertar a los habitantes de aquella aldea aletargada y principalmente agrícola de que aquello no era la plasmación del miedo que muchos de ellos siempre habían sentido en lo más hondo de su ser, como si se tratara de una población con una penitenciaría en las afueras?

Y la Patrulla de Caminos de Pennsylvania, ¿qué? Que se supiera, nunca había habido fricciones entre los «chicos del estado» y los centenares de negros de aquel rincón del estado cuáquero. Pero por otra parte tampoco había habido nunca trescientos o cuatrocientos estudiantes cortando la Ruta 1 y convirtiéndola en una especie de parking atestado de coches que recorren a paso de tortuga los cinco kilómetros que les separan del pueblo, una hilera de mosqueados y perplejos granjeros y buenos tipos intentando regresar sin problemas al norte de Maryland en todoterrenos con escopetas en el portaequipajes.

Quizá bajo el arco de entrada afloró su pizca de sentido común. Quizá algo se les pasó por la cabeza cuando se vieron en el umbral de la Ruta 1 no teniendo delante sino cinco kilómetros de campo de Pennsylvania abierto y expuesto. Quizá fueron las cámaras y los pendientes y los zapatos de plataforma y los tops y las gafas de sol lo que les mostró que lo que pensaban (la manifestación propuesta) no tendría más repercusión que la que tendría su acuerdo de cerrar la universidad. Que no estaban preparados, que no lo habían planificado y que el problema no estaba en Oxford.

La decisión de no ir a Oxford hizo que el artista mostrara de nuevo su satisfacción detrás del grupo de estudiantes con su característica sonrisa sesgada. No se moverían.

El artista sí. Dos días después salía por la televisión en Washington hablando en el boletín informativo nocturno sobre una reunión mantenida horas antes aquel mismo día con el fiscal general John Mitchell en la que, junto con el presidente del sindicato de estudiantes de la Universidad Howard, Michael Harris, le habían echado en cara al brazo derecho de Nixon un montón de cosas, desde la infame «ley de la patada en la puerta», aplicada en Chicago durante el ataque contra los miembros de los Black Panthers, Fred Hampton y Mark Clark, hasta las ilustraciones que decoraban las paredes de su despacho, con escenas de castigos de los siglos XVIII y XIX así como con negros encadenados y capataces látigo en mano.

Explicaron por qué habían cerrado sus respectivas universidades, hecho que desencadenó una oleada de cierres en la costa este, y vieron cómo John Mitchell tomaba a última hora de la tarde un vuelo a Mississippi.

20

Al final de aquel tumultuoso año lectivo, dos o tres miembros de los Black & Blues se licenciaron, de manera que Brian y yo tuvimos la oportunidad de componer temas no exclusivamente para ese grupo. Y cuando regresé a casa para pasar el verano, fui a ver a un hombre llamado Bob Thiele que había montado su propia compañía discográfica: la Flying Dutchman. Bob había producido a Coltrane y conocía a Archie Shepp; había hecho importantes aportaciones al mundo del jazz. Y aunque a mí nunca me habían gustado mucho los poetas beat, sabía que también había producido algunas grabaciones de Jack Kerouac.

Cuando abrí la puerta de las oficinas de la Flying Dutchman, Bob estaba junto al escritorio que había ante la puerta hablando con la secretaria y hojeando unos documentos. Aquello me moló de verdad: era la primera vez en mi vida que una fotografía cobraba vida. Había visto su retrato un montón de veces y ahora ahí estaba él en persona. Con la sorpresa se me hizo un nudo en la garganta, y durante un segundo fui presa del pánico. No me esperaba encontrar al director de la compañía ante la puerta, pero rápidamente le largué a Bob el rollo que llevaba preparado para la secretaria o algún subordinado.

Le dije que escribía canciones, que tenía un socio, Brian Jackson, y que los dos pensábamos que él grababa al tipo de gente que nosotros creíamos que podía sentirse interesada por lo que hacíamos. Bob me dijo que en aquel momento no tenía dinero para hacer un álbum. Pero había leído mi libro de poemas y añadió: «Si haces esto y ganas algo, quizá podamos reunir un poco de pasta entre los dos para hacer un álbum de música».

La idea de publicar todo un álbum recitando mis poemas ni se me había pasado por la cabeza. Pero aparte de que Bob Thiele seguía grabando al tipo de músicos de jazz sobre los que se había consolidado su aceptación y su prestigio en los sesenta, ahora quería crear una crónica grabada de su época. Muchos cambios de nuestra sociedad que tuvieron lugar en los setenta se atribuían a los sesenta y Bob quería aquellos sonidos en vinilo. Eran a menudo discos sin posibilidades comerciales, pero muy reveladores como fragmentos de una época e inestimables como instantáneas de un período que había dado primero una nueva forma a América y después al resto del mundo.

A menudo se trataba de discos sin música. Había uno con un discurso del primer alcalde negro de una ciudad importante de Estados Unidos, Carl Stokes de Cleveland, con preguntas de la prensa a continuación; varios discursos de H. Rap Brown y de la señora Angela Davis; lecturas a cargo del disc-jockey Rosko de artículos y columnas de Pete Hamill y Robert Scheer entre otros, incluyendo una escalofriante interpretación de «A Night at Santa Rita» con música de Ron Carter y James Spaulding; la absolutamente espeluznante «Ain't No Ambulances for No Nigguhs Tonight» de Stanley Crouch.* Y a fines del verano de 1970 me metí en el estudio

---

* En «A Night at Santa Rita» [Una noche en Santa Rita] el periodista norteamericano Robert Scheer explica su participación en la manifestación de protesta que tuvo lugar el 22 de mayo de 1969 en el People's Park de la Universidad de Berkeley, California, durante la cual fue detenido junto con unos 250 manifestantes más y encerrado en la prisión de Santa Rita. «Ain't No Ambulances for No Nigguhs Tonight» [Esta noche no hay ambulancias para negratas] es el título de un polémico discurso del poeta y músico norteamericano Stanley Crouch en el que defiende

con un grupito de colegas en sillas plegables y grabé poemas de *Small Talk* y algunas canciones que había compuesto en pianos de cafeterías.

Hasta poco antes de grabar ese primer álbum, yo era tan solo uno más de un grupo de nueve y posiblemente no la voz más importante. Desde el punto de vista de la cantidad de música original que aportaba al grupo, mi presencia era importante para su estructura y carácter, pero yo no solía ser el cantante principal y no siempre era el responsable de llevar el peso de las actuaciones.

Cuando salió el LP no creí que fueran a ponerlo en la radio. Nunca imaginé la gran difusión que ese disco llegaría a tener. Pero resulta que más o menos en aquel tiempo la radio empezaba a tener su importancia gracias a unas cuantas emisoras populares, sobre todo de Filadelfia, Washington, Los Ángeles y el área de la bahía de San Francisco. Y esas emisoras empezaron a poner un montón de temas de *Small Talk*: «Whitey on the Moon», «Brother» y «The Revolution Will Not Be Televised» se hicieron conocidos. El éxito de *Small Talk* fue solo a nivel regional, pero eran buenas regiones y fue presentado como «disco revelación» gracias a las ventas.

En algún momento del año lectivo siguiente, Bob Thiele me llamó y me dijo «¿Con quién quieres tocar?». Entonces los Black & Blues ya se habían disuelto definitivamente, de manera que Brian y yo decidimos trabajar con Ron Carter, Hubert Laws y Bernard Purdie. Conocíamos a Purdie porque tocaba con King Curtis, y King Curtis tocaba con Aretha. En aquel entonces Ron Carter no era muy conocido como bajista, pero lo tocaba de maravilla.

----

ideas del nacionalismo negro. Fue motivado por los llamados «disturbios de Watts», una explosión de rabia contra el racismo y la brutalidad de la policía que tuvo lugar en ese barrio de Los Ángeles entre el 11 y el 17 de agosto de 1965 y que se saldó con 34 muertos. El título es una frase que Crouch oyó durante los disturbios. (*N. del T.*)

Fuimos al estudio de la RCA en Nueva York en febrero de 1971. Cuando todo el mundo entró y se vio que no nos conocían ni conocían las canciones, Ron Carter tomó la palabra.

—Esto tiene fácil solución —dijo—. Probemos con una canción sobre dos de mis personas favoritas.

Así que nos pusimos a trabajar en «Lady Day and John Coltrane» y a partir de ahí la cosa funcionó. Al principio, todo lo que yo tenía para esa canción era una línea de bajo y unos acordes. Nunca habría sido capaz de enlazar debidamente aquella progresión armónica si Brian no hubiera estado a mi lado cuando se me metió en la cabeza. La empezó a estudiar, la ordenó y la acomodó a lo que yo cantaba. Yo no tenía ni idea de cuartas aumentadas y esas cosas, y la canción precisamente se basaba en eso, de manera que Brian fue esencial.

A mí me gustaban el jazz y los ritmos sincopados, y mi poesía salía de la música. Convertíamos los poemas en canciones y queríamos que la música sonara como las palabras, y los arreglos de Brian muy a menudo les daban forma y las moldeaban. Más tarde, cuando escribíamos canciones juntos solía preguntar a Brian en qué estaba pensando, cosa que yo a veces ya podía más o menos intuir a partir de la música, porque esta evocaba una atmósfera determinada. Distintas progresiones armónicas y distintas estructuras de acordes te ponían la mente en un tono determinado. A veces le preguntaba y él expresaba en palabras qué tipo de sentimiento intentaba provocar con un acorde determinado y eso me ayudaba a pillar la onda.

La nueva versión de «The Revolution Will Not Be Televised» que había salido de esas sesiones tendió a centrar las conversaciones sobre el nuevo álbum, *Pieces of a Man*. Pero en el LP la seguía otra canción titulada «Save the Children», y a continuación «Lady Day and John Coltrane». Y luego venían «Home Is Where the Hatred Is» y «I Think I'll Call It Morning».

Cuando la gente escogía «The Revolution Will Not Be Televised» para decidir qué clase de artistas éramos, pasaba por alto lo que expresaba todo el puñetero álbum. Nosotros no nos limitábamos a componer una sola canción y dejarla ahí, creábamos discos e ideas, y todas esas ideas nos importaban desde el momento en el que trabajábamos en ellas.

Pero nada de eso importaría mucho por dos razones. En primer lugar, porque una de las principales ideas por las que grabábamos nuestras canciones era para ponerlas a disposición de otra gente que pudiera escucharlas y versionarlas. Este plan empezó a funcionar inmediatamente cuando Esther Phillips versionó «Home Is Where the Hatred Is». Conoció la canción gracias a Pee Wee Ellis, que entonces trabajaba en nuestro sello, Flying Dutchman, pero que había sido contratado para trabajar en el primer álbum de Esther por otro sello llamado Kudu.

«Home Is Where the Hatred Is» parecía un trasunto de la propia vida de Esther, ya que había superado un grave problema con las drogas, que no ocultaba. Así que el rollo de la heroína era algo con lo que podía dialogar a través de una canción, y todavía hoy me siento tremendamente orgulloso de su manera de interpretar esa canción. Le dio vida, y que un compositor pueda escuchar eso en una de sus canciones es fantástico.

La segunda razón por la que no importaba era que, a pesar de tener un segundo álbum en camino, en mi opinión yo era todavía un estudiante. Y si intentaba imaginarme haciendo algo profesionalmente, me veía como novelista, no como músico. Estaba trabajando en otra novela, *The Nigger Factory* [la fábrica de negratas], y se me había ocurrido un plan para conseguir los credenciales que me permitirían empezar una carrera como profesor de escritura.

21

Si no creéis en los Espíritus (y yo en aquellos momentos no sabía qué eran), entonces digamos simplemente que tuve «suerte» de no enviar por correo mi solicitud de ingreso en la Universidad Johns Hopkins, adonde había decidido que quería ir para sacarme un máster en escritura; suerte de no ir a la universidad un día en que el director de los seminarios de escritura no estaba; suerte de no ir a exhibir mis logros, y suerte de no aceptar un no por respuesta. Aunque esta última casi jugó en mi contra.

No fue un día que haya olvidado nunca, pero hacía mucho que había adquirido la costumbre de escribir sobre días en los que pasaban cosas que creía que podían ser importantes. Y, creedme, el día que fui a solicitar el ingreso en la Hopkins fue uno de esos. Aparte del hecho de que entregaba la solicitud en persona, y por tanto necesitaría algún tipo de resguardo como prueba de que la habían recibido, consideraba que tomarme la molestia de acudir hasta allí causaría buena impresión. Y, sí: tampoco es que confiara mucho en echar al correo libros o elepés y esperar a que llegaran a su destino. No había ninguna necesidad de regalar *El buitre*, *Small Talk* ni *Pieces of a Man* a la oficina de correos, al cartero, a la secretaria o a quien coño quiera que fuese.

Durante mi primer año en la Lincoln ya había oído hablar del programa de becas de posgrado de la Hopkins. Mi compañero de habitación en el segundo semestre fue Steve Wilson, y este tenía un amigo, un compañero de borracheras, que había sido su tutor en un curso de verano que la Lincoln organizaba a fin de preparar para la universidad a los estudiantes de secundaria. Ese tutor, un tipo de Baltimore, tras licenciarse por la Lincoln se había matriculado en el curso de escritura de la Hopkins. En el campus tenía fama de gran escritor con un catálogo de obras formidable. Yo estaba impresionado porque Steve estaba impresionado (y Steve no se dejaba impresionar fácilmente).

Durante aquel segundo semestre del primer año, Steve y yo fuimos una vez a la Hopkins para ver a «B. More» Franklin. Steve quiso ir porque prefería ir a cualquier sitio antes que a clase y porque yo había robado una botella de Jack Daniel's etiqueta negra en nuestra última visita a la tienda de vinos y licores Conowingo. En realidad había robado una botella de Bell's, una de Ballantine's y la de Jack Daniel's, pero eso había sido el viernes y cuando Steve y yo decidimos que deberíamos compartir la última botella con otro escritor ya era miércoles.

Steve ya me había hecho un retrato de B. More: me había explicado algunas de sus aventuras juntos y lo que su amigo pensaba de la Hopkins y la Lincoln y todo lo demás. Yo me sentía un poco intimidado y al mismo tiempo enormemente interesado por aquel tipo por quien Steve estaba dispuesto a conducir ochenta kilómetros y pico para compartir con él una botella que bien se habría podido beber a solas. También sentía curiosidad porque el hombre debía de ser bueno. Estaba haciendo un curso de posgrado en la Hopkins y Steve lo había respaldado. Pero al pensar en eso me dije: B. More podía ser bueno, pero la información de que yo disponía no lo demostraba. Quería leer algo suyo porque era posible que el hermano hubiera entrado en la Hopkins por el mismo motivo que yo había entrado en el Fieldston. Quizá la Hopkins necesitara a un tío negro o, más bien dicho, «al tipo de negro local que triunfa». Buen rollo en la comunidad. En mi caso, en el Fieldston yo había representado a un montón de minorías: fui el estudiante negro, el estudiante del gueto, y el estudiante del gueto negro sureño de familia monoparental todo en uno. Un becario polivalente, como un jugador de baloncesto que puede jugar en cualquier posición. No un crack en ninguna, pero ser un crack en cualquiera de esas cosas no habría sido bueno porque me habría hecho falta especializarme en alguna.

En realidad, en el Fieldston fui una verdadera mediocridad, cosa que ya nos iba bien a ambas partes. Visto desde la perspectiva actual, no es que yo les birlara 2.200 dólares al año durante tres años siendo un estudiante mediocre que solo quería que le dejaran escribir sus relatos en paz, sino que eran ellos los que me debían tres becas más por tres años por haber asumido yo la representación de tantas categorías.

Sea lo que fuere, B. More era según Steve todavía más memorable tanto por su agilidad como por su indiferencia hacia su propia vida. Una noche, durante el curso de verano, ambos fueron en la moto de Steve a la tienda de vinos y licores de Oxford, a cinco kilómetros. Llegaron justo antes de las nueve, la hora de cierre, y compraron una garrafa de cuatro litros de un vino tan malo que habrían tenido que pagarles a ellos por sacarla de la estantería. De vuelta, B. More iba sentado detrás de la moto con la garrafa. De pronto, mientras iban demasiado deprisa por una bajada, toparon con un bache y por un momento salieron volando. No solo se separaron del sillín y entre sí, sino que a B. More se le «cayó» el vino.

«Cayó» va entre comillas porque es cuestionable que algo que se cae vaya hacia arriba en vez de hacia abajo. Y que no llegue a tocar el suelo. Porque entonces, yendo a cincuenta kilómetros por hora y con vehículos de cara, B. More se soltó de Steve, atrapó la garrafa con una mano y, milagrosamente, recuperó el equilibrio en la parte posterior del sillín de la moto. Steve lo explicaba con el mismo entusiasmo que el locutor Russ Hodges gritando «¡Los Giants han ganado el campeonato! ¡Los Giants han ganado el campeonato!».

Al principio en aquel viaje del primer curso de carrera todo había ido bien. B. More había tomado en sus brazos el Jack Daniel's que yo le había ofrecido con cariño, acariciándolo y meciéndolo como si fuera un bebé, diciendo una y otra vez: «¿Sabes cuánto tiempo hacía?». Era un tipo verdaderamente curioso.

Steve estaba contento. Yo nunca he sido un gran bebedor. Un poco de vino si tenía que darme el tono y hacerme el finolis, pero nunca bourbon ni scotch. Los robaba tan solo porque en las tiendas de vinos y licores de Maryland me lo ponían a huevo. Y nos guardábamos el dinero que nos pagaban por conseguir botellas para otros alumnos. Esto es, a menos que necesitáramos más de lo que yo podía robar. Steve a menudo necesitaba más: era alcohólico.

Puede que B. More también fuera alcohólico. Si bien afirmaba que estaba pelado desde hacía un tiempo (y que por lo tanto no había bebido nada desde la última vez que había tenido algo de dinero). Pero la bebida, añadió, no era la causa de que estuviera pelado. Dijo que no bebía «tanto». Quizá no. Pero le gustaba hablar sobre lo mucho que no bebía. Y entonces él y Steve se enzarzaron en una animada discusión sobre cuánto significaba «tanto». Luego cambiaron de tema. Pasaron al vino. Hablaron sobre vinos jóvenes y vinos añejos. Luego sobre vinos tintos y vinos blancos. Luego sobre vinos italianos y vinos franceses. Hablaban de vinos que yo nunca había oído nombrar. Yo solo conocía el Scuppernong.

Fui al bareto, que estaba lleno de gente de la Hopkins cargada de libros y con expresiones serias. Dos estaban hablando sobre la universidad y decían que había mil alumnos y ocho mil estudiantes de posgrado.

Compré dos sándwiches de queso fundido, patatas fritas y dos Dr Peppers. Ellos solo querían vasos limpios y hielo, y eso ya lo tenían. Les dejé echando unas risas.

Al volver a la habitación de B. More, el tema de conversación había pasado a ser la escritura y la media botella de

Jack Daniel's etiqueta negra que ya se habían pimplado les había dado un buen toque. Estaban debatiendo los méritos de la seria erudición de Ron Wellburn en contraposición con la literatura erótica de Everett Hoagland. Demasiado profundo para mí.

Cuando terminé de comer, B. More le dijo a Steve apuntándome con la botella:

—Wellburn me ha escrito sobre este memo esquelético con peinado afro.

Steve se rio tontamente y enseñó su aparato de ortodoncia.

—¿Y qué te ha dicho?

—Que Spiderman es mejor escritor que él y que Hoagland. Y que también es mejor que tú.

Steve se quedó desconcertado. Levantó su vaso.

—Lo es —dijo—. Practica a todas horas.

—Nada de eso me importa —dijo B. More—. Pero también me ha dicho que Spiderman es mejor que yo.

Por alguna razón, me dio la impresión de que la conversación había doblado por una esquina que llevaba a un callejón sin salida.

—Dime una cosa —dijo todavía sin mirarme—. ¿Es mejor que yo? ¿Un puto estudiante de primero?

Steve inclinó su vaso y lo apuró.

—Sí —dijo cogiendo la botella de Jack Daniel's y sirviéndose un par de lingotazos más—. Es mejor que todos nosotros porque no bebe. Pero eso significa que aún no es un escritor de verdad. Cuando empiece a beber...

B. More se levantó, cogió la botella de whisky de la que ya solo quedaba más o menos un tercio y, asiéndola por el cuello, se fue a su habitación y cerró la puerta. No volví a verlo en tres años.

Conocía a otro exalumno de la Lincoln que estudiaba en la Hopkins cuando decidí presentar mi solicitud. Edward «Rocky» Collins me llevaba un año cuando llegué, de la promoción de 1970. También fue a la Hopkins un año antes que yo. Pero aunque tanto Brian Jackson como yo le conocíamos, ninguno de los dos sabía su dirección en Baltimore. De manera que fui directo al edificio donde se impartían los seminarios de escritura.

Llegué a la oficina del departamento a eso de la una de la tarde y me encontré con una recepción casi vacía, atendida tan solo por una mujer que saltaba a la vista que estaba ocupada.

Su silla estaba situada al principio de un pasillo que llevaba a una serie de puertas, frente a un escritorio y un manojo de conexiones telefónicas. Era sin duda la chica para todo que controlaba el pasillo y el acceso a los despachos de los profesores. Me detuve y le dediqué la más amable de mis sonrisas.

—Disculpe, señora —le dije sonriendo de oreja a oreja—, me llamo Gil Scott-Heron y vengo a presentar una solicitud para los seminarios de este otoño.

—Lo siento muchísimo —dijo desviando la fuerza bruta de mi sonrisa—, pero lamentablemente ya están ocupadas todas las plazas del grupo.

No sé qué me había esperado que diría después de «Lo siento muchísimo», excepto, quizá, «Se ha equivocado de departamento».

Era imposible que no quedaran plazas, imposible. Yo sabía que ella no había dicho que «no» había más, sino que estaban todas ocupadas. Y si hubiera dicho que no había, posiblemente yo no habría podido entender por qué.

¿No quedan plazas?

Esto no lo dije en voz alta. Y tan solo atenué un poquito el brillo de mi sonrisa. En aquel momento lo que pensaba era que el calendario que colgaba en la pared de mi habitación estaba completamente equivocado, y que por lo menos iba un mes atrasado con respecto al resto del mundo, porque estaba seguro de haber visto en un folleto que la admisión de solicitudes se cerraba el 1 de marzo. ¿Que no quedaban plazas? ¡Venga!

—Sé lo que está pensando —dijo la señora, y acto seguido me lo demostró—. Normalmente aceptamos solicitudes hasta el primero de marzo, pero este año hemos recibido tantas que ya no nos quedan plazas. Lo siento.

—Yo también —dije sentándome frente a ella.

Me miró compasivamente. Yo me quedé allí como si me hubiese sentado en una silla eléctrica. Era una situación que no me sentaba bien. Lo que quería hacer era gritarme a mí mismo: ¡Eh! ¡No hagas algo, quédate ahí sentado! Y eso es lo que hice. De hecho, existe una rama del saber llamada sentadología que me habría gustado aplicar a la situación en la que me hallaba, pero no pude. Por lo menos me habría servido para justificar lo que estaba haciendo, pero no fue así. Sabía que en breve iba a tener que decirle algo a aquella pequeñita señora. Deseaba tener algo científico que decirle, pero ya había descartado la sentadología.

—Señor...

Se veía que no quería echar con cajas destempladas a alguien que acababa de recibir una mala noticia.

—Señor...

—Sí, señora —dije bajito—. La he oído, señora. Solo que estaba pensando que es una pena haber venido hasta aquí y no poder ni siquiera hablar con el gran hombre. ¿Sabe usted si sería posible?

Eché una mirada furtiva hacia el pasillo.

—Oooh —dijo como alguien que le hubiera comprado tres de las mismas vocales a aquella rubia que salía en el programa *Wheel of Fortune*. Entonces vi que estábamos de acuerdo en algo. Casi me quedo noqueado por la manera como había dicho «No nos quedan plazas». Pero ahora estábamos de acuerdo en algo: el «Gran Hombre». Ahora sí que su expresión fue de compasión sincera.

—Ahora mismo está almorzando —dijo—, y...

Y, más que simplemente creíble, era muy probable que así fuera. Solo que justo en aquel momento él dobló una esquina y entró en la recepción. No había lugar a dudas. Avanzando a casi cero por hora, ahí estaba el poeta Elliott Coleman.

No había bromeado ni exagerado al calificar a Elliott Coleman de gran hombre, porque para la gente que sabía de poesía y lo conocía era un personaje ilustre, un gran poeta en cuanto a honores y galardones, y un tipo de lo más amable, tal como tuve ocasión de comprobar. Quiero mencionar aquí un problema relacionado con la estima, concretamente con la estima que me merecen artistas y personas. A veces parece que no tenga mucha inclinación a expresar mi estima o amistad o un especial afecto por personas que no sean negras. Y no: esto no es exactamente así. La persona, él o ella, no tiene por qué ser negra, bien puede ser blanca. De vez en cuando menciono a un Mark Twain o a un Harper Lee o a un Elliott Coleman o a un Robert De Niro o a quien coño sea, pero por lo visto si no son negros a veces parece que se da por supuesto que no me tienen que gustar o que no puedo apreciar su arte. Pues lo siento. ¡Olvidadlo! Perdonadme si me equivoco, pero ¿no forma esto parte de aquello contra lo que hemos estado luchando durante años: el hecho de que, independientemente de lo buenos que sean un negro o una negra, los blancos no los valoran? ¿No pasaba lo mismo a la inversa (un reverso negro) cuando nos jodía tantísimo el montón de blancos que hacían cola para ver a Miles Davis o a cualquier otro artista negro de los que no éramos seguidores y a los que al parecer no reivindicábamos hasta que se decía que un montón de blancos iban a sus conciertos? ¿Cuál es la respuesta? ¿O cuál era? ¿Sí? ¿No? ¿Quizá? Contestadme esto: si sufrís un accidente, Dios no lo quiera, y os tienen que hacer una transfusión y se os presentan con tres litros de sangre del grupo del que seáis, ¿de verdad os importa una mierda quién haya dado la sangre o cuál sea el color de su piel siempre que el color de la sangre sea el correcto? ¿De verdad os importa si ha sido un negro, una blanca o un enano violeta? El grupo O es el que necesitabais y el que os han dado. Elliott Coleman no era mi poeta preferido. Pero Elliott Coleman era un poeta emérito con una larga lista de galardones y honores que no le habían concedido porque no hubiera nadie más a quien dárselos. Si pensáis que todo esto no viene al caso, más vale que dejéis de lado vuestra pose racista estilo George Wallace; ¿o es que es esa vuestra verdadera actitud, hacer todas las muecas de las que asegurábamos que estábamos intentando deshacernos o alejarnos? Eso es pasarse de nostálgicos, colegas. Y si no sois de esos, ánimo: seguid así.

Cogí mi bolsita de cosas con mi vida en su interior y entré lentamente en el despacho del doctor Coleman mientras este se hundía en su sillón tras el escritorio. Resultaba evidente que me había oído llegar, de manera que mi presencia no le sorprendió. El hecho de que fuera yo, un desconocido, podría haberle sorprendido. Con mi metro noventa de estatura más siete centímetros más de peinado afro, podía haberle sorprendido.

Dio por supuesto que yo tenía que estar allí, de pie frente a él, ya que había superado el obstáculo del «nosotros» mayestático que se interponía entre él y los «no nosotros». Y el hecho de no saber quién era yo, de que no nos conociéramos, le correteó por toda la cara con la rapidez de un adverbio anfetamínico.

—¿Señor...?

—Gil Scott-Heron, señor —respondí tendiéndole la mano—. Encantado de veras de conocerle.

O era demasiado cortés o estaba demasiado cansado como para añadir otra palabra a la que ya había pronunciado, de manera que me interrogó con la mirada: ¿Qué quiere?

—Señor, la señora que está ahí fuera ya me ha dicho que han concedido todas las becas, pero le ruego que me conceda un minuto de su tiempo.

Acto seguido y sin decir nada más le puse delante mis dos libros y un elepé. Alargó la mano para coger primero los libros y pasó lentamente un dedo pálido y huesudo por la tapa plastificada del libro de encima. Se detuvo, se recostó en el sillón un momento y luego se sacó del bolsillo superior de la americana unas gafas de media luna y se las puso poco a poco. Lo hacía todo con lentitud, pero resultaba evidente que esa era su costumbre, y que no le producía irritación ni frustración. Parecía sufrir artrosis en los dedos y tenía un par de nudillos en la mano derecha permanentemente doblados. Cogió el libro de poemas, sin duda atraído por su formato inusual. Tomó un momento el álbum y luego se recostó y volvió a lanzarme una mirada interrogativa.

—Señor —dije con respeto en el tono de voz y en la mirada—, ya sé que todas las becas han volado. Las veintisiete. Pero me gustaría hacerle una propuesta: si alguno de los veintisiete a los que se las han concedido tiene ya tanta obra como yo, quizá entonces yo no merezca una, tal como creo merecer.

Me miró por encima de las gafas y alargó la mano para coger el teléfono, todavía sin observarme detenidamente ni decirme nada.

—Es la primera vez que nos llegan tantas solicitudes —dijo mientras marcaba un número—. El curso se ha hecho muy popular... ¿Hola? ¿Stevie? Soy Elliott. Tengo un pequeño problema con mi número de alumnos. Sí, necesito que entre uno más. Bueno, sí, estoy estudiando una situación extraordinaria que ya te explicaré luego. Sí. Sí. Gracias. Gracias, Stevie.

Y asintió con la cabeza. Como el tío Buddy.

22

Después del semestre de primavera de 1971 conseguí una plaza en Chester, Pennsylvania, hasta que empecé en la Hopkins el otoño siguiente. Allí terminé mi segunda novela, *The Nigger Factory* [La fábrica de negratas]. Fue toda una gozada discutir sobre ese título con la gente blanca de Nueva York. Era descojonante oír a aquella gente ultramoderna, que tan buena dicción tenía, hablar como si les hubieran metido canicas en la boca cuando no había manera de evitar mencionar el título.

Cuando aquel verano salió *Pieces of a Man*, las emisoras de FM volvieron a apoyar nuestra música. En la emisora número uno de Filadelfia, la WDAS-FM, curraba en las horas de máxima audiencia un tipo llamado Dan Henderson. La emisora había cambiado de formato a principios de 1971 y tanto la programación como el estilo eran una movida radiofónica completamente nueva. Dan ponía largas series de canciones ininterrumpidas y relacionadas entre sí que hacían que sus programas tuvieran unidad y se parecieran a la actuación de un grupo. Esto después se convirtió en la práctica habitual, pero en aquel momento era del todo nuevo para mí y le iba de perlas a mi tipo de música. Aquella emisora me dio un gran impulso.

La Universidad Howard empezó a emitir más o menos al mismo tiempo y adoptó el mismo tipo de formato para su emisora, pero sin anuncios. Fue estupendo: la WHUR-FM de la Howard se escuchaba en todas las casas de Washington y la WDAS, en todo el valle de Delaware.

Aquel verano de 1971 me llegó la noticia de que Dan Henderson quería hablar conmigo. Se acordó que yo iría a la emisora para que me hiciera una entrevista y tal. Me pasó a buscar un amigo de Dan que tenía una hierba que llamaba «La Incomparable». Y lo era. Me fumé un canuto y una vez me hube sentado en el sofá del vestíbulo de la emisora ya no pude levantarme. No es que estuviera dormido ni en estado de coma, es que estaba fumado.

I was petrified and ossified
I felt good, but lay out on the couch like a piece of wood
Engaged in several detailed conversations,
I could do anything except change my location.
Answered some questions
Heard some damn good suggestions

[Petrificado y osificado / me sentía bien, pero tirado en el sofá como un tablón / manteniendo diversas conversaciones detalladas, / Podía hacer cualquier cosa excepto cambiar de posición. / Respondí algunas preguntas / escuché algunas sugerencias cojonudas.]

Sencillamente, estuve unas dos horas sin poder moverme. Yo creo que fue por el aceite de aquella maría. Cuando la fumamos echamos unas risas y nos lo pasamos fenomenal, pero nunca debería haber probado «La Incomparable».

Dan me pasó algunos números de teléfono porque conocía a cierta gente que quería ponerse en contacto conmigo para hablar de bolos. En aquel primer encuentro ya pensé de inmediato que era un buen tipo. Poco después se convirtió en nuestro representante.

Bob Thiele, de la Flying Dutchman, estaba impaciente por sacar un disco más para continuar la racha, ya que *Pieces of a Man* también había sido un éxito. En *Free Will*, el siguiente álbum, metimos las canciones que nos quedaban y los poemas que no habían cabido en *Small Talk*. Sabíamos que íbamos a dejar la discográfica; mi contrato terminaba ahí. Había firmado un acuerdo para producir tres discos y no tenía pensado hacer nada más.

A aquellas alturas yo ya tenía una idea bastante clara de qué era lo que le interesaba a Bob y qué clase de persona era. A pesar de nuestra diferencia de edad y de que llevábamos estilos de vida diversos, había una cosa importante que teníamos en común y que hacía que me molara estar con él: a los dos nos encantaba la música. Bob era posiblemente el mayor fan del jazz del planeta; casi cada noche estaba metido en la movida, bien grabando una sesión en los estudios, bien en un club escuchando un concierto. Aun así, lo más admirable de Bob era la comodidad con que llevaba su fama. Quizá no parezca algo muy valioso, pero a decir verdad para mí fue una lección increíblemente importante, ya que me enseñó «cómo ser un personaje famoso sin dejar de ser tú mismo». Era un aspecto de la vida sobre el que yo sabía poco y que miraba con gran inquietud. Bob desdeñaba las cosas que la gente creía que él se merecía por su fama. De alguna manera sabía mantenerse en una esfera en la que podía continuar siendo él mismo: una persona tranquila, relajada, que se lo pasa bien y disfruta de la música. Sus buenas vibraciones plantaban cara a los malos rollos. Nunca vi que su ego le dominara ni que le hiciera apartar a codazos a su familia ni a sus amigos.

Después de que la versión de «Home Is Where the Hatred Is» que había hecho Esther Phillips entrara en las listas de éxitos, otros artistas versionaron canciones nuestras: Penny Goodwin versionó «Lady Day and John Coltrane», los Intruders «Save the Children», LaBelle «The Revolution Will Not Be Televised». Brian quería ser músico profesional. Pero yo seguía queriendo ser novelista. Hasta que no salieron nuestros temas ni tan siquiera me había importado definirme como esto o como lo otro. Una vez había trabajado lavando platos, pero nadie me preguntó si yo era un poeta-lavaplatos. Hasta que mis letras no fueron editadas como canciones, nadie me había preguntado nada al respecto. Era algo que me gustaba hacer y basta. Eso no había cambiado. Quería seguir escribiendo canciones, pero no me consideraba un músico.

Cuando en 1972 me saqué los másteres en la Hopkins, aún no había decidido adónde iría con aquella titulación. Sabía que quería dar clases, y a nivel universitario. No creía que pudiera tener éxito ni sentirme feliz dando clases a un nivel inferior: no tenía ni la paciencia ni los conocimientos sobre disciplina suficientes para trabajar en aulas llenas de alumnos de instituto. Y además me lo había pasado muy bien dando el curso de composición literaria para universitarios que organicé en la Hopkins.

Luego, una mañana me subí en Baltimore a un abarrotado tren de la Amtrak con destino a Nueva York para reunirme con Grace Shaw, la encantadora mujer con la que había revisado *El buitre* en World Publishing y *The Nigger Factory* en Dial Press. Apreciaba mucho a Grace como editora. Me había regañado por mi original manera de intentar resolver algunas cosas en la segunda novela y yo había vuelto a lo que al principio había proyectado que sería la conclusión.

Era un expreso de media mañana e iba demasiado lleno: habían vendido más billetes que plazas disponibles y no quedaban asientos. Encontré un hueco al lado de un hermano bien vestido, acicalado, cuya cara me sonaba. Tenía un perfil peculiar y, aunque me costó dos o tres segundos, caí en la cuenta de que lo conocía de la portada de un libro titulado *The Rise and Fall of a Proper Negro: An Autobiography* [El auge y la caída de un verdadero negro: una autobiografía] que se había publicado el año anterior. Me hallaba al lado de Leslie Lacy.

Había subido en Washington y se dirigía a Nueva York para ver a su editor. Leslie era profesor de la universidad Federal City College de Washington. Lo que me explicó durante el viaje se aproximaba a una situación ideal. La Federal

City College se había puesto en marcha en 1968 y aún no había alcanzado el nivel requerido para obtener el reconocimiento oficial. El departamento de inglés necesitaba sin duda profesores auxiliares, en particular profesores auxiliares con artículos y libros publicados. Leslie estaba seguro de que me aceptarían en el departamento de inglés de la FCC. Me avine a presentar una solicitud de empleo.

Una vez hube conseguido el puesto en la FCC, Brian y yo nos fuimos a vivir juntos en el norte de Virginia. Leslie y yo nos hicimos buenos amigos y compañeros de trabajo en «la caja de zapatos», el edificio con esta forma situado en la confluencia de la calle E con la Segunda Avenida, en el cuadrante noroeste de Washington. A lo largo de los tres años siguientes, Brian y yo nos quedamos a dormir con frecuencia en el apartamento de Leslie, en la calle 16. Al final Leslie se mudó al área de la bahía de San Francisco más o menos por las mismas fechas en las que yo pedí una excedencia a la FCC para dedicarme exclusivamente a la música, cosa que sucedió cuando Arista Records nos contrató a Brian y a mí.

Yo tenía cierto predicamento en determinados garitos de la movida musical de Washington, como por ejemplo el Blues Alley o el Cellar Door del barrio de Georgetown. Pero me sentía más a gusto y me dejaba caer con más frecuencia por la avenida de Georgia, donde estaban las oficinas de Charisma, la agencia que se encargaba de buscarnos los bolos. Enseguida Brian y yo nos hicimos amigos de Ed Murphy, uno de los grandes personajes de la vida nocturna de Washington, que tenía un selecto club entre la Universidad Howard y las oficinas de Charisma.

Ed Murphy era conocido entre los camellos con el afectuoso mote de «Tres Gramos y Medio» y su club tenía buen servicio y estaba limpio. El hecho de hallarse situado junto a un depósito de chatarra se veía compensado por la atracción irresistible que su propietario ejercía entre la gente noctámbula. Con el tiempo Ed empezó a programar espectáculos los fines de semana e hizo un montón de negocios con Charisma. Freddie Cole, Hugh Masekela, Roy Ayers, Terry Callier y Norman Connors tocaron en el club o, más tarde, en Harambee House, justo enfrente. El club de Ed era además uno de los pocos locales donde Donny Hathaway, genial pianista y cantante lleno de sentimiento, parecía encontrarse a sus anchas para transmitir el poder y la sensibilidad de su talento.

La gente que me conocía, bien por mis conciertos en Washington, bien como profesor en la FCC, eran habituales del garito de Ed. Normalmente podía contar con que vería ahí a alguien del departamento de inglés, y me mezclaba con la gente de la barra sin necesidad de grandes presentaciones.

Creo que mis mejores canciones las escribí cuando enseñaba escritura. Cuando creas letras tienes que contar historias en un número limitado de palabras, tan solo unos cuantos versos. Tienes que economizar. Y cuando la mayoría de la gente habla de escribir bien, habla de economizar.

Las canciones empezaron a tomar forma en Washington. La letra de la canción «The Bottle» me la inspiró un grupo de alcohólicos que se reunía cada mañana frente a una tienda de vinos y licores que había detrás de la casa donde vivíamos Brian y yo, en las afueras de Washington. Fui a conocer a esa gente. Me enteré de que ninguno de ellos se había imaginado acabar alcoholizado de mayor. Les habían ocurrido cosas por el camino que les habían encaminado en aquella dirección. Descubrí que uno de ellos había sido médico y que lo habían enchironado por practicar abortos a adolescentes. Había un controlador aéreo del ejército que un día hizo que dos reactores se estrellaran contra una montaña. Aquel día abandonó el trabajo y no regresó jamás. En la canción yo decía: *Mira, aquí hay un borracho y es alcohólico por esto o por lo otro*, en vez de enmascarar el problema. Habitualmente me servía de un individuo o de una circunstancia particular para ejemplificar algo más general.

Tanto el alcoholismo como la drogadicción eran enfermedades, pero en realidad la gente tan solo veía la condición y no la enfermedad, y es por esto que escribí la letra desde el punto de vista de la cruda realidad. Siempre me gustaba tratar desde un punto de vista muy personal y constructivo cualquier cosa sobre la que escribía.

Dan Henderson, que seguía siendo nuestro representante, y su mujer, Wilma, finalmente vinieron a vivir conmigo y con Brian, y en el otoño de 1973 nos metimos en los estudios D&B Sound de Silver Spring, Maryland, y empezamos a grabar el álbum *Winter in America*. Los estudios D&B eran pequeños, pero transmitían una agradable sensación de bienestar (y además el ingeniero de sonido era Jose Williams). La sala principal era tan pequeña que cuando Brian y yo hacíamos una canción juntos, uno de los dos tenía que salir al pasillo donde estaba el dispensador de agua fría. Canté «Song for Bobby Smith» y «A Very Precious Time» desde ahí, y Brian tocó la flauta de «The Bottle» y «Your Daddy Loves You» justo al lado de aquel dispensador. Un montón de gente quería saber quién tocaba la flauta en «The Bottle», ya que en los créditos del álbum *Winter in America* no se especificaba. Fue Brian. También tocó la flauta en «Back Home». Esos son todos sus arreglos. Cuando grabamos *Winter in America* Brian ya era un flautista muy bueno. También tocó un Fender Rhodes en ese álbum. Nos habíamos topado con ese instrumento cinco años antes en el disco de Miles Davis *Miles in the Sky*, pero cuando Brian y yo empezamos no nos alcanzaba para un Fender Rhodes. Habíamos tenido un Farfisa, un Wurlitzer, recogíamos lo que podíamos. Pero ahora él estaba enganchado al Fender Rhodes.

El resto de la gente que aparece en el álbum se presentó el último día. Bob Adams tocó la batería y Danny Bowens el bajo, y además le añadieron otra cosa. Bob me dijo que se había llevado una decepción al ver que el poema que yo había estado recitando como monólogo introductorio en las actuaciones, «The H_2Ogate Blues», no se incluía en el álbum.

Esa canción era mi manera de explicar de qué iba verdaderamente el Watergate a la gente que no estaba en el ajo de las intrigas políticas. El hecho de vivir en Washington me había proporcionado mucha perspicacia política. Pero el motivo por el que la había dejado fuera del disco, le dije, era porque nadie de fuera de Washington parecía saber de qué coño estaba hablando. Me respondió que aun en el caso de que la gente no entendiera de política, el poema no dejaba de ser divertidísimo. Así que nos animamos a grabarlo en una sola sesión, una «improvisación en directo» con acompañamiento de blues. Lo de la descripción de los colores, los tres mil tonos, me salió de sopetón, sin pensar, y el poema lo recité con unas cuantas fichas con notas para asegurarme de que no me equivocaba en las referencias y no me atascaba. Aun así, me atasqué. Cuando lo acabamos, lo regrabamos escuchándolo con un micro abierto y así nos convertimos en el público. Se oyen algunos comentarios geniales de fondo, sobre todo durante la intro. El poema funcionó: fue como la guinda que le faltaba al disco. Y no por el tema político, sino, tal como había dicho Bob, por las risas. El escándalo del Watergate no era de por sí divertido, ni lo fueron sus variadas consecuencias. Pero como alivio, como descarga de la tensión en *Winter in America*, fue una manera perfecta de cerrar el álbum.

23

Winter in America salió en 1974 y el single «The Bottle» fue un éxito. La imagen que la gente parecía formarse de mí a partir de mis canciones era algo así como la de un hijoputa con greñas y de mirada salvaje. Una vez más, pensé que la gente que escribía sobre mí y Brian tendría que haberse fijado en todo lo que hacíamos. Resultaba más que evidente que detrás de ello había toda una experiencia negra y que no solo tenía que ver con la protesta. Recorríamos todas las calles que atravesaban la comunidad negra, y no en todas ellas había protesta.

A mediados de los setenta, la gente de clase media que se había apuntado a la movida tan solo por correr la aventura del momento había vuelto a los quehaceres de la gente de clase media, fueran cuales fuesen. Aún había un montón de proyectos en la comunidad que podían ser efectivos, pero mucha gente que se había centrado en ellos mientras estaba en la universidad había desaparecido. Les había secuestrado la Exxon. Al cabo de un tiempo, sobrevivir se convirtió en el ideal. Un montón de gente había sido asesinada, traicionada o encarcelada por haber hablado de ayudar a la comunidad.

La mayoría de la gente que se me acercaba después de los conciertos no quería hablar sobre las canciones de tema político (a pesar de que esas eran las más explícitas). La gente quería decirme algo sobre «Your Daddy Loves You» porque les parecía que la había escrito pensando en ellos. Las canciones sobre las que querían hablarme eran más personales que políticas, más privadas que públicas, más una emoción que un problema.

Aun así, la gente debería haber tenido bien claro si estaba o no metida en una lucha: tan solo tenía que mirar su cartera. Alguien les había quitado su puto dinero. Cuando nos metíamos en temas relacionados con la política, un montón de veces me decían: «Tío, a mí solo me interesa la pasta». Y entonces tenía que hacerles ver el hecho de que estar interesado en el dinero era la mejor razón para meterse en política. El país estaba en guerra e intentabas encontrar tu mejor arma.

Siempre me he considerado un pianista de Tennessee: toco el piano y escribo canciones. El hecho de que haya ejercido cierta influencia política está muy bien, pero nunca me he considerado un político. Nunca me he afiliado a ningún partido porque, una vez lo has hecho, te salen enemigos en otro partido. Varios grupos discutían que si esto, que si lo otro y malgastaban energías que podrían haberse usado para intentar hacer algo por la comunidad. Por esto me he mantenido al margen de la mayoría de organizaciones. Quería estar disponible para todas. He tocado para Shirley Chisholm. He tocado para Ken Gibson. He tocado en la celebración del Día del Salvador de la Nación del Islam. He tocado para cualquiera que estuviera intentando hacer algo por la gente negra. Tan solo hace falta que cuentes conmigo y ahí me tendrás.*

---

* Shirley Chisholm (1924-2005) fue una política, pedagoga y escritora norteamericana que en 1968 se convirtió en la primera congresista negra. Fue asimismo la primera mujer que intentó alcanzar la nominación a la presidencia del Partido Demócrata. Kenneth Gibson (1932) es un político norteamericano del Partido Demócrata. En 1970 fue elegido alcalde de Newark, Nueva Jersey, convirtiéndose en el primer alcalde negro de una ciudad importante del nordeste de Estados Unidos. La Nación del Islam es una organización política y religiosa negra fundada en 1930 por Wallace D. Fard Muhammad con el fin de mejorar las condiciones espirituales, sociales y económicas de los negros norteamericanos. (N. del T.)

En febrero de 1975 tuvo lugar una actuación especial en el club de Ed Murphy. Durante medio año la WHUR, la emisora de la Universidad Howard, había estado informando de las últimas novedades sobre el caso de Joan Little, una negra que en agosto de 1974 había apuñalado a un celador de prisiones que había intentado violarla en una cárcel de Carolina del Norte.

Prácticamente toda la población negra de Washington sintonizaba la WHUR, cuya sección de informativos estaba atenta a lo que pasaba en la comunidad. El caso de Little era uno de los centros de atención nacional en los diarios y revistas negros.

Resulta que una noche estaba sentado en casa de un amigo junto con Chris Williams, que había cerrado su club, el Coral Reef, y estaba buscando un emplazamiento mejor para otro nuevo, y Petey Green, una de las verdaderas leyendas callejeras de Washington, que acababa de salir de la cárcel y nos lo estaba explicando como si lo hiciera en su propio programa de entrevistas. Entonces, en la radio dieron las últimas noticias sobre el caso de Little y Chris dijo que si aún tuviera el club montaría una fiesta y donaría lo que recaudara para contribuir a pagar los gastos de la defensa de la hermana. Petey estuvo de acuerdo. Se nos ocurrió la idea de hablarlo con Ed y yo dije que tocaría con mi grupo si Ed se comprometía.

Tal como era de esperar, la movida se organizó rápidamente. Ed estuvo de acuerdo en cedernos el local y nos pusimos en contacto con la WHUR para que difundiera la noticia. Pero en Washington hace un tiempo horrible entre finales de enero y comienzos de febrero. La noche antes del concierto benéfico una ventisca azotó la ciudad y, como a la mañana siguiente aún duraba, nos vimos obligados a aplazar la actuación hasta la noche siguiente. Tuve que reorganizar a toda prisa las cosas para varios miembros de la Midnight Band cuyos vuelos desde Nueva York y desde Boston habían sido cancelados.

A la noche siguiente la gente acudió caminando cuidadosamente de puntillas por los senderos abiertos a través de la nieve acumulada y desplazada a ambos lados de la Avenida de Georgia. El club no era enorme, pero algunas de mis salas favoritas para tocar eran locales pequeños e íntimos, como el de Ed o el Blues Alley en Washington, el Birdland West de Al Williams en Long Beach, el S.O.B's de la calle Varick de Nueva York o el First Avenue, el club de Minneapolis que más tarde Prince haría famoso. Dividimos el concierto en dos partes y al final de una exitosa velada estábamos charlando en grupitos de cinco o seis mientras Ed y los anfitriones hacían caja y descontaban los gastos de los camareros y del servicio de limpieza. Finalmente aparecieron y dijeron que se habían obtenido unas ganancias netas de 2.300 dólares para la defensa de la señora Little.

Entonces sucedió algo verdaderamente estupendo. Dos camellos, colegas callejeros que mantendré en el anonimato, si bien respondían a motes bastante descriptivos, se apartaron un momento de su corrillo. Ambos llevaban un billete de cien dólares en la mano.

—Redondéalo a dos mil quinientos —gruñó uno de ellos como si estuviera subiendo una apuesta en una timba de póquer.

Ed cogió los billetes que le ofrecían y llamó al barman para que les sirviera otra copa mientras ellos se volvían a cuchichear en su rincón.

En aquellos tiempos había un montón de cosas que un montón de gente diferente tenía en común. Russell Means, que era el jefe del Movimiento Indio Estadounidense, tenía mucho en común con Joan Little, que tenía mucho en común con Inez García, que tenía mucho en común con los Seis de San Quentin. Todos ellos eran símbolos de lo mucho que América tenía que cambiar y no había cambiado.*

* Russell Means (1939-2012), uno de los dirigentes del Movimiento Indio Estadounidense, estuvo encarcelado en múltiples ocasiones. Partici-

La realidad, desde luego, era que a la gente ni le faltaba capacidad, ni estaba indefensa, ni carecía de los medios para llevar a cabo el cambio. Lo que pasaba era simplemente que nadie iba a hacerlo todo por sí solo; y lo que intentábamos decir a nuestros hermanos y hermanas negros era: *Aunemos nuestras energías y talentos e intentemos hacer frente común en vez de que cada uno vaya por su lado con sus pocos recursos.*

Intentaba conseguir que la gente que me escuchaba se diera cuenta de que no estaban solos y que ciertas cosas eran posibles.

---

pó en numerosos actos de protesta, entre los que cabe destacar por su repercusión la ocupación de Wounded Knee, Dakota del Sur, en 1973. Inez García (1941-2003) fue una neoyorquina de origen hispano que en 1974 se convirtió en un símbolo del movimiento feminista al ser acusada de asesinar a un hombre que la había violado. Con el nombre de los «Seis de San Quentin» se conoce al grupo de seis reclusos de la prisión estatal de San Quentin, California, acusados de participar en un intento de fuga ocurrido el 21 de agosto de 1971 y que acabó con seis muertos. Su juicio costó más de dos millones de dólares y duró dieciséis meses, con lo que se convirtió en el más largo de la historia de California hasta aquel momento. (*N. del T.*)

24

Seguí dando clases hasta el fin de 1974. Pero Brian y yo habíamos empezado a trabajar en un nuevo álbum que diera continuidad a *Winter in America*. Y hacíamos un montón de actuaciones.

Dan Henderson invitó a Clive Davis a un concierto nuestro en el Beacon Theater de Nueva York. Habíamos oído que Clive estaba poniendo en marcha una nueva discográfica llamada Arista. Lo que no sabíamos era que Clive ya andaba detrás de nosotros para ficharnos (se ve que «The Bottle» le enrollaba cantidad). Yo nunca había visto a ese tío hasta que entró en el Beacon.

A Dan se le hacía la boca agua... y estaba hecho un manojo de nervios. Parecía un gato rabilargo en una habitación llena de mecedoras, y los chicos del grupo estaban todos comentándolo antes de que Clive llegara. Y si conocías a Dan, sabías lo raro que era que estuviera alterado o nervioso (y no molaba en absoluto).

Clive vino al Beacon y vio lo que hacíamos y cómo lo hacíamos. Físicamente no me impresionó. Pero estaba claro que emanaba poder, un brillo magnético. Era Aries, y quizá esto añadiera un lustre extra al aura del fuego que ardía en su interior.

En realidad no sé qué era; quizá solo me parecía que tenía ese algo porque su fama se extendía por todas partes y hacía que los curiosos (como yo) buscáramos de qué se trataba. Pero algo tenía cuando se relacionaba con la gente y con el mundo.

Su aspecto era diferente del de Bob Thiele, que vestía de manera informal sin llegar a parecer un hippie o un bohemio: americana pero sin corbata, pantalones de pana pero no vaqueros. Clive Davis, en cambio, siempre iba arreglado y planchado: trajes hechos a medida, telas caras, discreto pero obvio al mismo tiempo, e incluso fuera de horas vestía como en el trabajo. También a diferencia de Bob Thiele, a quien todo el mundo llamaba Bob, Clive era siempre el señor Davis.

Yo creo que Clive ya lo tenía decidido, porque las conversaciones después de la actuación avanzaron deprisa. El hecho de que fuéramos el primer grupo que fichaba por Arista tuvo mucha repercusión en la prensa musical porque estaban todos esperando a ver qué haría Clive cuando volviera al negocio. Pero no creo que tuviera tanta importancia. Estábamos disponibles y habíamos estado trabajando en canciones nuevas.

Pasar de la Flying Dutchman a Arista nos dio mayor visibilidad. Durante los meses siguientes fui a un par de conciertos con Clive. Muy al principio de nuestra relación me llevó a ver a Elton John en el Madison Square Garden. Me parece que con ello intentaba mostrarme lo que él se imaginaba que yo podía hacer sin tener que decírmelo.

La primera vez que fui a su despacho todavía estaba en el 1776 de Broadway y todavía había en la pared pósteres de Tony Orlando y de Al Wilson (rastros de su discográfica anterior). Tenía los pies sobre el escritorio y hablaba sin cesar sobre el futuro de su nuevo sello. La siguiente vez que lo visité ya estaba instalado en el 6 de la calle Oeste 57, una calle tan relacionada con el negocio musical como la Avenida Madison con la publicidad. Las nuevas oficinas de Clive ocupaban todo un edificio, por lo que pude ver, y estaban dotadas de todo el personal necesario, llenas del bullicio de una sala de redacción de una gran ciudad, iluminadas como si fuera de día por tubos fluorescentes dispuestos a lo largo de los pasillos que había entre los compartimentos. Clive seguía sintiéndose a gusto.

Yo era el líder de facto de la Midnight Band, pero eso quedaba más lejos de la calle Oeste 57 de lo que ninguno de ellos parecía entender. Los miembros del grupo creían que colocaba mis escritos en las editoriales gracias a mi persuasión; que había logrado el contrato de grabación y mi primer disco en la Flying Dutchman gracias a mi persuasión; que había ingresado en la John Hopkins y me había sacado el máster gracias a mi persuasión. Según ellos, todo lo que yo necesitaba era que alguien me prestara atención unos pocos minutos y lo persuadiría de lo que fuera. Si bien les agradecía su confianza, creía que la depositaban en quien no la merecía. Mi defecto más destacado era mi ingenuidad. En mi vida yo era apreciado por mi honestidad, pero empezaba a descubrir que la honestidad era algo que faltaba en el negocio de la música.

En la calle Oeste 57, que se suponía que había de ser el nuevo trampolín para mi carrera y para la Midnight Band, acabé dándome cuenta de cómo se consideraba a la mayoría de los artistas: prescindibles, fáciles de sustituir por otros. En las oficinas de Arista podía oír y notar que estaba entre gente que vivía la música; les gustaba la música y te dejaban entrever cómo eran sus hogares y sus vidas. En otros sitios, como por ejemplo el Departamento de Derechos de Autor, una oficina llena de abogados del mundo del espectáculo a los que Clive frecuentaba, el ambiente era completamente distinto, con el repiqueteo de las máquinas de escribir y el zumbido de las fotocopiadoras. Todos aquellos abogados, mánagers y contables estaban tan metidos en el negocio de la música como la aorta en el corazón, pero con un cinismo y un desdén que a veces me hacían pensar que no les importaban gran cosa ni los cantantes ni la música.

En la calle Oeste 57 sabían ver cuándo se acercaba el dinero. Igual que un criador sabe ver si un potro servirá para las carreras la primera vez que este se tiene sobre sus patas, flojas como pajas mojadas. Igual que los granjeros huelen la lluvia con dos días de antelación. Lo sentían como una abuela siente esa misma lluvia con la misma antelación en la médula de sus huesos. E incluso notaban su sabor, como cuando estás delante de una pastelería y se te hace la boca agua. Si formabas parte de una discográfica de la calle Oeste 57, estabas montado en el dólar, en el umbral de la cresta de la ola. O al menos reunías los requisitos. Aquello era el sanctasanctórum.

Yo no sentía que formara parte de una profesión, no de una que importara a aquella gente atareada con maletines golpeándoles las rodillas y los muslos mientras corrían de acá para allá. No solo porque era negro, aunque este hecho no estaba nunca lejos de mi conciencia; es que me sentía como un agente secreto que ha sido descubierto. Incluso anestesiado por buena hierba colombiana, me sentía tenso y fuera de lugar, y me sentía así porque verdaderamente lo estaba. Nueva York no me resultaba desconocido, menos aún aquella parte de Nueva York, el centro. Pero tenía una casa en Virginia, más o menos quinientos kilómetros al sur de la calle Oeste 57. Y en Virginia podía pensar. Podía sentarme por la tarde en el jardín con un vaso de té y un libro. En Virginia podía seguir escribiendo las canciones y los poemas que molaban a la gente y que a mí me hacían feliz.

Pero me gustara o no, empecé a tener que pasar más tiempo en la calle Oeste 57. Más que la certeza de que yo poseía suficiente experiencia en el negocio como para capitanear nuestro grupo, sus miembros consideraban que era el único que verdaderamente tenía tiempo para ello. Al fin y al cabo yo era el único que, en lo esencial, no tenía vida. Los colegas de Nueva York, Adenola, Bilal Sunni-Ali y «Cosmic» Charlie, tenían familia y otras vocaciones. Nunca habían pretendido dedicarse en exclusiva a alcanzar una buena posición en el negocio discográfico. A todos ellos les encantaba tocar, sí. Y renunciaban a todo lo que podían para ensayar con el grupo, ir de bolos y enseñarnos a los demás qué significaban los ritmos y cómo usarlos para que nos ayudaran a decir cosas. Victor Brown vivía y trabajaba en Boston. Brian, Doc, Danny y Bob Adams vivían y se ganaban la vida en Washington o en sus alrededores. Todos eran inteligentes, con títulos y experiencia profesional en otros campos en los que un título académico no te servía, pero ninguno de ellos tenía ni el interés, ni la experiencia, ni una imagen independiente, separada de su participación en el grupo, para ser reconocido como portavoz del mismo. Y menos aún para hablar en mi nombre.

Arista empezó a editar discos el 1 de enero de 1975 y sacó nuestro álbum *The First Minute of a New Day* el 15 de enero de 1975, convirtiéndolo en el primer minuto de un nuevo día también para Clive Davis.

Tuve que tomarme una excedencia del Federal City College que al final se volvió permanente. Lo que una vez había soñado (colaborar con la Midnight Band cuando mis obligaciones como profesor y escritor me lo permitieran) era imposible. Tuve mis dudas al dejar la universidad justo cuando se estaba uniendo con la D.C. Teachers y la Escuela de Tecnología de Washington para convertirse en la Universidad del Distrito de Columbia, pero es que el problema fue el éxito: *The First Minute of a New Day* entró en el hit parade y permaneció ahí muchas semanas y no pocos meses.

No mucho después de la publicación del álbum, mientras nuestros nuevos abogados del Departamento de Derechos de Autor negociaban un acuerdo para que compusiera la música de una película, me hallaba en Nueva York alojado en el Salisbury Hotel. Después de todo un día intentando contentar al genial coreógrafo George Faison con un ritmo para un número de danza que nos habían propuesto, regresé al hotel dando tumbos y entonces casi me da un ataque al corazón.

Ya había hecho girar la llave para entrar en la habitación cuando me di cuenta de varias cosas: (1) Alguien había estado en mi habitación, (2) alguien había estado fumando marihuana y (3) todavía estaban ahí. Me sentí como si estuviera protagonizando una versión resumida de «Ricitos de Oro y los tres ositos», una producción barata que solo se pudiera permitir un osito.

No estaba de mucho humor para intentar entender qué mierda pasaba, pero me figuré que si se trataba de Espíritus podría negociar con ellos visto que fumaban canutos. (Me pasó por la cabeza que había dejado debajo de la cama una hierba excelente dentro de una caja de zapatos. Pero me dio igual.)

These had to be damn bold thieves
To come in my room and just roll up their sleeves
And probably some of my Colombian weed
And not even have decency to leave.

[Tenían que ser unos ladrones muy lanzados / para entrar en mi habitación y ponerse manos a la obra / y luego liarse probablemente unos petas de mi hierba colombiana / y ni siquiera tener la consideración de largarse.]

Concluí que debía de tratarse de Manny Lopes o Norris Little, el jefe de Charisma, porque fueran quienes fueran habían tenido que oír cómo hacía girar la llave en la cerradura y entraba en la habitación, y no había habido respuesta. De manera que doblé la esquina para acceder a la sala principal de mi alojamiento y me topé con tres hermanos con rastas ocupados con una gran cantidad de hierba extendida sobre un papel de periódico en el suelo. Apenas se enteraron de mi presencia. Uno de ellos, el único que reconocí, era Bob Marley.

Los rastafaris fueron bastante cordiales. La verdad, dijeron, es que no sabían de quién era aquella habitación. Ni que fuera la habitación de alguien en particular. Ni les importaba particularmente. Habían estado en Central Park jugando a fútbol hasta que les había llegado el equipaje y luego les habían ofrecido la llave de aquella habitación hasta que las suyas estuvieran listas. Me dio la impresión de que me podía unir a ellos si me apetecía y de que me habrían agradecido que compartiera con ellos un poco de mi hierba. Pero nada más. En ningún momento me dio la impresión de que les importara lo más mínimo que aquella era mi habitación. Y probablemente no tenía por qué importarles un bledo. Al fin y al cabo, ¿no les habría acabado diciendo que estaban en su casa? ¿Y no se habían comportado ellos ya así? ¿Había alguna norma que dijera que primero me habrían tenido que preguntar? ¿Importaba qué orden debía seguir el cumplido ese de «como si estuvieras en tu casa»? Evidentemente, no.

Me di cuenta, no obstante, de que Bob tenía un corte bastante feo en un dedo del pie y se lo comenté:

—Parece que tendrías que hacerte mirar ese dedo, tío.

Me limité a decirlo así como una sugerencia cuando el primer ramalazo de «como si estuvieras en tu casa» se coló en mi actitud.

—El médico l'ha dao algo. —Uno de los hermanos pasó un petardo gordo como un salchichón—. Pero tie el tarro demasiao duro pa usar lo que l'ha dao.

Bob estaba desparramado en el suelo, apoyado en un codo. Rechazó las palabras de su colega con un gesto de la mano.

—Jah cura —me aseguró—. Jah pone cosas pa curar.

—Quizá Jah te ha puesto ese médico para curarte —sugerí—. Jah tiene que estar la mar de ocupado.

—Jah cura —fue el último comentario de Bob sobre el tema.

Y, sea por el motivo que sea, mi mente funciona como funciona, porque acto seguido me encontré mirando su balón de fútbol y pensando *Le pegan un hostión y sigue chutando el balón*. Y luego mi mente siguió adelante.

25

Menos de un año después de que Clive decidiera poner en marcha su sello, Arista ya era la quinta mayor compañía discográfica del mundo. Así que en septiembre de 1975 la Midnight Band dio dos conciertos en el Madison Square Garden dentro de los actos de celebración del exitoso primer año de funcionamiento del sello. Fue como si Clive hubiera decidido dejar que Nueva York celebrara su aniversario. Para abarcar todo el día programó una tanda de conciertos por la tarde y otra por la noche.

Yo solía minimizar la importancia de tocar en el Madison Square Garden y asegurar que no era nada del otro mundo. Pero sí que lo era. Me había visto obligado a afrontarlo mucho tiempo antes de entrar en ese pabellón como pianista líder de un grupo. La primera vez había estado ahí como jugador de baloncesto durante mi último año en el Fieldston. Lo que más recordaba de aquella temporada era que habríamos tenido que ser campeones de liga. Pero no lo fuimos.

Nunca estuve seguro de quién negoció que el partido entre el Fieldston y el Collegiate, uno de nuestros rivales en la liga, fuera el primero de una tanda de tres que empezaba hacia las cinco. Después del nuestro había dos encuentros consecutivos de la NBA: el Detroit contra alguien más y acto seguido los New York Knickerbockers contra no sé quién más. Yo llegué tarde.

Me parece que aquel partido lo perdimos. Sé que fue una de las veces que he jugado peor, con manos torpes que perdían o no atrapaban bien la pelota mientras iba arriba y abajo de la cancha sufriendo un frío casi glacial; intentando sortear los lugares donde la pelota botaba mal, una docena de puntos ocultos entre las tablas sueltas del entarimado como arañas en los rincones de una casa vieja. El frío parecía envolverme las piernas y los tobillos como una manta helada, cortesía del hielo que había debajo del entarimado y sobre el que patinaban los New York Rangers durante los partidos de hockey. Esa experiencia hizo aumentar mi respeto por los jugadores de baloncesto profesionales. Y por los jugadores de hockey, ya que supuse que la pista de hielo no estaría en mejores condiciones que la cancha de baloncesto.

El Madison Square Garden tampoco era gran cosa como sala de conciertos. Yo solía decir como parte de mi valoración del Garden que cuando tocabas ahí sonabas como el equipo de baloncesto de los Knicks. Este chiste pasaba por alto el hecho de que Nueva York tenía algunos de los mejores técnicos de sonido y promotores de conciertos del mundo. Y no solo eran los más competentes, sino los más rápidos, porque en un abrir y cerrar de ojos cambiaban el escenario entre actuaciones y conseguían un sonido claro en el auditorio. En un abrir y cerrar de ojos.

Por alguna razón que Clive Davis se guardó para sí, me pusieron entre los músicos de jazz y mi actuación en la fiesta de Arista fue incluida en la programación de tarde. A decir verdad, como Clive Davis había venido a vernos después de escuchar «The Bottle» y luego había mostrado interés en «Ain't No Such Thing as Superman», yo no sabía cuándo tocaríamos, pero suponía que lo haríamos en el momento en el que Clive esperaba que la gente que había bailado con «The Bottle» estuviera presente. Esa era la canción que nos habían pedido que interpretáramos pocos meses antes en un programa especial de televisión que también había sido una fiesta de artistas de Arista. Pero Brian y yo también habíamos tocado con Ron Carter y Hubert Laws en la Flying Dutchman y, a pesar de que en la programación radiofónica esto no salía tanto, haber tocado con ellos hacía que algunos sectores de la industria discográfica consideraran que hacíamos jazz. De manera que nos programaron para tocar al lado de Anthony Braxton, Oliver Lake y otros artistas innovadores de Arista. Nada que objetar.

No vi ningún problema en el hecho de que cuando salió *Small Talk at 125th and Lenox* se recordara mi formación literaria. Se puso de relieve que yo estudiaba en la Lincoln y había escrito una novela y un libro de poemas. Las notas de la contraportada de *Small Talk* se sacaron de una conversación que había tenido con Nat Hentoff, un tipo sensible y con probados conocimientos tanto literarios como musicales. Y mis primeras apariciones en los medios de comunicación las hice con el padre O'Connor, el «sacerdote del jazz», en la WRVR-FM y en un programa de radio presentado por el señor Ossie Davis y la señora Ruby Dee en el que participé en una conversación sobre el oficio de novelista con John A. Williams y John Oliver Killens.

El modesto éxito del álbum de poesía y el mayor interés que despertó entre el público el álbum de canciones, *Pieces of a Man*, indujeron a algunos críticos y en buena parte maledicentes periodistas me hicieran preguntas del tipo: «¿Quién eres?», «¿Qué te consideras?», o «¿Eres un músico de jazz, un poeta o un cantante...?».

Estaba preparado ya para que me preguntaran: «¿Vegetal o mineral?».

Cada respuesta que intentaba proporcionarles suscitaba más preguntas. El problema era que al terminar el álbum yo pensaba que sería cosa suya decir qué era aquel disco y, en caso necesario, qué era yo.

Cuando empecé a atender más a la prensa a raíz de mi fichaje por Arista, se hizo evidente que no había previsto en absoluto cómo manejaría ese tipo de preguntas. Empezaron a mostrar agresividad: «¿Quién te has creído que eres?».

Y no se contentaban con «Tan solo un pianista de Tennessee». Pero yo admiraba a Langston Hughes, un hombre que no se imponía límites. Y tampoco quería quedarme atascado dedicándome a una sola cosa. Algo que se me hizo evidente cuando me aficioné a la música de John Coltrane era que tenías que seguir buscando. Pienso que cuando dejas de buscar, te mueres. Es como aquello que Earl Weaver, el tantos años entrenador de los Baltimore Orioles, dijo una vez: «Lo que de verdad importa es lo que aprendes en cuanto ya lo sabes todo». Cuando piensas que has logrado algo, tiendes a relajarte. Es necesario que siempre sientas que hay algo más que debes hacer, algo más que debes atrapar.

La noche de la fiesta de Arista en el Madison Square Garden volvimos a tocar, esta vez dentro de la serie de actuaciones más pop. Podría decir que Clive pensaba que la Midnight Band era como New York, New York: tan agradable que tuvo que dejarnos tocar dos veces. Pero eso no sería del todo exacto. Después de la primera actuación junto con los músicos de jazz, el brazo derecho de Clive nos alcanzó delante del pabellón y nos dijo que el camión de Eric Carmen había volcado en la autopista de Nueva Jersey y que Clive quería que volviéramos a tocar.

Cuando más tarde aquella misma noche regresamos de nuevo, esta vez sin esquema de escenario ni prueba de sonido previos, el técnico de sonido se me llevó a un lado y me dijo «Eh, Gil, ¿el rollo del escenario será el mismo que antes?».

Asentí con la cabeza y se fue. Y cuando salimos a tocar después de uno de esos cambios de escenario en diez minutos, la iluminación era la correcta, el equipo estaba en su sitio y el sonido de sala y nuestros monitores fueron perfectos desde la primera nota. Un excelente trabajo marca Nueva York.

26

Nunca me ha gustado mucho conceder entrevistas. Supongo que algunas personas que me han entrevistado lo han percibido. El único motivo por el que uso el adverbio de cantidad «mucho» es porque algunas entrevistas me han resultado en verdad divertidas y las he disfrutado. Siempre me ha molado hablar con el hermano Imhotep, alias de Gary Byrd, da igual en qué emisora de radio o programa de la tele estuviera trabajando. ¿Por qué? Porque siempre ha sido en directo y sin amañar. ¿Qué quiero decir con esto de amañar? Hacerlo fácil: folios y cuadernos llenos de preguntas que siempre me hacen pensar que aquella persona en realidad no conoce mi música, no se pone mis discos, no lee mis libros y no me podría reconocer en una rueda de identificación sin haberme visto previamente en una foto que le han mostrado antes de mirar a través del vidrio espejado. Cuando las preguntas eran preparadas no me sentía cómodo. Si las preguntas salían de una lista y no se hacía nada de manera espontánea, más hubiera valido que el entrevistador me enviara por correo la lista de preguntas y que yo se las devolviera también por correo.

Cuando el entrevistador usaba una grabadora, yo sentía la necesidad de tener también una. Por el mero hecho de que después leía en las revistas un montón de detalles completamente erróneos. El tío o la tía que me hacía la entrevista no me daba malas vibraciones, pero con frecuencia muchas de las sutilezas que yo decía se perdían en el proceso de transcripción. A los transcriptores de mis entrevistas no les bastaba con tener la perspicacia de un águila. Necesitaban tener la perspicacia de una garza,* y también el sentido del humor de una garza, porque es ahí donde se creaban la mayor parte de las tergiversaciones y los malentendidos. Aparte de que tengo una voz de timbre bajo que traquetea sordamente como un vagón de metro con una rueda estropeada, mi forma de combinar el inglés con el inglés norteamericano, con vulgarismos, con jerga y con todo lo que sea, desorientaba a los transcriptores y supongo que acababan frustrados tan a menudo que al final se limitaban a conformarse con lo que les sonaba que podía haber dicho.

No es que despistara adrede a los transcriptores. ¡Joder! Es que no les hablaba a ellos. No les conocía. Ni siquiera sabía si me estaban escuchando. La única persona a quien hablaba, o a quien creía estar haciéndolo, era al entrevistador. Y si no me decía «¿Qué?» o «¿Qué has dicho?» yo tenía que creer que me había entendido. A pesar de estar metido en el mundillo de las grabaciones discográficas, yo tenía muy poca confianza en algunas de aquellas atractivas grabadoras puestas sobre la mesa. Y os diré algo más. Hay una palabra que se debe recordar, sobre todo por lo que respecta a los casetes: calibración. Me salió otro bolo en el Beacon Theater con Grover Washington, y mi bajista habitual no podía hacerlo. Pero este vivía en Washington con un amigo suyo que también tocaba el bajo. Ese amigo me dijo que se sabía mis canciones, que las había estado escuchando dos semanas y ensayándolas. De manera que le dije que vale, perfecto. Y entonces, se reúne con nosotros en Nueva York y cada canción es un puto desastre. ¡Cada canción! Lo tocaba todo una nota y media más alto. Por culpa de la calibración. Los casetes suenan en un tono más alto. De hecho, incluso gi-

---

* El apellido del autor, Heron, significa «garza» en inglés. (*N. del T.*)

ran más deprisa cuando están enchufados a la corriente que cuando van con pilas.

¿La verdad acerca de las entrevistas? A menos que sean en directo, es muy difícil fiarse de ellas. Además, cuando ibas a la radio a hablar con Imhotep tenías que contestar las preguntas de la gente que llamaba. Esto siempre era divertido. En serio. Al menos para mí. Y empecé a querer que mi discos también fueran en directo. Grabé algunas cosas buenas en los estudios, pero ahora me encantan discos como *It's Your World*, grabado en Boston el 4 de julio de 1976, o *Tales of the Amnesia Express*, grabado en directo en Europa.

También hice entrevistas en programas de tele extranjeros. La primera, en un programa francés. Fue como patinar por un campo minado con una venda en los ojos. Después de tocar nuestra canción, me puse un pinganillo y me senté a una mesa con otros invitados. El presentador me hizo una pregunta en francés. El intérprete me la dijo en inglés a través del pinganillo. Yo respondí la pregunta en inglés y una traducción francesa de mi respuesta fue comunicada al público del plató. Fue una experiencia extraña.

Los programas diferían mucho entre un país y otro. Las actuaciones que hice en Inglaterra fueron en programas de la BBC sin anuncios. Toqué frente a un público de plató en una sala que parecía un almacén o un hangar. En Alemania tocamos en directo para un programa llamado *Ohne Filter*, que significa «sin filtro». Todos los grupos que íbamos a aparecer en el programa montamos en escenarios separados de un enorme plató y las cámaras y el equipo iban desplazándose de grupo en grupo.

En Barcelona había un programa de televisión que era un descontrol. Combinaba entrevistas y actuaciones y se retransmitía en directo. Hicimos un ensayo general durante el día y yo estaba convencido de que no funcionaría. Todo aquello era como un simulacro de incendio llevado a cabo por disléxicos. Repasamos los tres temas que íbamos a tocar y vi pasar grúas de grabación balanceándose y a otros técnicos con cámaras portátiles que pasaban sin detenerse en ningún momento y desaparecían. Al acabar el ensayo, el director me dijo: «Gracias, Gil, ha sido estupendo».

Le respondí: «De nada, amigo»*. Y para mis adentros pensé «Esto es una locura».

Pero no estaban locos y yo aún no había visto nada. Eran profesionales que hacían el programa cada semana y sabían exactamente qué se traían entre manos. También sabían algo sobre aquel programa que yo ignoraba. Aquella noche presentaban otro grupo, una compañía de baile cuyo bailarín principal y portavoz era un transexual. La compañía salió a escena justo antes que nosotros y vimos su actuación desde un palco. Su número más interesante fue una coreografía en la que cada estrofa acababa en un doble bamboleo de caderas que hacía que los pechos del líder se le salieran del vestido. Cada vez. Y el público del plató rugía. Cada vez. Evidentemente, nosotros no pudimos hacer nada para superar aquello.

Había una agencia negra de Los Ángeles que complementaba las acciones publicitarias de Arista. Un buen colega llamado Bob Brock, a quien llegué a apreciar de verdad, aprovechaba cada oportunidad que yo le daba para ponerme en cualquier sitio en el que la gente negra viera mi foto y la relacionara con mis discos. Fue Brock quien en 1976 organizó una visita al nuevo edificio de la Johnson Publishing, en el centro de Chicago. Me prometió un montón de publicidad sin mayores complicaciones. Probablemente habría estado en lo cierto si mi compañera de visita no hubiera tenido un gran éxito titulado «Love to Love You, Baby», con una letra tan repetitiva para impactar en el público como no se había oído desde la canción góspel «Amen».

Una mujer nos llevó por los pasillos hasta las pequeñas secciones separadas por mamparas donde estrecharíamos la

---

* En castellano en el original. (*N. del T.*)

mano a empleados perplejos. Ella no estaba impresionada. Lucía obedientemente una falsa sonrisa que se estiraba en su cara tensa como el parche de un tambor. Cuando íbamos por el quinto o el sexto compartimento, ya había organizado su manera de presentarnos en una especie de mantra rítmico que podía recitar maquinalmente: «Donna-Summer-love-to-love-you-baby-Gil-Scott-Heron-Johannesburg». Yo no creía que eso le diera resultado. Tampoco estaba muy seguro de que me lo diera a mí.

Lo que saqué de todo aquello fue un torbellino de brazos morenos y delgados que daban blandos apretones de manos. A veces se entreveía una sonrisita en algún rostro, pero al mediodía todos los apretones de manos eran ya flojos y lacios y todas las sonrisas, mecánicas. De cuando en cuando, una o dos veces por planta, uno de los dos fotógrafos de turno se escurría como una anguila a través del corro de mirones embobados que formaban los empleados, apiñaba a la gente como flores en un ramo y pedía (o exigía) una «¡Sonrisa!», tras lo cual nos cegaba y desaparecía.

Todo esto finalmente se vería recompensado con una «foto del mes» en la revista *Jet,* un par de páginas después de alguna secretaria en traje de baño. También sirvió para otro artículo en otra de las publicaciones de la Johnson sobre el «Milagro de la Avenida de Michigan», es decir la sede de la Johnson, un edificio que debo admitir que era una bella y sólida obra arquitectónica que aportaba distinción al centro de la ciudad y proporcionaba numerosos empleos a los jóvenes negros aspirantes a periodista.

La visita al edificio se acabó a las doce y media y salí del ascensor en la planta donde se indicaba que estaba el bufé del restaurante y me adentré en una dimensión completamente diferente de la Johnson Publishing.

Sería demasiado simple decir que era «diferente de lo de arriba». El ambiente más tranquilo y más alegre y el murmullo de la conversación entre los clientes del autoservicio eran cosas que ya me esperaba. Lo que nunca habría podido prever fueron las dos encargadas. Atendían a la cola de clientes delimitada por pasamanos con buen humor campechano, y con una eficiencia que les habría resultado muy útil en la Chrysler o en la Boeing. Sabían quién era yo y eran conscientes de la experiencia por la que acababa de pasar, y me invitaron a su té frío «especial» para «relajar esas mandíbulas que han tenido que sonreír demasiado». Encontré una mesita individual entre el comedor principal y la cola de autoservicio y al momento me sentí mejor y más cómodo. Aquellas dos mujeres no tenían ni idea de que acababan de salvar a Bob Brock de una bronca tremenda.

Fue entonces cuando vi a uno de mis verdaderos héroes. El propietario y editor, el único en tiempos pasados, de revistas para negros: el señor John Johnson. En mi opinión, una verdadera celebridad de Chicago.

De niño, cuando visitaba a mi madre en la calle 68, entre Wabash y Michigan, el barrio se había ido convirtiendo en un imán que atraía a la gente próspera y a muchas celebridades y caras famosas; ahí conocí al pitcher de los Cubs «Sad» Sam Jones y al héroe olímpico Jesse Owens, cuyas hazañas en Berlín durante aquellas dos semanas de 1936 fueron tremendas: ganó cuatro medallas de oro en la Casa del Racismo delante de cien mil fanáticos de una religión del odio que le consideraban infrahumano. Llenos de odio. Eso sí que es presión. Y yo aplaudo cualquier referencia a su coraje y su entrega para alcanzar la excelencia olímpica.

Pero mi admiración por el señor John Johnson era especial y personal. Y no solo porque de vez en cuando leía unas líneas que habría podido parafrasear yo como «la cita de la semana». Lo que de verdad valoraba era que cuando el señor Johnson probablemente todavía trabajaba para recuperar los muebles de su madre (que empeñó para emprender la publicación de la revista *The Negro Digest*) había escrito sobre mi padre.

Mientras miraba a John Johnson tuve el familiar impulso de pedirle un autógrafo. La primera vez que estuve en la radio y en la televisión también lo había tenido. En el programa de radio de Ossie y Ruby que compartí con los escritores John Killens y John Williams había querido autógrafos. Y en el *Memory Lane* de Joe Franklin había estado sentado al lado de Elvin Jones y en vez de «Encantado» había tenido ganas de decirle «Fírmeme esto, señor». En el ínterin había conocido a Quincy Jones, Miles Davis, Roland Kirk, Chico Hamilton, Gato Barbieri... De verdad, tíos, habría podido hacerme con una gran colección. Pero había intentado superar esa afición.

El señor Johnson cruzó el restaurante de su propio negocio a grandes zancadas, lleno de energía, repartiendo al pasar holas y breves saludos con la mano. Me incluyó a mí en uno de esos saludos y al ponerme de pie volvió a mirarme y avanzamos el uno hacia el otro.

—¿Cómo estás, hijo? Eres Scott-Heron, ¿no?

—Sí, señor.

—He oído que has venido a echar un vistazo por aquí.

—Sí, señor, es todo impresionante. He venido a ver si me sacan en *Ebony*, en un artículo como el que usted escribió sobre mi padre.

Este comentario hizo que las cejas del editor se enarcaran visiblemente al mismo tiempo que me miraba con más atención.

—¿Tu padre...?

—Sí, señor —le interrumpí intentando hacer un chiste—. Se llama como yo y protagonizó un buen artículo que escribió usted en el 47 o el 48.

—Scott-Heron... —dijo intentando situar aquel apellido.

—No, señor, se llama Gil Heron, no Scott-Heron. Jugaba al fútbol en un equipo de aquí y usted escribió sobre él.

—Deberíamos ir y echar un vistazo —dijo mirando mi bandeja.

—Oh, ya he terminado. No puedo tomar ni un bocado más.

Fue un buen momento para marcharse. Advertí que había más gente que parecía querer abordarle y entendí por qué cruzaba el restaurante a un paso tan ligero. Al mismo paso nos dirigimos los dos hacia lo que el señor Johnson denominó «la morgue».

Tampoco había para tanto. «Morgue» era una palabra que se usaba en el argot del mundillo editorial para referirse al lugar donde guardabas el historial de las publicaciones. Debajo del sótano del edificio había otra planta ocupada por dos salas enormes. Una estaba atestada de archivadores llenos de microfilmes y la otra molaba aún más, con todos los ejemplares de la revista extendidos sobre rodillos en perfecto estado.

No le costó mucho dar con el interruptor de la luz y consultar un índice que nos condujo al pasillo correcto. Entonces vi una portada que reconocí demasiado tarde y no pude decir sino: «Ajá, es esta».

La estrategia que posiblemente usaran para minimizar mi curiosidad por Gil durante mi infancia, fuera la que fuera, dio resultado. Cuando formulaba cualquier pregunta sobre él me contestaban inmediatamente, con sinceridad y sin connotaciones negativas, pero eso era todo. No se añadía nada más. Por consiguiente, yo no sabía mucho más sobre él de lo que se decía en aquel viejo artículo de tres páginas publicado en *Ebony*. Por otra parte, tan solo había visto la media docena de fotos suyas del álbum familiar. No había pues ningún verdadero estímulo para mantener mi interés por él, un interés que no era mayor que la curiosidad que me despertaban los padres de mi abuelo o de mi abuela. Sencillamente, no era nadie importante.

Así que imaginaos mi sorpresa al llegar a un sitio donde sí que era importante. Acabábamos de iniciar una gira por Europa en la que visitaríamos siete países en tres semanas. Los bolos empezaban y acababan en Inglaterra, pero entre los primeros conciertos en el norte de Inglaterra y los cinco últimos días en el Jazz Café de Londres, teníamos tres días en Escocia y después actuaciones en Bélgica, Austria, Alemania Occidental, Suiza y París. En general tocamos en clubes nocturnos medianos o en auditorios no muy grandes.

Llegamos a Inglaterra un martes y nos vinieron a recoger y nos llevaron al hotel. Mientras el grupo y los técnicos se organizaban para probar sonido, revisé mis mensajes telefónicos y vi que debía una cuenta exorbitante. (En aquella época los hoteles de Estados Unidos te cobraban por frase; pero en Europa lo hacían por palabra. A veces hacía llamadas ahí y no abría la boca para nada. Otras veces no habría debido abrirla.)

Dos de los mensajes eran del tipo que organizaba las actuaciones de Glasgow, Edimburgo y Aberdeen, en Escocia. El hecho de que me hubiera llamado, dos veces, no presagiaba nada bueno. Le llamé.

—Necesito ayuda —me dijo—. La actuación de Edimburgo va bien, pero las otras dos flojean. Necesito que hagas algo de promoción en la radio y en la prensa. Necesito que mañana des dos entrevistas por teléfono para las ediciones del fin de semana, y ¿tienes algún inconveniente en salir en directo por la tele? He de darles una respuesta hoy mismo.

—Los de las entrevistas por teléfono me pueden llamar cuando quieran a partir del mediodía —dije—. En cuanto a la tele en directo no hay problema, pero si quieren una canción antes de que oscurezca la tocaré y puedes cantarla tú: mi voz tiene el horario de un vampiro y no sale en público durante el día.

—No, no hace falta que cantes, pero es un buen programa de cara a la promoción. Y es probable que tengamos que hacer un montón de cosas el viernes, ¿vale?

Reservé un asiento en un tren para Glasgow que salía de Manchester a primera hora de la mañana del viernes. El grupo podía esperar el microbús mientras yo me levantaba al alba y enfilaba hacia el norte con el ferrocarril.

Al llegar a Glasgow encontré al promotor sonriente y maqueado; llevaba una chaqueta deportiva que le sentaba muy bien y se le veía contento por una razón.

—Se han agotado las entradas para los tres conciertos. Todo el rollo con la prensa ya está hecho. Solo tienes que estar aquí para el programa *Glasgow at Five*. Y prepárate para hablar de fútbol.

No se refería a fútbol americano, sino a lo que se entiende por fútbol en el resto del mundo. Pero ¿por qué coño tenía yo que hablar de eso? ¿Qué diría? Haría como dice Cole Porter en aquella canción: «No me dice nada... el champán».

Me pasó un periódico. En una página que había señalado había un artículo a toda plana sobre mí, mi música y mis discos. Ilustrado con una fotografía de un hombre joven con uniforme de futbolista chutando un balón. «Flecha Negra», decía el pie de foto. Era una foto de mi padre.

La pregunta más intrigante de la tarde en la que participé en *Glasgow at Five* podría haber sido «¿Cómo es posible que el hijo de Flecha Negra no sepa qué es meterla por la escuadra?». Pero como el promotor me había dicho que me preparara para hablar de fútbol, me había preparado. Un poquito. Sabía que Pelé no se deletrea P-A-Y-L-A-Y. Así y todo, cuanto más detalladas fueran las preguntas sobre fútbol que me hicieran, tantas más posibilidades habría de que la audiencia televisiva llamara exigiendo una prueba de ADN. Surgirían serias dudas acerca de mi derecho a ser un Flecha.

Fue una pena que yo no fuera una gran estrella para poder decir a aquella gente qué preguntas tenían que hacerme. Una pena que aquella no fuera la televisión de los viejos tiempos, cuando en los programas concurso amañados se «preparaba» a los concursantes dándoles las preguntas de antemano. Yo habría estado dispuesto a hacer una pausa teatral mientras de fondo sonara alguna música «de pensar». Y entonces, justo en el momento en el que pareciera que me quedaba aturrullado, exclamaría mi gran «¡ajá!» de cien vatios antes de dar la respuesta correcta.

El promotor me había dicho que la combinación de las diferentes partes del programa sería algo así como un orgasmo escocés: habría charla futbolera, nostalgia futbolera y la prueba palpable de que nunca habían permitido que su racismo interfiriera con su pasión futbolera. Era como si hubieran estado diciendo a los demás europeos: «A veces vosotros lleváis ese rollo del racismo demasiado lejos, ¿sabéis?». Demasiado lejos sería dejar que se interfiriera en el fútbol, en particular cualquier cosa que dificultara o creara alguna controversia en torno a cómo los escoceses mantenían su interés en la rivalidad más intensa en deporte: el Celtic (el equipo católico de Glasgow) contra los Rangers (el equipo que apoyaban los protestantes de esa ciudad).

Escuché entre bastidores los deliciosos y divertidos recuerdos del que había sido capitán del Celtic durante el tiempo que mi padre había jugado en el equipo. Lo habían invitado al programa. No quiero daros la impresión de que estaba nervioso. Porque no lo estaba. Y para demostrar a todos los escoceses que no eran capaces de ponerme nervioso, de camino a los estudios de la tele había entrado en una tienda de deportes. No hace falta que estés preparado para entender la rivalidad entre el Celtic y los Rangers, pero quizá tengas que ser un poco raro para salir a escena con una bufanda del Celtic y una gorra de los Rangers. Hice como si no viera que el director y el cámara se desternillaban de risa.

227

27

Conocí a Lurma Rackley en un club de Georgetown, Washington, D.C., cuando un amigo común nos presentó. Bastó con los primeros quince minutos para que me dejara encantado, admirado, cautivado, fascinado. Era amable, preciosa, afectuosa, inteligente, tenía una sonrisa deliciosa y un agradable sentido del humor, y se concentraba totalmente en ti cuando te hablaba. Y pilló todos mis chistes malos.

Cuando nos conocimos yo todavía daba clases en el Federal City College y vivía en el norte de Virginia; ella era periodista y vivía en la Avenida de Georgia. Empezamos a vernos con regularidad. Mi carrera musical iba bastante bien y viajaba un montón con la Midnight Band, pero en 1976 todo el mundo nos reconocía ya como pareja.

Los dos creíamos que ella no podía tener hijos, a pesar de que yo sabía que le encantaban los niños y que había querido formar una familia. Pero debió de descubrir que estaba embarazada a finales de agosto o principios de septiembre de 1976 (cosa que no me dijo) y de pronto perdí el contacto con ella y no entendía por qué. Al principio estaba confuso, después disgustado y un poco cabreado. Si había alguien más podría habérmelo dicho. Decidí que fuera ella quien se pusiera en contacto conmigo.

Washington era una ciudad importante, pero en realidad no dejaba de ser un pueblecito con mucho chismorreo. Así que a mediados de 1977 me enteré de que Lurma había tenido un hijo. Al principio descarté la idea por absurda. En cuanto la hube admitido, concluí que, en efecto, debía de haber encontrado a alguien más. Y dejé de esperar una llamada, explicación o aplazamiento.

Conocí a Brenda Sykes en noviembre de 1977. Vino a vernos a una actuación en el Roxy con su antiguo compañero de clase en la UCLA Kareem Abdul-Jabbar. Kareem y yo nos pusimos a recordar sus viejos tiempos en las Casas Dyckman, donde un verano yo había trabajado de jardinero. También nos habíamos visto en algunas canchas de baloncesto, aquel verano en el que la gente me llamaba «Little Lou».

Mi juego en la posición de escolta había sido bastante aceptable, pero tras dos años jugando de pívot en el Fieldston, con un metro noventa, mi manejo de la pelota y mi tiro en suspensión habían empeorado. Kareem le había explicado a Brenda que éramos amigos y ella le había pedido que la llevara a una de nuestras actuaciones la próxima vez que tocáramos en Los Ángeles.

Estábamos haciendo una serie de bolos en el Roxy, y aquel jueves por la noche nos tocaban dos. Kareem trajo a Brenda detrás del escenario en el intermedio. Evidentemente, la reconocí.

Aparte de haberla visto en un par de películas, su foto aparecía con frecuencia en las revistas de negros. A decir verdad, estaba mejor en persona. Tenía unos ojos preciosos y una sonrisa encantadora, y me pareció sincera cuando me dijo que le había gustado la actuación.

Tuvieron que irse porque Kareem tenía entreno, pero yo insistí en invitar a Brenda a que volviera un día que pudiera ver las dos actuaciones. A finales de aquella semana regresó.

En diciembre de 1978 decidimos casarnos y cuando estábamos planeando la boda tuvimos que llamar a Kareem para hablar de la fecha y asegurarnos de que el día escogido estaría libre. Debía ser un día en el que no hubiera partido, se hallara en la ciudad y tuviera tiempo, ya que quería que fuese mi padrino de boda.

Poco después de casarnos, Brenda y yo decidimos tener descendencia, y Gia, nuestra hija, tenía un par de meses cuando Lurma se presentó en mi casa de Martha's Road, en Alexandria, con Rumal. Nunca había visto al niño, pero no me hizo falta la confirmación de ninguna prueba de ADN para saber que era hijo mío. Era exactamente igual que yo en las fotografías que me habían sacado a su edad en el porche delantero de Jackson.

Lurma tenía algo que decirme.

«He venido para pedirte que no digas a nadie que es hijo nuestro», me espetó, y la expresión de su cara era tan seria que no dudé en darle mi palabra.

Estaba tan pasmado de ver aquella versión enana de mí mismo correteando con piernecitas regordetas frente a mi casa que no recuerdo si se dijo algo más.

Y luego, girando a la izquierda y recorriendo el círculo que describía Martha's Road, se fueron. La visita no duró más de tres o cuatro minutos, pero yo me quedé plantado un buen rato frente a la casa considerando lo que acababa de ver, lo que ella me había dicho y lo que yo le había prometido.

Durante los años siguientes adopté una pauta, incluso después de haber dejado a Brenda y a Gia en Martha's Road y haberme mudado a mi propio estudio. Cuando alguien me abordaba y mencionaba el tema de un hijo mío en Virginia, me lo tomaba a risa como si fuera una broma, nada serio, nada real, nada a lo que diera nunca una respuesta legítima.

Nunca hablé de Rumal con nadie. Nunca le dije nada a Brenda. Mi madre seguía siendo alguien muy cercano a pesar de que vivía en Nueva York mientras yo iba de acá para allá entre Washington y Virginia y finalmente me trasladé al oeste, pero nunca llegué a tener una conversación con ella sobre su nieto.

Raramente transcurría mucho tiempo sin que me preguntara cómo le debía de ir a Lurma y qué tal debía de estar mi pequeño yo, pero pasarían muchos años antes de que lo averiguara.

28

Una cosa que Clive Davis me metió machaconamente en la cabeza ya desde nuestra primera reunión en Arista era que cualquier grupo que quisiera dejar atrás los clubes de poca monta y acceder a las grandes salas de conciertos debía tener un éxito para la radio AM, un single, un single en los top ten que hiciera que los directores musicales y los disc-jockeys de las radios pusieran tu vinilo en el plato cada dos horas más o menos. Una canción como «The Bottle» o «The Revolution Will Not Be Televised».

En 1978 lo conseguimos con «Angel Dust». Y gracias a esta canción nos incluyeron como segundo grupo al lado de Lakeside y Rose Royce en un festivalillo de R&B que se celebró en el Centroplex de Baton Rouge, Luisiana.

El Centroplex estaba situado cerca del campus de la Universidad Estatal de Luisiana. Esta institución docente, enorme y en expansión, tenía el tamaño de una ciudad pequeña y prácticamente garantizaba el éxito de taquilla a todos los conciertos importantes del Centroplex.

A eso de las cuatro de la tarde entramos sin prisa en el auditorio casi vacío y nos dirigimos a los camerinos. Todos excepto Keg Leg, a quien dejamos con los pipas de la casa, los tipos que se encargaban de subir el equipo al escenario de tres metros y medio de altura con un ascensor hidráulico.

Nunca había determinado oficialmente cómo debía escribirse el mote que le había puesto al jefe de mis montadores. Supongo que, más que Kegleg, era Keg Leg, en dos palabras. De todas formas, es posible que esto fuera irrelevante, ya que todo el mundo, incluso su madre y su mujer, lo habían abreviado en Keg. Se escribiera como se escribiera, él era mi hombre de confianza.

Uno de mis títulos no oficiales en la Midnight Band podría haber sido el de Apodador. Era algo que hacía por amor al arte y a veces me salía de manera automática, fundamentalmente para reír un poco. Este hábito lo había adquirido en la Lincoln, donde casi todo el mundo era conocido por su mote, hasta tal punto que cuando se necesitaba saber el verdadero nombre de alguien la mayoría de la gente era incapaz de recordarlo. En primero de carrera, cuando me presenté como candidato a delegado de clase y se anunciaron los nombres de los elegidos, varios alumnos de los últimos cursos al leer que Gil Heron era uno de ellos, se preguntaron qué habría sido de Spiderman. En mi planta de la residencia de estudiantes bauticé a un Halcón, un Tabú, un Bola de Sebo y un Pájaro, y también había puesto varios motes a miembros de la Midnight Band. Barnett Williams era el Doctor, Charlie Saunders era Cosmic Charlie y Brian Jackson era el Tirillas; estos motes, junto con el de Keg Leg, fueron los que tuvieron más éxito ya que trascendieron el ámbito del grupo.

He olvidado qué mantuvo ocupados mis pensamientos aquella tarde en el Centroplex durante más o menos la primera hora, pero sí que recuerdo que en esto alcé la vista y vi a Keg caminando hacia mí.

—Jefe —me susurró con su voz ronca característica—, ¿lo necesitamos mucho este bolo?

Fue tan directo y me pilló tan de sopetón que me quedé sin habla.

No soy una persona que se deje sorprender con facilidad. Reconozco que no soy ningún tío Buddy con su inclinación de cabeza y su educado «gracias» cuando te acaba de picar una abeja en el ojo, pero tampoco soy de esos que se quedan con una mueca congelada en la cara y un grito ahogado cuando pasa algo inesperado. Había visto a uno de nuestros percusionistas salir de un cuarto de baño en penumbra después de empezar a lavarse los dientes con una pomada para las hemorroides. Había visto la expresión de un ejecutivo de Washington tras confundir un sólido pedazo de coca colombiana con una pastilla para la garganta y habérsela tragado. De hecho, hablando de cocaína, había estado en la sala de una casa del sector sudeste de Washington cuando un colega con demasiada prisa había intentado pasar quince gramos de farlopa por un colador mojado.

Keg Leg, con su cuerpo como un barril firmemente asentado sobre unas piernas tan robustas que parecían troncos, continuamente me provocaba una sonrisa o un gesto de incredulidad. Era uno de los Aries más inequívocos que he conocido nunca, pero estoy segurísimo de que sus reacciones espontáneas ante las circunstancias no eran producto de las tendencias de su posición astrológica. Todo lo que decía y los movimientos que hacía me ponían automáticamente sobre aviso, pero no estaba preparado para oírle decir «¿Lo necesitamos mucho este bolo?»

—Bueno, esto... Necesitamos todos los bolos —conseguí decir suavemente—. Siempre que no pase algo que no podamos solucionar —añadí con cierta imprecisión.

—Gracias, jefe.

La respuesta que buscaba, fuera cual fuera, debía de estar oculta en lo que acababa de contestarle. Porque sin pronunciar ni una sílaba más se giró la gorra con la visera hacia atrás y se encaminó de nuevo hacia la puerta. Todos los demás le seguimos en desordenada fila.

Keg tenía muy claro hacia dónde se dirigía. Con pasos resueltos y tan deprisa como se lo permitían sus cortas piernas, salió de los camerinos y enfiló por el pasillo central directamente hacia el escenario. Plantado en medio del escenario, dando instrucciones a los cuatro montadores de Rose Royce, había uno de los hermanos más enormes que he visto nunca fuera de un ring de lucha libre. Debía de llegar a los dos metros y pesar mucho más de ciento cincuenta kilos.

Keg Leg fue directamente hacia él. Empezó con lo que para él era un grito.

—¡Oye tú, grandísimo...! —No pillé la última palabra—. ¡Primero te daré una buena patada al culo a ti, y los demás ya os podéis ir poniendo a la cola!

Si hubiera empezado a largarles ahí mismo el Discurso de Gettysburg, no habría causado más conmoción. Dando por terminada su declaración, Keg avanzó directo hacia el jefe de montadores gigante, puso su cabezota en medio del pecho de aquel tipo y empezó a empujarlo hacia atrás por el escenario.

—¡Eh, eh! —gritó el tipo enorme dando otro rápido paso hacia atrás—. ¿Pero qué coño...?

Keg se mantuvo inflexible.

—¡Te lo he dicho cuando los tipos del ascensor han empezado a guardar sus cosas! ¡Te lo he dicho cuando les has hecho volver a poner en el suelo todo mi equipo! Es para esto para lo que estaban aquí. Ya lo tenía todo sobre el escenario y tú les has hecho sacarlo. ¡Que te den por culo! Yo no pienso volver a subir aquí esa mierda. ¡Te voy a hostiar, hijoputa, y después a todos los que no estén de acuerdo!

—Un momento. ¡Espera!

Fue todo lo que el tipo enorme pudo hacer para apartarse a Keg y mirar a sus montadores.

—¡A.J.! —llamó a uno—. Quiero que volváis a poner su equipo aquí arriba. A nosotros nos ponéis ahí en el rincón y luego les ponéis a ellos sus cosas aquí.

Keg se volvió para mirar a los demás montadores. Sin entusiasmo, asentían con la cabeza y por el borde trasero del escenario miraban abajo, allí donde se amontonaban todos nuestros instrumentos de percusión y teclados y cables después de que el Tipo Enorme hubiera dicho a los del ascensor que los bajaran.

Cuando se alejó, Keg todavía echaba humo, pero el mosqueo ya se le estaba pasando. Fue como ver un bulldozer marrón en miniatura dejando escapar aire. El mosqueo le había hinchado el pecho y había conseguido que pareciera más grande y más fiero.

Al cabo de poco, mientras todos mirábamos cómo los montadores de Rose Royce subían nuestro equipo por las escaleras hasta el escenario, Keg ya volvía a ser el mismo de siempre, bromeando y haciendo conjeturas sobre qué les podía haber pasado a los Lakeside. Ese grupo de Dayton, Ohio, estaba programado para abrir el concierto, pero se estaban demorando demasiado y se rumoreaba que tendríamos que tocar nosotros primero.

—Se los han papeado las serpientes y los caimanes de los pantanos —nos dijo Keg—. Saben ver cuándo la gente es de ciudad y los otros no saben dónde coño van. Les han puesto señales de desvío y les han llevado justo hasta la mesa del comedor.

No recuerdo que nadie volviera a hablar del enfrentamiento de Keg con aquel hombre inmenso en el Centroplex. Joder, en Starkville, Mississippi, sacó el brazo por la ventanilla del autobús con un trozo de tubería en la mano y le arreó un hostión a un empleado de la gasolinera que se había emperrado en llenarnos el depósito con un cigarrillo en la boca. Keg era el típico Aries sobre el que se escribe en los libros de astrología, ese que al toparse con una dificultad enseguida se pone manos a la obra para solventarla. Los carneros raramente bajan de las montañas con el solo propósito de crear problemas. Pero allá arriba, entre los escarpados riscos, no hay nada en los alrededores, de manera que si subes a buscarlos te embestirán sin contemplaciones.

Me di cuenta de que Keg era de esos ya el primer día que lo conocí. Éramos un grupo de doce personas esperando frente a las oficinas de Charisma en la Avenida de Georgia, en el sector noroeste de Washington. Yo había comprado una furgoneta Suzuky Carry Van nueva para llevar el equipo, y mi road mánager, Tom Abney, había enviado a Keg Leg a recogerla. Era casi la hora de cierre de las tiendas y estábamos plantados en la calle esperando ver aparecer la furgoneta, con su techo corredizo y su reja de metal en la parte de atrás para disuadir a los ladrones.

No tardamos mucho en descubrirla avanzando hacia nosotros. Su conductor, todavía envuelto en sombras, pasó por nuestro lado y se situó para aparcar en línea. ¡Un momento, hermano! Antes de que pudiera dar marcha atrás para entrar en el hueco, un Mercedes-Benz casi nuevo se apartó del tráfico y se lo quitó entrando de frente. Todos vimos al conductor triunfante, un africano apresurado y trajeado con camisa blanca, corbata a rayas y americana. Entreabrió la puerta de su Mercedes y empezó a coger torpemente las llaves y un maletín que llevaba en el asiento del copiloto. De pronto la puerta del conductor, la que daba a la acera, se cerró otra vez bruscamente.

Fue entonces cuando vi por primera vez a mi nuevo montador, Dennis Little, el sobrino del jefe de Charisma, Norris Little, que me había pedido que lo contratara. El mote se me ocurrió de inmediato. Aquel hermano, de más o menos un metro setenta, a nada se parecía más que a un enorme tonel firmemente asentado sobre unos muslos capaces de tirar de un arado. Y ahora se había plantificado contra la puerta del conductor del Mercedes.

—Yo he llegado primero —dijo el conductor mientras bajaba el cristal de la ventanilla para protestar—. Este hueco es mío, tío. Es mío. He llegado primero.

—Vale, el hueco es tuyo —respondió Dennis con indiferencia—, pero no puedes salir del coche.

No sé qué me había esperado que respondiera el hermano, pero aquello seguro que no. Si hubiera estado repasando una lista de posibles frases, me habría costado elegir aquella aunque hubiera sido la única de la lista. Desde luego, era perfecta. Pero el africano tampoco la habría escogido. Subió el cristal de la ventanilla a toda prisa. Miró la imponente mole que le impedía la salida por la izquierda y luego nos observó a nosotros a través la ventanilla del copiloto. Todos estábamos inmóviles, mudos.

Volvió a bajar el cristal.

—He llegado primero.

Y entonces se dio cuenta de que aquella batalla estaba perdida. Encogiéndose de hombros con desaliento, puso de nuevo la llave en el contacto y empezó a dar marcha atrás. Sin decir nada más, Dennis se apartó y dejó salir al Mercedes. Acto seguido aparcó perfectamente la furgoneta, se apeó de un salto, cerró la puerta y me tiró las llaves al pasar por delante del grupo de la acera.

—Un buen carro, jefe. El techo corredizo mola cantidad.

Y a partir de aquel día siempre se ha llamado Keg Leg.

29

Volví a tocar en el Madison Square Garden en septiembre de 1979, cuatro años después de la fiesta de Arista. Entonces formaba un quinteto junto con Carl Cornwell, Ed Brady, Rob Gordon y Tony Green. Se había programado una semana de conciertos organizados por los «M.U.S.E.», esto es Músicos Unidos por una Energía Segura, un grupo formado por Jackson Browne, Bonnie Raitt, James Taylor, Jesse Colin Young y algunos más a raíz del accidente ocurrido en la central nuclear de Three Mile Island en marzo de aquel mismo año. No había tenido mucho tiempo de organizarme para aquella movida porque nos habían invitado con tan solo dos semanas de antelación.

Las actuaciones empezaban cada tarde a las siete y media porque había una barbaridad de artistas en cartel. A nosotros nos tocaba actuar en segundo lugar, detrás de Peter Tosh. Pues no. Cuando llegó el momento Peter se negó a subir al escenario y justo cuando estábamos aparcando la limusina vimos que alguien del grupo de músicos que montaba todo aquello estaba plantado a mitad de camino de la sinuosa rampa de debajo del estadio haciendo señas frenéticas a nuestro conductor. Si el primer grupo no quería o no podía tocar, todo el mundo se corría un puesto. El organizador nos preguntó si podíamos salir los primeros al escenario. ¡Joder, y a las cuatro de la tarde si te parece!

Poco después apareció un documental sobre los conciertos titulado *No Nukes* [Nucleares no] donde también salíamos nosotros interpretando una canción de nuestro repertorio. Si se nos ve un poco desaliñados (cosa que yo lograba bastante a menudo) esta vez es porque fuimos directos de la limusina al escenario. No hubo problema. Bueno, sí que hubo uno. La noche anterior, cuando Chaka Khan salió a tocar, el público joven de Nueva Jersey se puso a gritar el nombre de su ídolo: «¡Bruuuuuuce!». Empezaban a berrear cada vez que las luces de la sala se apagaban. Pero la señora Khan no estaba al tanto de ese grito tradicional. Pensó que la estaban abucheando y abandonó el escenario.

A mí me presentó Browne, y antes de que pudiera decirme que se trataba de otro Jackson en mi vida ya estaba oyendo los mismos gritos pidiendo que saliera Bruce que habían hecho que mi hermana de Chicago se ocultara tras el telón. La avalancha de berridos, procedente de la oscuridad de la tribuna superior, me cayó encima como una ola gigante cuando los cinco del grupo, y no Springsteen, emergimos de las sombras detrás de una gran cantidad de instrumentos y equipo. En aquel momento yo ignoraba lo que había pasado la noche anterior, pero entendí lo que decían y sabía quién estaba detrás del escenario. De manera que les di las buenas noches y les dije que Bruce saldría más tarde y que les agradecería que me dejaran hacer mi número puesto que ya estaba sobre el escenario y me acompañaba un grupo.

No hubo problema. O pensaron «Me la suda quién toque» o estaban demasiado borrachos como para ver que yo no era Bruce, porque se tranquilizaron y me dejaron cantar mis tres canciones. Empezamos con «South Carolina», aflojamos un poquito el ritmo con «We Almost Lost Detroit» y concluimos con «The Bottle». Supongo que me di cuenta de todo el equipo de filmación y grabación que había por todo el proscenio pero, francamente, no pensé demasiado en hacer una interpretación que me diera cabida en el disco o en el documental. Eso fue un regalo.

En aquel tiempo yo trabajaba en T.O.N.T.O. (acrónimo de *The Original New Timbral Orchestra*), los estudios de grabación que Malcolm Cecil tenía al lado de la playa en Santa Mónica, y cuando me llamaron de California para hablarme de las mezclas para el disco que estaban produciendo los M.U.S.E. les dije que acudieran a Malcolm. Estaba en Nueva York en casa de mi madre cuando recibí otra llamada, esta vez para decirme que Jackson Browne pillaba un vuelo nocturno en Los Ángeles y al aterrizar necesitaría que le firmara un documento. Di la dirección de mi madre (entonces vivía en la calle 106) y dije que ya nos veríamos allí.

La mañana de aquel sábado en Manhattan era gris y lluviosa. Mi madre estaba cerca de la ventana lavando los platos del desayuno y advirtió que una limusina avanzaba lentamente y se detenía frente a su edificio. Teniendo en cuenta el número de limusinas que solían verse en la Franklin Plaza, era bastante probable que se tratara de Jackson. Me acerqué también a la ventana y, efectivamente, un tipo alto, delgado, de cabello oscuro saltó del asiento trasero y corrió bajo la llovizna hasta la puerta de casa. Le abrimos.

Por su aspecto parecía que le hubiesen obligado a estar de pie todo el vuelo desde Los Ángeles, pero al aterrizar había cambiado a modo Nueva York: ya iba acelerado. Daba igual. Mi madre no le dejaría irse así como así.

Empiezas a sentirte en modo Nueva York durante la aproximación del piloto a la pista de aterrizaje, cuando el avión se estabiliza después del último y amplio viraje y, tras zambullirte a través de las nubes, te encuentras los rascacielos del otro lado del río a la altura de la vista. El subidón de adrenalina es inmediato y te sincroniza el cuerpo con la ciudad. Que me disculpen San Francisco y su bello horizonte urbano que ha hecho que la gente de ahí llame a su población «la ciudad», pero en el área de la bahía nunca he sentido tanta energía en los brazos y las piernas ni tal acelerón en el número de pulsaciones como cuando estoy en Nueva York.

Y la gente siempre se recuerda a sí misma que debe evitar dejarse «urbanizar» por la labia de los neoyorquinos que te dan cinco minutos de información en treinta segundos y te cobran una hora por quince minutos. Es tan un estilo de vida que ha degenerado en una vida sin estilo. Incluso la gente bienintencionada puede ser malinterpretada por los forasteros pasmados y perplejos ante un ritmo de vida que la gente del lugar resulta evidente que considera «el normal». A veces los forasteros llegan con la determinación de no permitir que Nueva York se interfiera en su visita, no permitir que nada les aparte de sus asuntos.

Jackson Browne entró en el apartamento de mi madre resuelto a irse enseguida, a llegar a donde quiera que fuese. Pero mi madre era tan firme como amable. Y de todos modos yo tenía que escuchar la cinta antes de dar mi visto bueno. Mientras buscaba el casete, ella lo llevó a la mesa.

—¡Pobrecito! Ven y siéntate. Solo será un minuto y tienes que comer algo.

A regañadientes, Jackson se sentó y se relajó, quizá por primera vez en horas.

Escuché la cinta. Era una versión abreviada de «Detroit» hábilmente acortada para ajustarse al requisito de los productores de que no pasara de los tres minutos y medio. A mí me habría parecido bien cualquier cosa, pues valoraba el reconocimiento que adquiriría al ser incluido en el álbum y en el documental. Escuchando la canción me acordé de cómo había ido todo aquella noche y de lo mucho que había disfrutado viendo que gente de la comunidad musical trabajaba codo con codo e intentaba hacer algo positivo.

30

Vi a Stevie Wonder con Barbara Walters en el informativo *20/20* una noche de agosto de 1980. Ver a Stevie en aquel programa hizo que me diera cuenta de que él era mucho más valiente de lo que yo volvería a ser nunca sin el equivalente televisivo de un acuerdo prenupcial (me habían traicionado demasiadas veces). Y bien, ahí estaba yo viendo el mano a mano de Stevie con la reina de los entrevistadores que pegan caña a la gente.

No tenía ninguna duda acerca de la capacidad de Stevie para representarse a sí mismo, pero los índices de audiencia en la televisión no se basan en hacerte quedar bien. Ni tan siquiera tienen que hacerte quedar como quien eres. Tienen que pensar en cómo quedarán ellos con la audiencia. Pero es difícil hacer quedar mal a Stevie. Era tan hábil en su vocabulario como versátil con sus teclados. Era un experto en decirte lo que pensaba sobre tus preguntas si estas eran inoportunas, sin perder en ningún momento su sonrisa característica. Asentí con la cabeza a la pantalla cuando tocó unos cuantos acordes de «Happy Birthday» en el piano, con una sonrisa.

La noticia era que Stevie saldría de gira aquel octubre con Bob Marley para promocionar su nuevo elepé, *Hotter than July*. También tenía previsto convocar una concentración en Washington, D.C., en enero de 1981, para llamar la atención sobre la necesidad de crear un día festivo nacional en honor al Doctor King. Cumpleaños feliz.

Miré a Barbara Walters, ya que Stevie no podía. Con sus gafas de media luna apoyadas en la punta de la nariz como un acróbata en un columpio, gafas de lectura que usaba para leer a Stevie al mismo tiempo que echaba vistazos a su cuaderno.

Sabía que el anuncio de la gira significaba que Stevie vendría a Washington y sabía que cuando llegaran yo ya tendría una entrada a buen recaudo.

Pero las cosas no salieron exactamente así. Es decir, asistí al concierto de Washington y no tuve que pagar. Y eso era algo que no habría podido predecir. No me enteré de que entraría por la puerta del escenario hasta noviembre.

Pocos días después de haber visto la entrevista de Stevie con Barbara Walters y de haberme convencido de que quería ir a su actuación, me telefoneó un viejo amigo de Nueva York llamado Clive Wasson. No sabía a qué se dedicaba Clive entonces, pero casi pude oír Los Ángeles en su voz.

Fue una conversación agradable. Teníamos varios conocidos en común y estuvimos unos minutos poniéndonos al día sobre cómo les iban las cosas antes de que Clive fuera al grano. Trabajaba para la gente que organizaba la gira de Stevie con Bob Marley. Y tenía un problema: Bob estaba de gira con los Commodores y en las próximas semanas iba a tocar en las mismas ciudades en las que tocaría Stevie a principios de noviembre. Así que ¿dónde estaría la Midnight Band a principios de noviembre?

Me había pasado casi cinco años enteros familiarizando al público con la Midnight Band, tanto sobre el escenario como con tres discos. Pero ahora que su nombre había alcanzado cierta fama, incluso entre los promotores de conciertos, la Midnight Band ya no existía. Habíamos hecho reformas y añadido voces femeninas a nuestras canciones en el álbum *Secrets* de 1978, y luego nos habíamos llevado a esas vocalistas de gira. Menos de un año después nos habíamos reducido a un quinteto que llamamos A Mere Façade, pero el representante en la costa oeste de nuestro sello discográfico vino a verme a Denver una noche y me dijo: «¿Quiénes son esos árabes con los que tocas? ¿Quién es Emir Fasad?». Después de revolcarme por el suelo de la risa vi que necesitaba un nuevo cambio de nombre ya que estaba claro que las posibilidades de distorsión fonética eran mayores de lo que había previsto. La gente continuaba llamando Midnight Band a quienquiera que me acompañase, pero la marcha de Brian en marzo de 1980 había borrado los últimos rastros de «Midnight» de mi música. En aquel momento me había vuelto a poner en contacto con Carl Cornwell, el genio que lo tocaba todo, a quien conocía desde los tiempos de la universidad, y juntos reordenamos la sección rítmica y le añadimos metales. El grupo que montamos tenía un sonido completamente nuevo y lo bauticé con el nombre de Amnesia Express. Había estado de gira con el nuevo grupo desde mediados de abril hasta principios de julio y luego habíamos grabado un disco que tenía que salir a fines de noviembre.

Todo lo que tenía en el calendario para aquel noviembre eran un bolo en Atlanta y una actuación en solitario en la Universidad de Kent State. Calculaba que haría algunos bolos antes de Navidad para que todos los chicos del grupo pudieran hacer de Santa Claus, pero lo que Clive me proponía no iba a interferir con ninguno de esos planes.

—Será un placer que me contratéis por dos semanas —le dije a Clive.

Le di el número de mi representante en Nueva York para discutir las fechas que Stevie tenía programadas para sus dos primeras semanas de gira. Aquel dinero nos llegaba como llovido del cielo. Por lo que parecía nuestros colegas pasarían un buen día de Acción de Gracias y luego nosotros nos curraríamos unas Felices Navidades.

Las cosas iban mejorando.

31

El negocio del espectáculo no deja de ser, en algunos aspectos como cualquier otro negocio. Naturalmente, la gente de este mundillo tiene una visibilidad que les pinta a su alrededor un aura de glamour. Su dedicación a la música, a las películas o a cualquier otra faceta del mundo del espectáculo hace que formen parte de la vida de la gente. Son tan conocidos en todos los rincones del planeta que parece que hayan vivido más de una vida. El hecho de que ciertos aspectos de las artes traspasen los límites temporales de una existencia humana normal, hace que formen parte de la vida de generaciones nacidas después de que ellos hayan hecho sus aportaciones.

Las proezas y la explotación en las artes hacen famosos por los siglos de los siglos a individuos con menos talento que un nabo. Los chismes que sus vidas inspiran les confieren reputaciones que sugieren continuas repeticiones. Hay héroes y hay nulidades. Hay gente con un talento sincero y auténtico, y otros que no saben hacer la o con un canuto. Tal como, supongo, en todas las demás profesiones.

Conoces a personas que desearías no haber conocido nunca y a otras que te causan tal impresión que te convences de que elegiste el oficio adecuado. Conoces a personas que te enorgullece llamar amigas tuyas y a otras tan deshonestas que estás seguro de que cuando mueran las atornillarán bajo tierra. La influencia que esas personas ejerzan en tu vida dependerá de cuándo las hayas conocido. Siempre he creído que necesitas conocer a gente buena, gente con talento y generosa, a fin de que más tarde puedas hacer frente a las amargas decepciones que destruyen las carreras de mucha gente con talento.

Por lo que respecta a gente estupenda, talentosa y generosa, yo empecé por la cima. Durante mi primera semana de promoción de *El buitre* y de mi libro de poemas, me invitaron a un programa de radio de Nueva York que presentaban el señor Ossie Davis y la señora Ruby Dee. Y, para ser sincero, no recuerdo ni una palabra de lo que dije si es que llegué a decir algo, ya que también estaban John Killens y John Williams, dos hermanos que eran grandes novelistas negros, y me parece que me limité a permanecer sentado en aquel estudio con la boca abierta.

Dudaba que Ossie y Ruby me recordaran de aquel día. Pero por lo visto se habían mantenido al tanto de mi vida; antes de nuestro primer bolo de la gira *Hotter than July*, que arrancó en Houston la última semana de octubre de 1980, me invitaron a un programa de televisión que presentaban entonces en la cadena PBS de Houston.

El programa de Ossie y Ruby era muy ameno y animado, y esto es algo que había que agradecer a la PBS. Antes de que hubiera televisión por cable y tropecientos mil canales, las estaciones de la PBS retransmitían principalmente en la banda de VHF y sus programas figuraban en una de las cuatro o cinco columnas de la guía televisiva diaria del periódico.

De este modo, aunque sus programas en las horas de máxima audiencia quedaban a veces sepultados bajo un alud de publicidad que las cadenas imponían, tenías más posibilidades de saber qué estaban dando. Uno de los programas que yo intentaba ver religiosamente era *Ossie and Ruby!* porque sabía que en ciertas partes de la emisión los presentadores harían una lectura o un sketch humorístico que demostraba su gran versatilidad y talento.

El día antes de grabar el programa me registré en el ho-

tel hacia el mediodía y llegué a los estudios con tiempo de
sobra para la mesa redonda de la producción donde me enteré de lo que íbamos a hacer. Estuve seguro de que al grupo le encantaría. Tocaríamos canciones que interpretába-
mos en la mayoría de los conciertos, como «Winter in
America» o «Storm Music» junto con unos cuantos temas
que nunca habíamos interpretado en un programa: sobre
todo «Jose Campos Torres» y la composición de Vernon James «Morning Thoughts». Pensé que el personal de producción había hecho un trabajo magnífico, ya que habían embutido veintiocho minutos de canciones y poemas nuestros
en un programa de treinta minutos. No puse ninguna objeción ni tuve nada que añadir. Me pasé toda la reunión asintiendo con la cabeza como uno de esos muñecos cabezones.

Lo que me dio más subidón fue que me sentí como si estuviera sentado con la realeza. Una sensación semejante a la
que tuve cuando conocí a Quincy Jones o a Sidney Poitier.
Sabía que habría partes del programa que la gente querría
ver, pero en aquel momento solo deseé que hubieran podido
verme sentado ahí, celebrando una reunión con Ossie Davis
y Ruby Dee como si aquel fuera mi sitio. Fue genial.

Todo el mundo aprecia a las estrellas de cine y a los ído-
los musicales, incluso la gente que comparte su profesión.
Todos somos fans que nos maravillamos de su maestría en
el oficio y nos sentimos fascinados por su fama. Cuando fui
a Houston ya había conocido a Clive Davis, a Miles Davis y
a Ossie Davis, y cada uno de ellos me había dejado sin sentido durante un minuto.

Cuando regresé al hotel me sentía capaz de comer media comida texana. Tenía entendido que una comida texana consistía en un novillo entero y que probablemente me
lo tendría que guisar yo mismo; y si bien no vi en la habitación ningún cartel que dijera «no se permite el uso de hor-
nillos ni encender hogueras», no se me ocurría nadie que
pudiera querer comerse la otra mitad del novillo, de manera que empecé a plantearme alternativas. Además, en los

hoteles de aquella clase siempre había alguien con la tarea encomendada de «vigilar al grupo de música» y sabía que ese alguien se chivaría cuando yo estuviera intentando llevar a rastras mi novillo hasta la cuarta planta. Así que llamé al servicio de habitaciones.

La señora que se puso al teléfono cuando llamé al número del servicio de habitaciones o había empezado a trabajar ahí tan solo minutos antes de mi llamada o había perfeccionado un método de «denegación telefónica» que ni aunque se hubiera grabado nuestra conversación se habría visto amenazado. Una vez hube colgado no tenía ni idea de si me traerían algo ni cuándo, y al mismo tiempo rebosaba de gratitud porque aquella mujer me había permitido darle las gracias. Le había estado leyendo platos concretos de la carta, pero para el caso lo mismo le habría podido leer las páginas amarillas hacia atrás y en latín. Lo único que recuerdo que decía con bastante frecuencia era: «Seguro qu'habláis tos asín de raro, ¿eh?».

Se ofreció a volver a leerme lo que le había pedido, pero le dije que ya estaba en la treintena y que no creía que me quedara tanta vida como para eso.

Había una posibilidad remota de que el grupo hubiese llegado mientras yo estaba en los estudios de televisión, pero lo dudaba mucho. Mi hermano Denis, que en aquel entonces era nuestro road mánager, viajaba en uno de los dos vehículos que se habían alquilado aquella mañana para llevar al grupo mientras yo tomaba un vuelo hacia el sur. Eran un Chevy de cuatro puertas y un coche familiar, ocho músicos y un road mánager saliendo de Jefferson City, Missouri, para un viaje de seis o siete horas con una comida de por medio y respetando el límite de velocidad.

El recepcionista me había dado una lista de las habitaciones y marqué el número de la de Denis, pero no obtuve respuesta. Puse un partido de béisbol en la tele de la habitación.

En esto llegó el servicio de habitaciones. Me resulta imposible afirmar o negar si aquello era lo que había pedido o lo que quería, pero a la hora en que me lo trajeron yo ya tenía hambre suficiente como para comerme el contenido de la bandeja que trajo el camarero. Recuerdo que le di un montón de dinero, posiblemente todo el que llevaba en el bolsillo, le di también las gracias por traerme lo que fuese que me había traído y vi que había un plato de los que venden en Wal-Mart y un cuchillo y un tenedor de plástico.

Al parecer, los habitantes de Texas tienen un ego tremendo, independientemente de la parte del estado en la que vivan y de cuál sea el papel que ahí representen. Su opinión parcial sobre su estado probablemente fuera apropiada cuando eran lo que todavía no les habían dicho que ya habían dejado de ser. Lo que más me divertía de los texanos era su certeza absoluta de lo contento que tenía que sentirse todo el mundo de estar ahí, donde te invitaban a un recorrido triunfal por todos los mitos y patrañas que todo texano se sabe al dedillo y te recita sin que se lo pidas, igual que los niños recitan el juramento de lealtad a la bandera.

Recuerdo a un hermano en un bar que me preguntó de dónde era y cuando le respondí que de Nueva York me dijo que Texas se había convertido en Nueva York porque era allí donde estaba lo más grande y mejor de todo: en Texas. Había estado en Nueva York antes de que Texas «se hisiera con ello». El «ello» con que Texas «se hisiera» fue la parte de la conversación que no pillé. Por suerte esta especie de conversación tuvo lugar después de un concierto, en la época en que aún bebía, y no me molestó que alguien me utilizara para hablar consigo mismo.

Puede que ese «ello» fuera el Astrodome, el estadio multiusos de Houston. Me pareció recordar que cuando lo inauguraron alguien lo denominó la octava maravilla del mundo. Probablemente un texano, concluí. Pero, joder, también puede que se tratara del petróleo, que ya casi se les había acabado, o del DFW, el aeropuerto de Dallas, donde cada compañía aérea tenía su propia terminal. O de la superficie de tierra, de la que tenía más que cualquier otro de los estados excepto Alaska, pero ¿quién coño habría querido ir por ahí gritando «¡Somos los segundos!»?

El colega que había lanzado aquel ataque comparativo seguía a piñón fijo y sin ninguna intención de ir al grano, de manera que yo había pedido otro trago y seguía con mi propio y meticuloso discurrir tratando de entender a qué se refería, pensando que cuando se me ocurriera lo sabría y no necesitaría que me lo confirmara más de lo que él parecía necesitar que yo lo escuchara. Y entonces caí en la cuenta: su pregunta tendría que haber sido «¿Cómo pronuncias H-O-U-S-T-O-N?» Este era el único conflicto Nueva York/ Houston que ha habido desde que los Astros de Houston y los Mets de Nueva York entraran juntos en la Liga Nacional de béisbol. Los Mets ganaron en el 69. Y, en vez de «Hiuston», los neoyorquinos todavía pronunciaban «House-ton». Tal como se escribe.

En la habitación del hotel, el partido de béisbol de la tele se había terminado. No le había prestado atención suficiente como para saber quién había ganado, ni siquiera qué equipos habían jugado. Recordaba vagamente haber sacado fuera de la habitación la bandeja con los platos como si alguien pudiera querer que se los devolviera. Debería haberlos dejado en medio del pasillo, con un cartel que dijera: «¡Atención! ¡Residuos tóxicos!». Podía imaginarme a un hermano embutido en un traje espacial de gomaespuma y tocado con un sombrero texano bajando a cámara lenta aquella mierda por las escaleras de servicio, sosteniéndola lejos de sí con unas pinzas de tamaño texano.

Llamé de nuevo a la habitación de mi hermano. No hubo respuesta.

Normalmente sabía conjeturar qué habría pasado, pero entonces no se me ocurría nada. Cierto que no les había visto salir de Jefferson City, pero sí les había visto a todos aquella mañana, cosa que significaba que nadie se había enamorado y estuviera ilocalizable. Nadie de nuestra banda era de

Texas ni de Missouri, de manera que nadie había podido tener un ataque de morriña motivado por la cercanía a su hogar. De hecho, todos tenían bastantes ganas de llegar a Houston por el programa de la tele y por todo lo bueno que yo les había explicado del señor Davis y la señora Dee sin haber tenido que inventarme nada. Joder, incluso en el caso de que hubieran desertado en masa me habrían llamado para poder reírse desde el otro lado de la línea. Y mi hermano habría necesitado entonces una cara nueva y otra identidad proporcionada por el Programa de Protección de Testigos. Y la banda me conocía. Joder, de todos modos iba a ir a aquel puto programa de la tele. Tan solo tendría que decir a los productores que me habían «a-banda-nado».

Ahora en la tele echaban una del Oeste. No me lo podía creer. Era algo así como ver a un grupo de chinos saliendo de un restaurante chino en Harlem con las bolsitas de las sobras y subiendo de nuevo al autobús turístico. ¿Qué más me podía esperar? Un western en Houston, sin duda.

Hasta es posible que fuera bueno. No lo vi el rato suficiente ni para quejarme. Supongo que las imágenes fueron pasando hasta acabar, como en el partido de béisbol que no podía recordar. La película no podía recordarla por una razón completamente diferente. Durante el partido no había pensado en nada. Durante la película, al parecer, no había podido sintonizar la nada en la que había estado pensando durante el partido.

Porque estaba atascado en un bucle que se reproducía una y otra vez, y otra, y una más, como el bucle que hizo Malcolm con los coros en los tres últimos minutos de la canción «B Movie». Algo nuevo se le iba añadiendo pero volvía invariablemente al principio. No acababa nunca.

Los miembros del grupo se reúnen cerca del mostrador de embarque. Mi hermano hace de road mánager, repartiendo los pasajes que nos llevarán a Missouri. Los de siempre se dicen las chorradas de siempre sobre lo de siempre: sus mujeres o chicas, sus esposas y novias, sus nenas y sus penas, y las señoras a las que añoran. Luego hay todo lo anterior aplicado a ti. Y Brady y Gordon. Sheffield y Larry Mac. Vernon James esboza una breve sonrisa y calla. Bolsas y maletas pasan deslizándose hacia una señora que hace la mitad de bulto que algunos de los bultos. Alguien se desliza para ayudarla. Probablemente «Astro», para flirtear.

Y la parte más acerba del bucle, el aditamento que me invade y que me arrolla, la parte que se toma su tiempo y luego me roba el mío y se va acercando a medida que las imágenes se acercan, transformándose en algo afilado, como esquirlas de cristal, lacerante, como una escena que no puedo hacer que acabe, que no acaba ni siquiera cuando cierro los ojos.

Es Kenny Powell, el joven batería con su semisonrisa forzada. Pulcro, aseado, sin prisa. Y una pareja. Adultos. Con él. Sin duda son sus viejos. Sus padres. Cordiales. Relajados. Con ganas de saludar a los de siempre, los chicos que conocen, los que les conocen a ellos: Brady y Gordon. Astro. Luego se vuelven hacia mí. Me conocen. Entreoigo la suave voz de Kenny por encima del griterío.

—Gil, estos son mis padres.

Y les oigo cada vez con más claridad.

—¿Qué tal? Nos hemos acercado para despedir a Ken y para pedirte por favor que cuides de nuestro hijo...

Y se repitió de nuevo. Y vi... que la película había terminado. El western había terminado. En mi mente empezó a reproducirse de nuevo la escena del aeropuerto. Y abrí los ojos para mirar por la habitación del hotel, donde... estaba sonando el teléfono.

Era mi hermano. Y los detalles de su explicación no me pasaron por alto, pero para mí fueron tan solo palabras. Habían tenido un reventón. Conducía Kenny. Habían cruzado haciendo trompos la mediana y los carriles de sentido contrario entre el flujo de vehículos que les venían de cara. Se detuvieron, se pararon más allá del arcén del lado opuesto, tras colarse por una brecha abierta en el guardarraíl que llegaba a la altura del muslo, en un punto a tan solo unos palmos de una pendiente abrupta que daba a un barranco. Se habían apeado del coche, intacto pero inmóvil, apoyado como un borracho en la rueda cuyo neumático se había desgarrado. Se quedaron ahí sentados hasta que llegó Sheffield. Se subieron a su coche, apretujados como sardinas en lata y contentos de apretujarse. Y vinieron a Houston.

32

En Houston había tocado en un local llamado Rockefeller's donde los encargados se movían con armas colgadas del cinturón: del calibre cuarenta y cinco y metidas en pistoleras. Como el sheriff Matt Dillon en la serie *Gunsmoke*. A primera vista pensé que eso de que la gente que me había contratado se encargara de su propia seguridad armada era un tanto teatrero, un rollo Texas y Lejano Oeste un poquito exagerado, en mi opinión. Pero al enterarme de un robo después de un concierto en el Beacon Theater de Broadway, en el que habían disparado a un productor para hacerse con la recaudación, tuve motivos para reconsiderarlo y decirme a mí mismo «Joder, quizá yo también debería llevar pistola aquí». En todo caso, no sabía qué podía llegar a hacer aquella gente.

El 31 de octubre de 1980, en el inicio de la gira *Hotter than July* en Houston, yo ya estaba cansado, sudoroso y exhausto tras cinco minutos de penosa subida por una cuesta durante la cual descubrí por qué aquel recinto que ocupaba toda una manzana se llamaba «Summit» [Cima]. Un lugar que se llame la Cima tiene que estar en lo alto de una puta colina, ¿no?

Acababa de encontrar uno de los accesos al escenario de aquel pabellón en el que nunca había tocado. Los locales de Texas en los que si lo había hecho en visitas anteriores, habrían cabido todos juntos unas diez veces dentro de aquel caótico invernadero, y todavía habría quedado espacio para que los Rockets jugaran sus partidos sin estorbos.

Finalmente, y sin dejar de mantener conmigo mismo una conversación llena de maldiciones sobre los treinta y ocho grados de temperatura que hacía en aquel puto desierto en noviembre, empujé la puerta donde ponía ENTRADA DE ARTISTAS y me encontré con la mirada desconfiada de un guarda pertrechado con revólver, tras lo cual oí un timbre y se me indicó con señas que siguiera adelante. Más adentro, una puerta de cristal con un letrero de cartulina sujeto con celo que decía A LOS CAMERINOS me proporcionó más indicaciones. Lo había logrado. Estaba dentro del Summit.

Pero los camerinos no eran lo que me interesaba entonces. En una bifurcación mal iluminada, otro mensaje escrito a mano rezaba AL ESCENARIO PRINCIPAL, así que avancé inciertamente por aquel laberinto de pasillos de luz mortecina. Me movía poco a poco y con cautela, siguiendo los carteles que indicaban que me dirigía a la zona del escenario. Y de pronto, cuando ya estaba pensando que mejor habría sido llamar a la Asociación Americana de Automóviles para que me sugirieran una ruta, salí a las luces de la enorme pista del estadio, donde había el mismo trajín que en una ciudad pequeña.

Hombres y mujeres en ropa de trabajo descargaban sillas plegables de metal de remolques que quizá en el pasado habían trasportado automóviles de punta a punta del país. Los trabajadores se habían habituado a abrir las sillas de golpe y dejarlas en una posición en la que solo los traseros con gran flexibilidad podrían sobrevivir tres o cuatro horas.

Llevaba puestas mis lentillas graduadas para verlo todo de color de rosa y observé con atención todas las filas de asientos plegables forrados con tela y atornillados al suelo que iban ascendiendo grada a grada hasta fusionarse en un diseño turbador. Dejé un minuto en el suelo mi maletín personal.

Aquello era algo impresionante. El caos coreografiado a

escala faraónica. Pero de pronto alguien me llamó por mi nombre. Bueno, no exactamente por mi nombre, sino por el que alguien me daba, el nombre que ese alguien siempre usaba, mi signo del zodíaco. De manera que supe quién era. Alguien que no era imposible que me hubiera visto llegar. ¿Cómo podía ser?

La voz que me llamaba volvió a sonar retumbando en la cavernosa sala: «¡Air-rees!»

Escruté lo alto de la gradería en busca de Stevie Wonder.

Y ahí estaba, en un asiento cerca de la última fila de aquel auditorio cóncavo. Se inclinaba hacia adelante en mi dirección desde la cabina de sonido. Solo. Inconfundible. Un círculo como de gamuza suave le rodeaba su peinado de trenzas africanas. Grandes gafas de sol le ocultaban casi toda la mitad superior de la cara y una enorme sonrisa de bromista le decoraba la mitad inferior. Tenía un micro inalámbrico en la mano y, sonriendo de nuevo, dijo: «¡Ven aquí arriba, Air-rees!».

Me encaminé hacia las escaleras sin dejar de mirar atentamente. Entonces vi que había un tipo con pinta de ingeniero de sonido en la cabina, pero estaba de espaldas a Stevie y de todas formas no creí que yo lo conociera. Ni que él me hubiese reconocido.

No había sido él. Pero como yo todavía no me lo explicaba y Stevie se lo estaba pasando estupendamente tomándome el pelo...

—¿Qué tal, tío? —dije mientras subía los peldaños—. Si me has visto salir de ese taxi que me ha traído del aeropuerto, ya habrías podido ayudarme a pagarlo.

—Hemos sentido tus vibraciones —respondió Stevie, y soltó una carcajada, negó con la cabeza y mantuvo su sonrisa de cien vatios.

Entonces ya estaba lo suficientemente cerca como para ver que los cascos que llevaba Stevie no eran los de siempre. Aquellos tenían un cable casi invisible alrededor de la cabeza y un micro diminuto acoplado a uno de los auriculares.

Se suponía que eran para comunicarse con otros controles de sonido e iluminación que había por el estadio, pero estaban modificados y hacían que Stevie pareciera un telefonista del espacio sideral.

Daba igual lo que me dijera Stevie: yo sabía que su colega Calvin se hallaba en alguna parte del estadio con el mismo tipo de auriculares. Si había alguien tan dispuesto como Stevie a bromear en un estadio de mil millones de dólares con un equipo de sonido de un millón de dólares, ese era Calvin. Allí donde él estuviera, la diversión y las risas no andaban lejos.

Me senté en la misma fila que Stevie, un par de asientos más allá, y miré cómo los trabajadores montaban el escenario y alineaban las sillas sobre la lona que cubría la cancha de baloncesto. Acordonaron las cinco primeras filas, que probablemente estarían reservadas para los invitados vip y la prensa. Había también hombres con monos azules apilando altavoces en columnas de tres delante del escenario, atando el enorme telón granate y sujetándolo con pernos en el proscenio construido a tal efecto.

Sobre el escenario todo un equipo de montadores hacía sitio para la plataforma de la batería mientras los miembros de la banda de Stevie iban apareciendo aquí y allá. El área de trabajo se fue llenando: electricistas, técnicos de iluminación, personal de seguridad, amplificadores suplementarios, monitores, altavoces y cables, monitores de refuerzo, focos con filtros multicolor dirigidos a puntos del escenario donde los miembros de la banda estarían de pie o sentados durante la actuación, todo situado de acuerdo a los esquemas de escenario que los pipas llevaban en carpetas sujetapapeles.

Vi que Malcolm Cecil entraba desde detrás del escenario e iba de acá para allá abriendo cajas de material y apuntando su contenido en un grueso bloc. Malcolm se encargaría de mi sonido de sala los primeros días mientras que mi ingeniero de sonido habitual, Dave McLean, se ocuparía de los monitores para el grupo.

Pensé que la mayoría del público se alegraría de no haber visto nada de aquellos preparativos. Se parecían demasiado al trabajo que sin duda querían olvidar cuando compraban entradas para una noche de entretenimiento.

Varios de los montadores llevaban monos con el nombre de los estudios Britannia Row escrito en la espalda. Había corrido el rumor de que Stevie había contratado a la empresa de organización de giras más importante del Reino Unido para que se encargara de *Hotter than July*. Acababan de terminar la gira promocional de *The Wall*, el exitoso álbum de Pink Floyd, cosa que significaba que no solo podían supervisar y coordinar el sonido y la iluminación para aquel concierto, sino que el equipo también podía construir un muro entre los músicos y su público durante una actuación de dos horas y media. Magnífico. En caso de que descubriera que me hacía falta un muro.

—¿Qué tal, Aries? —respondió Stevie.

Él y yo compartíamos una astróloga, una señora de Washington que se llamaba Amali y que cuando yo no estaba en la ciudad me enviaba cada mes una carta de mi revolución lunar. Me había hablado del interés de Stevie por las estrellas, y en efecto su propia productora se llamaba Black Bull [Toro Negro]. Estaba acostumbrado a que me saludara con eso de «Air-rees», pero yo a él no le llamaba «¡Taurooo!».

Unos cinco años antes, Amali había despertado mi interés por la astrología. En una fiesta, esa astróloga le había estado haciendo una lectura a Norris Little, alias Brute, y me acerqué al umbral de una habitación del fondo de la que se habían apropiado. Tan solo quería saber si Brute todavía me necesitaba para llevarle a casa en coche antes de irme. Sin ni siquiera levantar la vista, de hecho sin haber dado muestras de advertir mi presencia, Amali había dicho:

—No sabes de qué va todo esto, ¿eh, Aries?

Tuve que reconocer que no sabía distinguir a Sydney Omarr* de Sydney, Australia.

—Bueno, espera un momentito que acabe esto y enseguida te atiendo —dijo.

Siguió hablando con Brute. Me quedé intentando averiguar cómo sabía que mi signo era Aries y cómo, sin darse la vuelta, sabía que yo me había detenido en el umbral de la habitación. Todavía estaba buscando en la pared de enfrente el espejo que me hubiera delatado cuando se levantó de su silla y dejó a un aturdido Brute contemplando su vida.

Al volverse y venir hacia mí, me sentí más impresionado e incluso menos inclinado a creer en el zodíaco. Era bajita y menuda, de tez marrón claro y con unos enormes ojos límpidos. Tras su intento de aparentar seriedad asomaba un dejo de malicia. Cogió una libretita y un boli.

—Me llamo G...

—Ya sé cómo te llamas —dijo—. Lo que necesito saber es dónde naciste, en qué fecha y a qué hora.

—No tengo ningún problema en decírtelo —respondí lentamente—. Pero yo no busco...

—Mira —declaró con impaciencia—, normalmente cobro cincuenta dólares por cada uno de estos trabajos, pero a ti te voy a hacer una carta astral y una carta de revolución lunar donde se mencionarán días e incidentes concretos. Si resulta que nada de eso es cierto, no me deberás ni un céntimo.

Odio que me planteen retos así porque te ponen en una situación en la que verdaderamente pareces idiota si no los aceptas. ¿Cómo puedes rechazar que te hagan gratis un trabajo que cuesta cien dólares? ¡Joder! ¿No te lo crees, no? Vale, perfecto. Pase lo que pase sales ganando. Si tienes tú razón, ganas. Si la tiene ella, también ganas porque aprendes algo nuevo.

Le dije: nacido en Chicago el primero de abril de 1949 a las 11,20 de la mañana. Tanto daba, no se parecía en absoluto a una gitana arrugada con una bola de cristal.

---

* Astrólogo norteamericano muy popular en su país en la década de 1970. (*N. del T.*)

—¿Cuánto tiempo cuesta dominar este asunto? —le pregunté sin sarcasmo.

—No lo sé —respondió—. Yo hace ocho años que me dedico a ello y todavía soy una novata.

Mi confianza en ella aumentó al instante.

—¿Quién es ese vejestorio?

Me vi bruscamente transportado de nuevo al Summit.

El ingeniero de sonido de Britannia Row había salido de la cabina y estaba detrás de nuestra fila, entre Stevie y yo. Señalaba acusadoramente el escenario y a un hombre de aspecto amable y cabello cano, un tanto encorvado, con vaqueros, que iba abriendo y cerrando las cajas del material y apuntando, garabateando, lo que veía en un bloc arrugado.

—Es Malcolm Cecil —dije inclinándome hacia atrás para mirar al ingeniero. Era bajo, musculoso como suelen serlo los que se encargan del material, llevaba gafas, tenía la piel pálida a causa del tiempo que se pasaba encerrado y una expresión avinagrada—. Le he pedido a Cecil que se encargue de mi sonido un par de noches —le dije a Stevie—. No te importa, ¿verdad, tío?

A Stevie no le importó. Yo sabía que él había trabajado con Malcolm en Los Ángeles, en los elepés más o menos en solitario que habían hecho unos seis años atrás, y que luego se habían separado en unas circunstancias que a mí me resultaban incomprensibles.

Al ingeniero le dije:

—Tan solo está evaluando la situación.

Me sorprendió lo disgustado que estaba.

—Yo sí que lo evaluaré a él —dijo el inglés con vehemencia.

Me reí.

—Yo que tú no lo haría —dije—. De hecho, no lo haría si tú fueras yo.

Dijo algo que sonó como una valoración negativa de los Tauro.

—¡Gilipolleces! —gruñó mientras se iba—. Vejestorio de los cojones.

Calvin se había unido a nosotros en la fila de atrás. Efectivamente, llevaba unos auriculares como los de Stevie y lucía una sonrisa burlona.

—Muy divertido —le dije—. Solo me faltaba esta. Como si no tuviera ya un problema, ahora me sale Calvin jugando a los detectives y chivándose de mí. —Señalé al técnico de sonido—. Alguien le tendría que decir a ese que no pruebe a meterse con Malcolm.

Era fácil subestimar a Malcolm. Su mata de pelo blanco y su postura encorvada tras pasar años y años inclinado sobre mesas de mezclas podían darte el derecho a pensar que el hombre llevaba una vida de tortuga y nunca sacaba la cabeza de estudios de grabación en penumbra y que tenía la agilidad de un mueble. Eso sería otra de esas conclusiones de las que me gustaba hablar. Hacía juego con aquella de decirle a alguien: «Sí, tenemos una piscina», oyendo cómo se aproxima corriendo y luego el batacazo, tras lo cual añadías «pero ahora no hay agua».

—¿Quién es ese tipo enorme? —pregunté a Calvin.

—Es Grayer —respondió.

Se nos unió un colega de aire despreocupado, tal como la ocasión requería, pero sumamente corpulento. Llevaba chaquetón marinero, camisa con el cuello desabrochado y vaqueros gastados. Tenía la cara redonda y de tez marrón claro, una gran cabeza con mucho cabello, y al mirarme puso una expresión que indicaba que conocía muy bien a los individuos de mi especie. Sobre el bolsillo superior llevaba un pequeño recuadro donde decía MÁNAGER DE ESCENARIO. Esto significaba que era el responsable del reloj y de que las actuaciones se ajustaran al horario previsto, de controlar no tanto cuándo te subías al escenario como cuándo te bajabas de él.

Quedamos en que empezaría cada noche a las 20,05 y tocaría la última nota no más tarde de las 21,05. Así los pipas tendrían entre veinticinco y treinta minutos para cambiar el escenario y dejarlo listo para Stevie y su grupo, «Wonderlove». El repertorio de Stevie ocuparía el resto del tiempo, pero hacia las 23.30 me llamaría para que le acompañara en los dos últimos temas: «Master Blaster», la canción de aire reggae que contenía el verso que daba título a su nuevo elepé, y «Happy Birthday», su homenaje al doctor King.

Grayer debía de medir unos dos metros y daba la impresión de que el sentido del humor no era lo suyo. Me lo podía imaginar la mayoría de las noches andando a grandes zancadas por detrás del escenario frunciendo el ceño como un malo de película. Era solo para impresionar. Pues resultó que Grayer tenía un sentido del humor casi tan grande como su talla, aunque también estaba dispuesto a liarse a puñetazos con el primero que sostuviera una opinión contraria a la suya si esa opinión tenía peso.

Big Jim, tal como aprendí a llamarle, era de Boulder, Colorado, y fan mío. Resultó que Grayer había gastado aquella actitud tan intransigente cuando nos conocimos porque había oído decir que mi Midnight Band tenía fama de ser «un tanto impredecible respecto a los horarios». Esto había inquietado a los productores, que tenían miedo de que no empezáramos o acabáramos en el momento convenido. Algo la mar de curioso, pensé, teniendo en cuenta que al cabo de dos semanas nos iban a sustituir Bob Marley y los Wailers.

—Esos colegas no empiezan a liarse los canutos que se fumarán durante la actuación hasta que no llevan diez minutos de retraso —le dije a Grayer—. Yo ya andaré por aquí una hora antes.

Se lo dije en serio. Mi seriedad duró unas veinticuatro horas.

Aquella primera noche Stevie se comportó sobre el escenario como un humorista, un histrión, un animador, no anticuado pero sí de la vieja escuela. Quizá instruido por el propio Smokey Robinson sobre cómo trabajarte a una multitud, cómo marcar el ritmo de una actuación, cómo alargar una canción y hacer que el público coree la respuesta a una frase musical. También mostró inclinación por vivir al límite... literalmente. Especialmente al límite del escenario. Me hizo cagar de miedo la primera vez que estuvimos juntos en el escenario para tocar «Master Blaster» y «Happy Birthday».

Salí y me uní a Stevie detrás de la pila de diversos teclados que tocaba en el centro del escenario. Stevie cantaba las estrofas y yo me unía a los coros intentando no desafinar y más o menos cantando con voz neutra, tratando de no cagarla. Una vez cantadas las estrofas, nos fuimos los dos de paseo. Me puso una mano en el hombro y recorrimos el perímetro del escenario dando a sus fans la oportunidad de decirle «Te quiero, Stevie».

Fue divertido eso de cantar la letra de «Master Blaster» sobre pasar un buen rato, al mismo tiempo que lo estabas pasando, y saludar con la mano a cientos de caras sonrientes mientras unos miles de manos más marcaban el ritmo batiendo palmas. Todo eso moló. No fue el despegue lo que me dio canguelo, sino el aterrizaje, cuando nos disponíamos a volver a la base de operaciones junto a los teclados.

Había buenas vibraciones y se respiraba amor en el ambiente, y parece que esto envalentonó a Stevie. Empezó a avanzar con pasos vacilantes de nuevo hacia el borde del escenario. Intenté sujetarlo por el brazo, pero estaba claro que no íbamos a una. Finalmente, y sin dejar de sonreír, Stevie empezó a apartarse del borde y a mí me entraron ganas de marcar el número de emergencias porque acababa de estar a punto de sufrir un ataque al corazón.

33

At 7:15 I still feel groggy
And the day ahead looks gray and foggy
I'm suffering from a bad case of day-old jet lag
I start to try and slow-motion drag
Myself into a nice wake-up shower
Where I would like to spend an hour
But the clock is ticking so as I get in it
I'm thinking more about ten good minutes
But just as the water decides to get hot
Someone at my door gives a loud double knock
And I'm thinking the last thing that I need right then
Is to give up this shower to let room service in
So one-handing a towel around my waist
And gathering what's left of my own stork-like grace
I head for the door while I'm still soaking wet
And focusing on how the coffee I'll get
Will hit the right spot and somehow make it clear
What the hell's going on? What am I doing here?

[A las 7.15 todavía estoy grogui / y el día se presenta gris y nebuloso / sufro un caso feo de jet lag rancio / empiezo a intentar arrastrarme a cámara lenta / para darme una buena ducha que me despierte / y bajo cuyo chorro me gustaría pasarme una hora. / Pero el reloj va avanzando de manera que cuando entro en la ducha / ya pienso más bien en unos buenos diez minutos / pero justo cuando el agua decide empezar a salir caliente / alguien llama a la puerta con dos golpes fuertes / y pienso que lo último que necesito justo entonces / es salir de la ducha para abrir al servicio de habitaciones / pero sujetándome con una mano una toalla alrededor de la cintura / y haciendo acopio de lo que me queda de mi garbo cigüeñesco / me dirijo a la puerta todavía chorreando / y pensando únicamente que el café que me tomaré / me sentará de puta madre y de alguna manera me aclarará / ¿Qué coño pasa? y ¿Qué hago aquí?]

He aquí lo jodido de este oficio: podías pasar temporadas en que tu agenda estaba tan vacía como el frigorífico de un camerino diez minutos después de que Keg Leg hubiera decidido que ya era hora de cargar los trastos y abrirse, momento en el que trasladaba a una nevera que metía en el autobús o en la caja del camión todos los zumos, refrescos y birras que quedaban. Y luego, antes de que hubieras podido decir qué cojones pasa, tu vida se transformaba en una avalancha de cosas que no tenías tiempo para hacer y ya no eras el amo de ella. Y daba igual cuánto hiciera que sabías que la gira empezaría en una fecha determinada o el tiempo que hubieras estado preparándote para que no te metieran prisa: nunca lo tenías todo a punto y te metían prisa.

Evidentemente, no era todo culpa tuya. Para ser francamente insincero y puerilmente reacio a asumir la responsabilidad por descuidos y excesos de trabajo personales diré que ¡nada de eso era culpa tuya! Después de todo, entre tu oficina y la discográfica y el representante y la oficina del promotor y los ensayos con el grupo tu tiempo era devorado como peces de colores metidos en un barreño con Tiburón.

Hay algo en el hecho de salir de gira que debe de ser parecido a dar a luz. En un curso de escritura creativa que di en el Federal City College pedí a mis alumnos que escribieran sobre alguna experiencia personal que recordaran claramente y en detalle.

Una mujer joven optó por describir las diez horas que había durado el parto de su primer hijo. Después de escuchar su relato, una de las primeras preguntas que le hicieron sus compañeros fue:

—¿Cuántos hijos tienes?

—Cuatro —respondió.

La siguiente pregunta fue:

—Si la primera experiencia fue tan desagradable como has descrito, ¿por qué has querido tener más hijos?

A lo que la mujer repuso:

—No sé por qué, pero acabas olvidando lo mal que te fue.

Para mí, ir de gira era semejante. Cada vez que te llaman a las siete de la mañana después de haberte desplomado en la cama en algún momento pasadas las dos y miras con ojos legañosos la perspectiva de siete o más horas en la autopista, tiendes a preguntarte: «¿Qué diablos hago yo aquí?». Como la mujer del «Día del parto», sabes que el fin de la carretera no es el fin de la jornada. Es al llegar a donde sea cuando tienes que ponerte a trabajar. Así que, teniendo en cuenta las incomodidades y las molestias que hay incluso cuando todo sucede según lo previsto, ¿por qué sales de gira? Porque acabas olvidando.

Pero la mañana del sábado 1 de noviembre, en el Holiday Inn de Houston, Texas, cuando me llamaron a las siete para despertarme, recordé.

Lo mejor de esos «flashes» memorísticos que me vinieron, ya que no se les podía llamar «flashbacks», fue que todo el sufrimiento me lo había buscado yo. Yo había firmado el contrato para la gira. Yo había aceptado los lugares y las fechas. Yo había llegado al hotel después de la una, había llamado a recepción a las dos, había pedido que me llamaran a las siete para despertarme y había superado mi amnesia a eso de las siete y cinco.

Si hay algo que pueda disgustarte más que las incomodidades del camino, probablemente sean esas mismas incomodidades y no llegar a ponerte en camino. De la misma manera que si hay algo peor que zamparte apresuradamente tan solo dos mordiscos de una tortilla de queso verdaderamente apetitosa porque te tienes que ir a Baton Rouge, Luisiana, es dejar esa tortilla y un bollo de canela y lo que queda de una cafetera y no ir a Baton Rouge. Bueno, eso es un poco exagerado, porque acabamos yendo a Baton Rouge, pero no me habría hecho falta dejarme el setenta y cinco por ciento del desayuno después de haber disfrutado tan solo de un veinticinco por ciento de la ducha y haber bajado al vestíbulo a medio vestir. ¿Se entiende?

No es que estuviera dando saltos de alegría. Ese primer fin de semana de gira había afilado mi sarcasmo con Stevie para que se enterara de una vez de que no era posible atajar de Houston a Dallas pasando por Luisiana. Stevie encajó mi pulla con su sonrisa habitual.

—¿Pero quién ha organizado este fin de semana, Marty Feldman? —le pregunté como si todavía no me lo hubieran explicado.

Íbamos a ir de Houston a Baton Rouge y de ahí a Dallas. Resultaba obvio que el viaje a Luisiana se apartaba unos cuantos cientos de kilómetros de la ruta. La explicación era simple. El estadio de Dallas estaba reservado para el sábado 1 de noviembre y disponible el domingo 2 de noviembre. Las giras nunca querían desaprovechar un sábado por la noche, y el Centroplex de Baton Rouge era el local del tamaño requerido por Stevie que nos quedaba más cerca. Además, el hecho de que la Universidad Estatal de Luisiana estuviera situada ahí, en la capital del estado, casi aseguraba el lleno. Teníamos que ir.

La pregunta que nosotros nos hicimos al ver trazado sobre el mapa de la gira aquel raro «zag» que habría tenido que ser un «zig» fue: «¿Y cómo vamos?». Porque desde luego al día siguiente teníamos que regresar. De manera que se reservaron dos coches en el aeropuerto secundario de Houston, el Hobby. Si se hubieran reservado en el Intercontinental, mucho más alejado de la población, al recogerlos ya habríamos estado a mitad de camino de Baton Rouge. Pero al menos los vehículos habrían estado ahí. En Hobby, no.

Solo había uno. El coche que estaba disponible cuando llegamos poco después de las ocho y media se llenó rápidamente con cinco miembros de la banda y enfiló hacia el este por la Ruta 10, que pasaba justo al lado del aeropuerto. De manera que los otros cinco nos quedamos esperando el segundo coche, que no estuvo listo hasta casi las diez. A esa hora Malcolm Cecil, el ingeniero de sonido de sala para aquellos bolos, estaba a punto de tirarse de los pelos de su considerable cabellera. Al no estar disponible el coche, la buena hora y media de margen que habíamos previsto tener, empezó a reducirse

Cuando finalmente Malcolm se puso al volante del vehículo, yo me subí al asiento del copiloto y enseguida me quedé roque. Fue una sorpresa despertarme al cabo de unos veinte minutos y ver que todavía estábamos aparcados en el parking de la terminal.

Malcolm había perdido su sonrisa habitual. O la había tirado por la ventanilla. El coche estaba listo. Cuatro de los cinco que nos habíamos quedado estábamos ahí. Pero lo que Malcolm quería saber era dónde coño estaba Ed Brady. Yo sabía dónde. Y tras volver sobre mis pasos zigzagueando por el edificio de la terminal lo encontré, efectivamente. Inclinado sobre lo que entonces era un tipo bastante nuevo de videojuego de marcianos llamado Space Invaders. Brady era capaz de tirarse dos horas seguidas enfrentándose a los invasores electrónicos en avance constante.

Poco después ya estábamos camino de «Luus-anna», según pronuncian los nativos, pero Avis y luego los Space Invaders nos habían robado el margen de hora y media de Malcolm.

Íbamos ahora preocupados, ahora dormidos, ahora dormidos, ahora preocupados. En los asientos delanteros, Malcolm y yo calculábamos una y otra vez la distancia que nos quedaba y nuestras posibilidades. Era algo bastante irónico, ya que en Houston la única conversación que había tenido con Grayer, el mánager de escenario de Stevie, había sido precisamente sobre el hecho de que mi grupo fuera puntual. A la velocidad a la que Malcolm conducía, casi a ciento veinte kilómetros por hora cuando la carretera se lo permitía, preveíamos que nos quedaría un margen estrechísimo: tendríamos que salir del coche y subir al escenario. Pero mientras que Malcolm podía ir a ciento veinte por hora en la permisiva Texas, habiendo entrado en Luisiana no tardamos mucho en ver las luces intermitentes justo detrás de nuestro maletero. Mientras se detenía en el arcén, Malcolm nos dijo muy serio: «No abráis la boca, chicos».

Aunque me hice el dormido alcancé a ver fugazmente a un agente de la policía estatal de Luisiana con una pinta como la del actor Rod Steiger acercándose lentamente al coche con el talonario de multas en las manos. Malcolm también tenía las manos ocupadas y al bajar la ventanilla arrojó al aire todo lo que sujetaba en ellas.

Acto seguido hizo una interpretación digna de un Oscar.

No pillé todo el discurso porque estaba mordiéndome los labios y tapándome la cara con la gorra. Hasta la reina de Inglaterra tenía menos acento británico que él. Antes de recoger la documentación que había tirado aposta, Malcolm había adoptado un tono y una actitud con los que subrayó su absoluta frustración y su crítica contra la manera que tenían los americanos de tratar a la gente que visitaba aquel país. ¿Por qué diablos se suponía que debía enfrentarse a demoras por culpa de las agencias de alquiler de coches, a indicaciones que te hacían perder el tiempo, etcétera, etcétera, si todo lo que él estaba intentando era que «el equipo africano de boxeo» que tenía a su cargo llegara puntualmente al Centroplex?

Rod Steiger podría haber incluido en su contrato una cláusula solicitando un diccionario o a un intérprete. Nuestro Rod Steiger no tenía ni lo uno ni lo otro. Y sosteniendo flojamente en la mano el permiso de conducir de Malcolm, el policía se encaminó de nuevo al coche patrulla con pasos vacilantes. Regresó un poquito más confiado.

—Siento que haiga tenido tantos poblemas —dijo respetuosamente a Malcolm—. Si tienen la bondad de seguirnos, les llevaremos al Centroplex.

Y entre destellos de luces y gemidos de sirenas llegamos a tiempo.

Más tarde, aquella misma noche, nos enteramos de que Bob Marley no se había tomado simplemente un descanso de su gira con los Commodores. Estaba enfermo y lo habían ingresado en el hospital Sloan-Kettering. Yo sabía qué significaba eso: cáncer. Bob Marley tenía cáncer. O, a decir verdad, el cáncer tenía a Bob Marley.

Lo comenté con Stevie; estaba preocupado y disgustado. Me dijeron que guardara la noticia en secreto. Pero, naturalmente, había demasiada gente que estaba en el ajo y la actividad en radio macuto se disparó. La empresa encargada de la promoción de la gira era Dick Griffey Productions, y necesitaba saber a quién se suponía que estaba promocionando. A eso se añadía la presión que estaba ejerciendo el sello discográfico de Stevie, la Motown. Si Bob no iba a hacer la gira, ¿qué tal alguno de sus nuevos artistas rocanroleros? Invertirían más dinero en la gira. Comprarían más cuñas en la radio y más espacio en los periódicos.

Cuando hablé con Stevie de la posibilidad de hacer con él toda la gira me había mostrado muy franco. Sí, me interesaba. No, no creía que me costara mucho cambiar las fechas. Y sí, estaba previsto que mi nuevo álbum, *Real Eyes*, saliera el día de Acción de Gracias. Pero no, no contaba con que mi discográfica hiciera mucha publicidad antes de que el disco saliera al mercado. Si a Stevie le preocupaba el dinero destinado a promoción que se habría aportado para publicitar a Bob y los Wailers, bueno, entonces quizá más valía que eligiera a los rockeros.

Stevie discrepó de esto último.

El 2 de noviembre de 1980, en Dallas, confirmó que seguiríamos con él durante toda la gira *Hotter than July* hasta febrero de 1981, incluyendo la concentración en Washington. Y entonces, en Nueva York y en Washington, mis colaboradores se dedicaron a intentar cambiar las fechas de las actuaciones que estaba cancelando a fin de hacer toda la gira con Stevie.

34

Había un par de sitios donde molaba tocar porque eran hoteles y tenías la habitación al lado o en el piso superior. En la calle Peachtree de Atlanta la tenía justo en el piso superior, pero al entrar en la habitación después de un par de actuaciones en el Ágora (programadas previamente, sin Stevie), el 4 de noviembre de 1980, Ronald Reagan ya era presidente.

No tendría que haberme sorprendido en absoluto. Vivía en Washington, había leído los periódicos y escuchado en la radio y en la tele los sondeos que, todos sin excepción, pronosticaban su victoria. Pero que se hiciera realidad no dejaba de ser una sacudida, algo así como un breve calambrazo.

Tras subir a mi habitación en un ascensor chirriante, me encontré en la tele al presidente de los Estados Unidos de América haciendo payasadas con un chimpancé y solo eso fue motivo para que me quedara un rato despierto. Esa noche, el supercanal televisivo de Ted Turner en Atlanta se había puesto a hacer monerías y estaba reponiendo uno de los filmes de Reagan con un chimpancé llamado Bonzo. *Bonzo Goes to College*, creo que era. En todo caso, una de las pelis en las que el mono decía las mejores frases y provocaba todas las risas. Había algo inquietante en ver al presidente de Estados Unidos cogiéndose de las manos y hablando con un chimpancé.

Era casi la una, pero llamé a Virginia y hablé con mi mujer. La pequeña Gia, que cada día engordaba y crecía más, ya dormía. Brenda tenía sueño y estaba a punto de meterse en la cama. Todo andaba bien en casa. Nos veríamos al cabo de dos días y el sábado me acompañarían a Montreal. Quedamos en que discutiríamos los detalles cuando los dos estuviéramos despiertos.

Pero antes de colgar me adivinó el pensamiento y dijo:

—Ah, sí... ¿No es alucinante? Al final ha ganado.

Sí que era alucinante. Algunos ya estaban alucinando entonces y los demás probablemente tendrían que ponerse a la cola porque más tarde o más temprano todos íbamos a alucinar. Me lie un porro y pensé con alivio que menos mal que no había ganado por un voto de diferencia, ya que yo no había presentado los papeles para votar por correo.

Era el tema de Irán, por supuesto, más que cualquier otro el que en mi opinión había acarreado la derrota a Jimmy Carter. Básicamente, el hecho de que unos terroristas hubieran tomado prisioneros a unos ciudadanos norteamericanos y los hubieran retenido como rehenes durante meses en la embajada estadounidense en Teherán, y que el presidente Carter no hubiera sido capaz de liberarlos ni negociando ni con la invasión de helicópteros.

Al parecer, cuando Carter ordenó inútilmente que los helicópteros del ejército cruzaran el desierto se olvidó de decir a los sirocos y demás cocos que se tomaran un descanso, y los furiosos vientos provocaron una colisión entre las aeronaves americanas, tras lo cual la incursión fue anulada.

Toda aquella puta movida había sido rara, empezando por las promesas de Carter durante la campaña asegurando que dejaría de proporcionar apoyo militar a determinados líderes mundiales, entre ellos el sah de Irán, pero después de las elecciones descubrió que el trato seguía en vigor y no podía romperse, al menos hasta que los iraníes exigieran la salida del sah y la llegada del venerable ayatolá exiliado en Francia. Las fotos de su llegada a Irán, con lo que parecía un millón de personas manifestándose y autoflagelándose, fue algo que yo no olvidaría fácilmente.

El sah fue bien recibido en Egipto, adonde llegó con sus cuentas bancarias y con un mensaje claro del nuevo líder de su país: «No vayas a Estados Unidos». Unos veinticinco años antes, en 1954, habían expulsado de Irán al padre del sah, que se fue a Estados Unidos. Ocho meses más tarde hubo un contragolpe que repuso a Pahlaví padre en el poder. El ayatolá no había olvidado lo ocurrido en 1954, y cuando no se cumplieron sus instrucciones y el sah llegó a Estados Unidos, supuestamente para recibir tratamiento por un cáncer, la embajada estadounidense fue cercada y la cincuentena de personas que había dentro se convirtieron en prisioneros de facto a los que se retendría ahí hasta que el nuevo gobierno se estabilizara. Más tarde aquella misma semana pusieron en libertad a los negros de la embajada y les dijeron que podían volver a casa. Todos excepto uno, el radiotelegrafista, aceptaron la oferta. De manera que me imaginaba a cuatro docenas de personas sentadas ahí dentro escuchando el radiotelégrafo.

La toma de la embajada marcó el inicio de un descenso en la popularidad de Jimmy Carter y este hombre, que prefería no comportarse amenazadoramente, se vio obligado a darle el visto bueno a un plan urdido por gente cuyo trabajo era urdir disparates.

En la pantalla empezó otra película de Ronnie y el chimpancé. Los americanos tenían una fijación con la relación de los animales y las personas a nivel humano. Había una mula que hablaba, *Mr. Ed*, y una serie televisiva en la que un perro era más listo que sus propietarios. No había ningún significado oculto en la decisión de pasar películas de Reagan. Películas «con mensaje». Una idea cuyo momento acababa de llegar.

Pensé que lo que América acababa de votar iba a ponerle las cosas mucho más difíciles a Stevie.

La mayoría de presidentes aguantaban dos mandatos. A menos que durante el primero ocurriera algún desastre. Lo que pasó en la embajada en Irán no fue, en lo esencial, culpa de Carter. Y, que se supiera, Reagan no podía hacer nada por solucionarlo. El rescate fallido tampoco fue culpa de Carter, pero se interpretó como un fracaso suyo. Su única esperanza era que liberaran a los trabajadores de la embajada antes de las elecciones. En caso contrario, aunque hubiera echado una carrera con un cojo no habría dejado de parecer un burro en la carrera de caballos de Kentucky. Así que en su lugar los votantes habían elegido a otro burro. Genial.

No podía sino interpretar la victoria de los Republicanos como otro obstáculo para Stevie. Y puesto que entonces me había comprometido a hacer con él el resto de la gira, cuarenta y pico bolos a lo largo de cuatro meses más, también yo me sentía obstaculizado.

Me hubiera gustado quedarme en el vestíbulo para charlar con el grupo sobre la actuación. Aquella noche habíamos sonado bastante bien en el club. Siempre me sentía mejor en locales pequeños, en los que estábamos más cerca del público. Pero a la mañana siguiente debía levantarme a primera hora, así que esa noche no podía permitirme monerías, ¿me explico?

Tenía programado un recital de poesía y música en solitario en el campus de la Universidad de Kent State para el 5 de noviembre. Ese día me sentí en plena forma explicando a un público variado, formado por estudiantes, profesores, miembros del cuerpo directivo y habitantes de la ciudad, que Ronald Reagan había pertenecido a la casta política desde los años sesenta. (De hecho hubo no pocos californianos de lugares como Santa Rita que lo habían querido apartar de la política.)

Me parecía increíble que el país entero tuviera en la cabeza tamaño agujero. Incluso con un buen director, Reagan nunca había pasado de ser un actor insignificante. Nada de lo que había hecho en Hollywood lo hacía recomendable para un cargo que a veces requería al mejor actor del mundo.

Podía afirmar que mi objeción a Reagan era debida a que me preocupaba su salud. Aparte de su edad, creía posible que el hombre tuviera algún problema en el oído interno. A menudo hay una relación entre la cóclea y el equilibrio. Y Reagan parecía andar inclinándose a la derecha.

Al parecer este era un problema que había empezado en los años cincuenta, cuando Reagan había sido Demócrata y se le había considerado un tanto liberal durante el macartismo. Como presidente del Sindicato de Actores de Cine se le pidió que defendiera a compañeros del mundillo como David Susskind o Dalton Trumbo frente al fisgón senador de Wisconsin y su compinche, Roy Cohn. Con el paso de los años, el gobernador Reagan empezó a inclinarse.

Primero cambió de partido y se hizo Republicano. Más tarde, gracias a sus ideas se ganó la fama de conservador. Finalmente, en la época en que un grupo de estudiantes fueron retenidos una noche en la prisión de Santa Rita,* ya se le tachaba de ultraconservador. Puede que fuera una enfermedad contraída a causa de la proximidad de su estado al de Arizona, donde el reaccionario Barry Goldwater conservaba incorruptas las esencias de la doctrina conservadora. El hecho de volverse conservador podría haberse considerado una puesta al día regional de su postura política o simplemente una adaptación de su papel. Tanto daba. Al llegar la década de los setenta, Reagan se diferenciaba ya muy poco de Atila el rey de los hunos. A mi modo de ver ahora el problema era cuánto le quedaba para rebasar la extrema derecha.

Y por poco familiarizados que estuvieran los votantes de la Costa Este con los pormenores de las posiciones políticas de un gobernador de la Costa Oeste, debería de haber suficientes exhippies en América como para invalidar la candidatura de Ronald. Pero no era su rollo hollywoodiense lo que más me perturbaba, sino el hecho de que como presidente elegiría a los jueces del Tribunal Supremo.

Aquella noche de noviembre en la Kent State, el público fue del tipo que me gustaba: gente que estaba al corrien-

---

* Véase nota página 179. (*N. del T.*)

te de los últimos acontecimientos, que pilló rápidamente mi parodia del lenguaje de la milicia estatal de California; mi ágil fraseo, mi disección de la dicción, incluso mis juegos de palabras más estrafalarios fueron acogidos con risas. La política no era el tema preferido sobre el que hablar durante mis pausas poéticas (ni en mi vida). Por lo general, ir amontonando dosis de opiniones políticas era una manera rápida de aburrir mortalmente al público o de convertirte en su poeta menos favorito.

Pero si vivías en el planeta tierra y eras negro, especialmente un negro americano, en la situación más difícil e incómoda que se pueda imaginar, esto es la de un ciudadano de pleno derecho que paga sus impuestos y cuyas raíces en la tierra que lo rodea se remontan a trescientos años, siempre te tocaba la peor parte, cuando no te caía la porra de los polis, y era imposible que no sufrieras alguna presión política y que, por lo tanto, no tuvieras opiniones políticas.

Eras el bicho raro.

Le dije a mi risueño público que se me estaba ocurriendo otro poema y puse en solfa el pasado político del expresidente del Sindicato de Actores de Cine, exembajador, exgobernador, exetcétera, asegurando que el tipo tenía más «X» que una mezquita de musulmanes negros.*

De algún modo yo había desarrollado un sentido adicional, el de «predicción social». Y muchas de las personas, cosas y lugares que mencionaba, incluso cuando lo hacía como de pasada, más tarde adquirirían importancia. Ronald Reagan era un buen ejemplo de ello. En 1974, en el «H_2Ogate Blues», había considerado a Reagan, entonces un exgobernador de California, como parte de la nueva hornada de líderes americanos.

---

* X es la letra por la que muchos miembros de la Nación del Islam (sobre la cual véase la nota de la página 200) sustituían su apellido. El nombre de la letra X y la preposición ex se pronuncian igual en inglés, hecho que explica el juego de palabras. (N. del T.)

Le dije al público de la Kent State que la victoria de los Republicanos me había dejado con sentimientos encontrados, mitad y mitad. Personalmente, como ciudadano, lo lamentaba muchísimo. Pero por lo que respectaba a mi carrera era algo magnífico. No quería que se me oyera constantemente intentando dejar en ridículo al presidente. Quería un presidente que hiciera el ridículo solo. Alguien como Nixon. Alguien como Gerald Ford, a quien en 1975 había dado el mote de «hombre gachas» en la canción «We Beg Your Pardon» del disco *The First Minute of a New Day*. «Anybody who could spend twenty-five years in Congress and nobody ever heard of him has got to be oatmeal man» [Alguien capaz de tirarse veinticinco años en el Congreso sin que nadie haya oído nunca hablar de él tiene que ser más soso que unas gachas]. Claro que había oído hablar de Ford. Y no había creído que ese miembro del Congreso por el distrito quinto de Michigan pudiera proporcionar ningún buen tema. El tipo nunca había dado ni un solo indicio de que pudiera tener siquiera personalidad.

Pero sí que tenía una tendencia innata a la butonada involuntaria. Circulaban fotografías suyas de cuando había jugado con el equipo de fútbol americano de la universidad, en la época en que los cascos todavía eran de cuero. Una vez tropezó y cayó rodando por la escalera del avión presidencial, el Air Force One. Esto inspiró la canción titulada «Don't Just Do Something, Stand There» [No hagas algo, quédate ahí parado]. Y a veces se trabucaba. Como cuando se le preguntó durante una entrevista con un comentarista de deportes en el partido de estrellas de las grandes ligas de béisbol si se mantenía al corriente del juego y contestó: «Bueno, me las arreglo para ver algunos partidos en la radio».

Y ahora tenía a Reagan. ¡A escribir!

A finales de febrero de 1981 ya había completado el ochenta por ciento de «B Movie», mi diatriba política más seriamente hilarante.

Pero aquella noche, al abandonar la Kent State tuve que admitir que no había prestado plena atención al público. Había estado actuando justo en el mismo sitio donde en 1970 el movimiento por la paz había puesto la directa después de que la Guardia Nacional matara a tiros a cuatro manifestantes. Qué mierda de año fue aquel. Pero ahora tocaba reunirse con la banda para seguir apoyando a Stevie en la gira *Hotter than July*.

35

Montreal, 7 de noviembre de 1980

I had no choice aside from moving quick
An ex-country hick whose image was city slick
The last one they would've ever picked
When I was in school doing my weekend stick
Compared to my classmates I couldn't sing a lick
And through record store windows when they saw my
    flick
On the cover of an LP they wished for a brick
Because it wasn't just out there it was actually a hit
And what they were wondering was what made me
    tick
It was that in spite of themselves they could all feel it

In reality I was heading for work
In the back of a cab I was changing my shirt.
My Mickey Mouse was saying it was five to eight
So theoretically I was already late.
Next to me on the backseat were my daughter and my
    wife
And I'd probably say never been happier in my life.
Light rain was falling on the Montreal streets
And I slipped on my shoes and leaned back in the seat

*As we pulled up to the Forum where the Canadiens
    played.*
*Tonight: «Stevie Wonder» the marquee proudly
    displayed*
But not a word about me or my «Amnesia Express»
But I was feeling too good to start getting depressed

It was only four days since I had found out for sure
That Stevie wanted me opening the rest of the tour.
News of Bob Marley's illness was a helluva blow
I thought. And the eight o'clock news came on the radio
It looked like a sellout though the weather was damp
*And fortunately no cars blocked the underground
    ramp.*
As the cab took the curves beneath the old hockey rink
I was lighting a Viceroy and still trying to think
*Of how Hartford had sounded and the tunes we should
    play;*
Made mental notes of the order and felt it was okay

Keg Leg, my man, stood near the security line
'Cause I never had I. D. and couldn't get in sometimes
I was carrying Gia as we moved down the hall
And I nodded and smiled as I heard my name called.
*Things were getting familiar and I was finding my
    niche*
But I didn't want to give producers any reason to bitch.
I told my brother to get the band ready at eight o'clock
*And it was damn near ten after when I moved into my
    spot*
*James Grayer gave me a smile and tapped his Mickey
    Mouse*
The lights went down and the crowd perked up
Because I was finally in the house.

[No tenía más remedio que moverme deprisa / siendo un expaleto con imagen de urbanita / el último en quien se habrían fijado / cuando estaba en la facultad con mis canutos de fin de semana / comparado con mis compañeros de clase yo no podía cantar ni una nota / y cuando en los escaparates de las tiendas de discos vieron mi careto / en la portada de un elepé les entraron ganas de tener un ladrillo / porque no solo lo había sacado sino que era un éxito / y lo que se preguntaban era de qué iba yo / y mal que les pesara todos lo sabían. // En realidad me dirigía al trabajo / en el asiento trasero de un taxi me estaba cambiando de camisa. / Mi peluco decía que eran las ocho menos cinco / así que en teoría ya llegaba tarde. / A mi lado en el asiento iban mi hija y mi mujer / y se podría decir que nunca había sido tan feliz en mi vida. / Sobre las calles de Montreal caía una lluvia fina / y me puse los zapatos y me recosté en el asiento / mientras avanzábamos hacia el Forum donde los canadienses tocaban. / «Esta noche: Stevie Wonder» rezaba con orgullo la marquesina / pero ni una palabra sobre mí ni mi «Amnesia Express» / pero me sentía demasiado bien como para empezar a deprimirme. // Hacía tan solo cuatro días que sabía con seguridad / que Stevie me quería como telonero para el resto de la gira. / La noticia de la enfermedad de Bob Marley había sido un duro golpe / pensé. Y en la radio dieron el boletín informativo de las ocho. / Al parecer se habían agotado las entradas a pesar del mal tiempo / y por suerte no encontramos coches bloqueando la rampa subterránea / mientras el taxi tomaba las curvas bajo la antigua pista de hockey sobre hielo / me encendí un Viceroy y seguí intentando pensar / en cómo habíamos sonado en Hartford y en las canciones que íbamos a tocar; / anoté mentalmente el orden y me pareció perfecto. // Keg Leg, mi hombre de confianza, estaba cerca de la línea de seguridad / porque yo nunca llevaba acreditación y a veces no me dejaban entrar / llevaba a Gia en brazos mientras recorríamos el pasillo / y saludé con la cabeza y sonreí cuando me llamaron por mi nombre. / Todo se estaba relajando y empezaba a sentirme cómodo / pero no quería dar ningún motivo de queja a los productores. / Había dicho a mi hermano que el grupo estuviera preparado a las ocho en punto / y ya pasaban casi diez minutos cuando me situé sobre el escenario / James Grayer me sonrió al mismo tiempo que señalaba su peluco dándole golpecitos / Las luces bajaron de intensidad y la multitud se animó / Porque finalmente yo ya estaba en la sala]

Como entre una actuación y otra había regresado a Virginia con mi mujer y mi hija, llegué a Boston a última hora de la tarde. De ahí que no supiera nada del conflicto, confrontación y, finalmente, conflagración que había tenido lugar en el hotel la noche anterior.

Mejor así, porque debo admitir que lo primero que pensé cuando me preguntaron si me había enterado fue: «No, ¡pero sin duda debería haberlo sabido!». Naturalmente, había pensado en Keg Leg y mi hermano Denis. (Era la hostia, ¿no? El hecho de que el nombre de pila de Keg Leg fuera Dennis hacía que él estuviera todavía más contento de que yo le hubiera despojado de ese mote cuando estaba trabajando con Denis Heron.)

Me dijeron: «¡Fue un mal rollo!», pero seguí hacia mi camerino para comprobar cómo estaba mi Fender Rhodes. Y entonces vi a Grayer. Big Jim tenía los dos ojos a la funerala.

Como no había estado presente, no sabía lo que había pasado. Y como no había hablado personalmente con Grayer sobre el incidente, tampoco sabía la versión de uno de los testigos presenciales. Y aunque escuché los pormenores de lo que a veces parecía exceder lo que un testigo presencial podía haber presenciado únicamente con dos ojos, solo deduje que durante dos días había habido una diferencia de opiniones y que uno de esos puntos de vista diferentes lo había defendido James Grayer, el mánager de escenario, el que controlaba el tiempo sobre el escenario; un tipo duro si uno pensaba en la tenacidad que había mostrado con un determinado número de oponentes a un tiempo.

Se decía que los puntos de vista opuestos los habían sostenido un número extrañamente cambiante de guardias de seguridad del hotel y un caballero cuyo cometido aquella noche parecía poder describirse como acompañar al bar a una señorita para el señor Grayer.

Independientemente de cuál hubiera sido el total de participantes que defendían la perspectiva contraria a Grayer, Stevie Wonder estaba disgustado. Y expresó su descontento acerca de la imagen de Boston como prodigio cultural, una ciudad que se creía todo un mito pero que era también un importante campo de batalla contra la integración racial en las escuelas, una población llena de prejuicios e intolerancia que solo Jim Rice, el jugador de béisbol negro de los Boston Red Sox, podía describir en su frustrante día a día.

Hacia la mitad de sus dos horas de actuación, cuando le dejaron solo en el escenario para interpretar «Lately» y «Ribbon in the Sky», Stevie empezó a hablar. Y en caso de que hubiera alguna duda acerca de lo perspicaz que era, acerca de lo bien que un hombre puede ordenarse los sentimientos a partir de lo que le han pintado, de lo absolutamente capaz que era de leer el carácter de una época, el clima de una zona, la atmósfera llena de tensión de una ciudad, esa duda quedó disipada en los seis o siete intensos minutos de absoluto silencio en los que el Boston Garden sonó como quince mil personas conteniendo el aire en sus pulmones: ni tan siquiera se les oyó respirar mientras el hermano hablaba. No recordaríamos sus palabras, sino la sensación que produjo Boston. Como si se hubiera inscrito aquella sensación en el alma de la ciudad con incisiones en braille.

36

En 1980 era yo ya un veterano en eso de tocar en el Madison Square Garden. Si a la sazón hubiera seguido viviendo en Nueva York, se me podrían haber escapado uno o dos bostezos durante mi segunda noche ahí con Stevie. Los neoyorquinos se escudaban tras una capa de frío olvido y prestaban poca atención al Garden, al Empire State e incluso a la Estatua de la Libertad.

De hecho había millones de neoyorquinos que no habían visitado en su vida ninguno de esos monumentos de la ciudad y que tan solo sabían que el Garden quedaba cerca de Times Square y que era un lugar donde se jugaba a béisbol.

Únicamente los fans de música más cultivados te dirían que en el Madison Square Garden también se hacían conciertos. E incluso estos recalcarían que también se hacían conciertos a fin de indicar que esa no era su función principal. Algo así como por qué se hacían tan pocos partidos de hockey en el Carnegie Hall.

Puede que a aquellas alturas yo ya estuviera superando mi fobia a los estadios. Ya había tocado en siete conciertos sin el «efecto hangar», esos ecos que nunca se apagaban. Empezaba a pensar que los estadios que no eran auditorios podían modificarse, como los restaurantes que no eran gimnasios en los que jugaba a baloncesto mientras estuve en el Fieldston. Ya había concluido que mi prejuicio contra los estadios era selectivo, que no me resultaba necesariamente desagradable tocar delante de un montón de gente. De hecho, cuantos más, mejor. Empezaba a comparar esa experiencia con la de tocar en la tele, cosa que al principio había odiado. La idea de que mis canciones y mi banda salieran estrujadas a través de un altavoz mono de frecuencias medias del tamaño de un cenicero, me había deprimido tanto como pensar en hacer playback en los programas *American Bandstand* o *Soul Train*. Casi se me había partido el corazón al ver a los Temptations balbuciendo «Ain't Too Proud to Beg».

Había una ventaja innegable en el hecho de tocar en un estadio como el Madison Square Garden. En determinadas ocasiones podía generarse una energía que convertía un concierto en un acontecimiento, que daba a una actuación en un recinto cerrado un aire de festival, un aura de celebración. Era ese murmullo especial, un zumbido inaudible de entusiasmo y energía que vibraba a través de todos los presentes. Corría por todo el Garden: por los túneles en penumbra que llevaban a los camerinos y a los trasteros atestados de material deportivo y otros trastos para los grandes eventos. Joder, todo el mundo, desde el elefante Jumbo hasta el enano Tom Thumb o quienquiera que hubiese formado parte de los espectáculos circenses del empresario P. T. Barnum había recorrido paso a paso o brincando por aquellos oscuros pasillos. Era algo que podía sentir.

Debajo de las brillantes luces de Broadway y de las avenidas congestionadas por el tráfico existían otros mundos; mundos de magia y música y milagros. Y esa noche aquel iba a ser el mundo de Michael Jackson.

Otro Jackson. Justo lo que me faltaba.

Miles de fans que fantaseaban con la idea de ser como Mike, o a quienes simplemente les gustaba Mike, disfrutarían de un espectáculo especial aquella noche porque el Príncipe del Pop ya estaba en la sala y, cuando terminé mi actuación, se rumoreaba que ya había empezado a desentumecer sus miembros de consistencia casi líquida en algún rincón privado de aquellos pasillos. Iba a ser un regalo muy especial y se nos uniría a Stevie y a mí para cerrar el espectáculo. Desde Houston hasta Hollywood, había tenido la oportunidad de ver cómo se nos unían sobre el escenario diversos intérpretes. Era imposible predecir cuál sería la próxima sorpresa que Stevie tenía reservada para su público a medida que íbamos cruzando Estados Unidos y Canadá. Se había convertido ya en un hecho tan rutinario el que rockeros y rollistas se las arreglaran para conseguir meter sus narices en el final de las actuaciones, que era difícil que la parroquia asistente o los pipas se mostraran sorprendidos, pero el rumor sobre la aparición de Michael Jackson produjo un estremecimiento tanto en los peces gordos como entre la chusma.

Yo estaba encantado de que todo el mundo estuviera encantado: desde los representantes de la promotora Dick Griffey's Concerts en el oeste hasta ciertas vacas sagradas de la jerarquía del Madison Square Garden, aquella noche se respiraba una excitación evidente en el estadio.

Me habían presentado a Michael y a un par de sus hermanos tiempo atrás, pero eso no significaba que lo conociera ni creía que él pudiera recordarme. Yo lo admiraba, por supuesto, ya que era imposible no reconocer la valía de un artista que había vendido tantos discos como McDonald's hamburguesas. Una tarde soleada, Greg Phillinganes me había invitado a unos estudios de Los Ángeles donde los Jackson se habían reagrupado para grabar un álbum. Michael era uno de los pocos hermanos estelares que permanecían en los estudios cuando llegué y Greg los presentó brevemente a la gente. Eso me moló y me alegró conocerlos en persona. No fue una experiencia tan electrizante como cuando conocí a Quincy Jones o a Miles Davis, aunque no iba a olvidarla. Pero ¿qué sabía de él? Tan solo que aquel muchacho, con un mechón de pelo cayéndole sobre un ojo y una voz tan baja y apagada que tenías que aguzar el oído para pillarla, formaba parte de la realeza discográfica.

Quizá todos los artistas sean esquizofrénicos y medie una distancia considerable entre su trabajo y su hogar, y más espacio aún entre su fama y su familia. Cuanto más grande es la marquesina con su nombre, tanto más ancha es la brecha.

Pero yo nunca había visto este hecho como una certeza. Había una separación, cierto, entre la actitud de las personalidades en público y cuando estaban relajadas fuera del escenario. A Kareem Abdul-Jabbar siempre le reconocían y le saludaban en todas partes. Que era una persona excepcional y gigantesca era algo que saltaba a la vista, incluso cuando estaba sentado. En público el hermano siempre se comportaba con seriedad. Pero también tenía su faceta privada, y se encogía y se tapaba la cara igual que los demás cuando el alien salía reventando el pecho del astronauta o se desternillaba de risa mirando un vídeo de la serie de humor «Amos 'n' Andy».

Gracias a mi acceso a gente que no era ajena al éxito, había conocido a miles de personas de renombre. Había coincidido con Muhammad Ali en diversas ocasiones, siempre un poco intimidado por su tamaño y su agilidad, pero tranquilo gracias a su afabilidad y su buen humor innatos. Siempre tenía una sonrisa a punto en las comisuras de los labios y en los ojos, que no paraban de vigilar a su alrededor.

Pero esos encuentros ocasionales con artistas en sus ratos libres no me habían dado ninguna pista de hasta qué punto aumentaría la tensión emocional, hasta qué punto se elevaría el entusiasmo en el estadio cuando Michael Jackson se nos unió sobre el escenario en el momento en el que la banda atacaba los primeros compases reggae de «Master Blaster». Su aparición elevó el voltaje.

A menudo intento explicar a la gente lo especial que era Michael Jackson, como si no lo supieran. Porque yo no lo sabía. Imaginaba que sí, hasta que salió a escena para cantar «Master Blaster» en el Madison Square Garden.

Stevie pidió al tipo de los monitores que subiera el volumen de la sección rítmica y con una enorme sonrisa llamó por señas a su «invitado especial», alguien que no necesitaba presentación. Miré hacia atrás y le vi dar tres pasos, tras lo cual se detuvo un momento, se irguió más y se hizo más alto, y entonces se volvió sólido, como si algo borroso se concretara en un hombre. No suelo ver con tanta nitidez cuanto se cuece en el escenario. Solo a veces.

No se limitó a salir al escenario. Se fue volviendo sólido a medida que avanzaba. Una ilusión óptica creada por el juego de luces. Se deslizó a mi lado y se puso bajo el foco. El subidón de energía de la multitud hizo que el sonido del estadio pasara de estéreo a cuadrafónico e incluso la temperatura pareció aumentar cuando se acercó al haz de luz del foco. Y cuando la multitud le reconoció y vio confirmadas sus sospechas, el rumor se transformó en un poderoso clamor. El volumen de los monitores se vio superado y la sonrisa de Stevie se ensanchó, aplaudió con las manos cerca del pecho esperando el momento para entrar, lo pilló al inicio del compás y el rugido de la sala bajó un momento para de nuevo volverse atronador.

Al llegar al estribillo fue como si un enorme avión de transporte aterrizara sobre espuma: «Didn't know you would be jammin' until the break of dawn...» [No sabías que ibas a estar de marcha hasta el amanecer...]. Michael y yo entramos a tiempo y cantando la misma nota de la armonía vocal, pero con la misma fluidez con la que había aparecido a mi lado como flotando desde las sombras, su voz trepó hasta la siguiente nota de la armonía, donde pareció poner fin a nuestro choque vocal y sentirse de nuevo a gusto, cantando dos notas más alto.

Después de otro estribillo sosteniéndole el micro a Mike me di cuenta de lo preparado que él estaba para hacer aquello y de lo poco preparado que estaba yo para hacer voces con él.

Se sabía la canción. De cabo a rabo. La letra, los cambios y todas las armonías. Mientras que yo, joder, no me había aprendido bien mi parte hasta el concierto de Hartford. Esa noche con Michael me sentí como un maniquí de dos metros agarrando la base del micro inalámbrico como si fuera un cucurucho gigante y gris, paralizado con el brazo extendido entre los dos e intentando que captara ambas voces. Fue como intentar atrapar agua con un cazamariposas. Me había comprometido a no moverme y sujetar con firmeza el micro. Puede que Michael también, pero incluso permaneciendo quieto parecía fluir en todas direcciones. Sin pensármelo dos veces, le pasé el micrófono y me fui tranquilamente a las sombras del lado del escenario.

En resumen, tuve la oportunidad de ver dos maravillas al mismo tiempo. A mi lado, un sonriente Stevie en el centro del escenario detrás de su pila de teclados y con la cabeza un poco ladeada hacia donde había estado yo; y, deslizándose adentro y afuera del tenue círculo de luz que normalmente me indicaba dónde debía situarme, contemplé a aquel muchacho doblándose con un equilibrio imposible, el tempo de la canción enroscándose alrededor de su cuerpo como el cordel que hace girar un trompo. Y acto seguido invertía el sentido, dando vueltas sobre sí mismo como un patinador sobre hielo. La simetría de sus movimientos fue perfecta, ya que estaba tan quieto como una estatua cuando empezó a sonar otra vez la estrofa y entró de nuevo Stevie. Pensé en los días venideros y me dije que me quedaban treinta actuaciones para intentarlo, para que me saliera como a Mike. Era probable que no lo consiguiera.

37

Supongo que Stevie Wonder me seguirá llamando Air-ree-s toda la vida. Pero solo en los momentos apropiados. Por ejemplo de noche, después de una actuación, cuando los componentes del grupo nos reunimos en la habitación de hotel de alguno.

Los miembros de Wonderlove prepararon un juego con Stevie. La puerta a un cuarto trasero estaba cerrada. Stevie tomó asiento al otro lado de donde estaban las camas de la habitación y los miembros del grupo se sentaron a lo largo de las paredes y en las camas. Sin hacer ruido. Conversando con la gente que tenían al lado. Esperando. Aquella noche yo, sin sospechar nada y buscando jarana, abrí la puerta y me encontré con una habitación casi silenciosa cuyos ocupantes hacían como que me ignoraban. Vi a Stevie en una silla de respaldo recto inclinado hacia mí con una media sonrisa. Hubo un segundo de silencio en aquel cuarto lleno de expectación y entonces Stevie se levantó y gritó «¡Air-ree-s!» y todo el mundo se puso a reír y a aplaudir mirándome como si yo fuera un carterista al que se ha pillado con las manos en la masa.

Nunca supe cómo lo hacía y nunca se lo pregunté porque siempre pensé que lo acabaría averiguando. No es que me diera por vencido entonces, alzara las manos con indignación y jurara que cambiaría de loción para después del afeitado. No había nacido un primero de abril treinta años antes de aquel encuentro en el hotel para la futura diversión de los Wonderlove. Si me habían pillado era porque alguien había susurrado mi nombre y yo sabía que Stevie era capaz de oír a una mosca que estuviera meando sobre un trozo de algodón en la calle. «Espera a la próxima vez», pensé.

La próxima oportunidad se presentó al cabo de menos de dos semanas. Una situación similar. Fue después de un concierto y todas las habitaciones de la banda y de los pipas estaban en el mismo hotel. No supe que estaba todo preparado hasta que un sonriente Calvin me indicó que me dirigiera al fondo de una suite. Hice un gesto de complicidad con la cabeza y, sin arriesgarme en absoluto, avancé de puntillas con suelas de goma y sobre moqueta hasta una puerta que examiné con recelo. Tenía un plan.

Con un rápido giro de muñeca me deslicé en el cuarto y mientras cerraba la puerta me llevé un dedo a los labios con una expresión que decía «¡No quiero oír respirar!».

Stevie se quedó pasmado. Le habían pasado delante y lo sabía. Estaba sentado con la espalda erguida y giraba lentamente la cabeza como si fuera un giroscopio. Yo estaba atento vigilando que nadie se chivara, pero entonces, con la cara levantada hacia el techo sonrió en mi dirección y gritó «¡Air-ree-s!».

No sé qué decir al respecto. Ese fue probablemente el momento en que debería haberle preguntado cómo sabía que era yo. Al cabo de un rato, sin embargo, empecé a sentirme como un chico esperando a un mago detrás del escenario para hacerle preguntas sobre su número. Ellos no iban a soltar prenda y yo no debía preguntar.

Cogí un vaso de ponche que me ofrecieron y me senté en la cama al lado de Stevie dándole una palmada en el hombro. El volumen en la habitación volvió a ser el de una fiesta. Música. Bromas. Chicos y chicas que habían intimado durante la gira, o se habían estado enrollando a lo largo de los cientos de kilómetros recorridos, se confiaban secretos entre sí. Stevie tarareaba algo y tamborileaba con los dedos sobre la mesa que tenía enfrente como si fuera un teclado.

Malcolm Cecil siempre tenía alguna anécdota a punto sobre cosas que habían pasado cuando había grabado con Stevie. Como aquella del juego al que solían jugar en los pasillos de los estudios de grabación Record Plant de Los Ángeles. Los pasillos tenían tres metros de ancho y Stevie se situaba en el centro dejando un metro de espacio a ambos lados. El juego consistía en pasarle por la derecha o por la izquierda sin que te atrapara. Algo imposible, según Malcolm. Yo había supuesto que Malcolm, que practicaba el taichi, sin duda habría perfeccionado algún tipo de marcha silenciosa entre las muchas piruetas y pasos que le había visto hacer, pero al parecer tanto daba. Estaba claro que Stevie era un maestro de un arte superior. Oídos de lince.

Cuando convivías con Stevie lo extraordinario se volvía ordinario, lo inusual no llamaba la atención y lo que antes te agobiaba podías pasarlo por alto. Las cosas que hacían que lo considerara un personaje extraordinario no se limitaban a su presencia sobre el escenario. De hecho, no tenían nada que ver con eso. Pero también es verdad que cada vez salía antes del camerino para no perderme la primera parte de su espectáculo, mucho antes de que me llamara para unirme a él sobre el escenario.

Me gustaba el inicio. Me gustaba su fuerza, los destellos repentinos de luz y color y movimiento. Sin duda todos experimentábamos el mismo subidón cuando el foco lo capturaba meciéndose como un péndulo, con las trenzas africanas de un lado al otro y arrancando el motor de los Wonderlove con los primeros compases de «Sir Duke». También me veía arrastrado fuera del ensimismamiento del camerino para asistir a la transición que tenía lugar a mitad del concierto, cuando los miembros de la banda parecían desvanecerse como una neblina y Stevie se quedaba solo con sus teclados. Su aislamiento tenía algo increíblemente conmovedor. La oscuridad del gigantesco estadio se llenaba de recuerdos silenciosos y «Lately» se convertía en una alfombra mágica que Stevie desenrollaba para que nos subiéramos a ella.

Yo todavía quería creer que era mejor letrista que él, pero las pruebas en sentido contrario se amontonaban en aquel álbum de sensibilidad extrema titulado *Hotter than July*. Salí del camerino durante la parte en solitario de su concierto para escuchar una letra que era mucho más que algo que decir mientras tocas el piano. Si por casualidad visteis a un tipo inclinado de manera extraña en las sombras del túnel que llevaba a los camerinos, era yo escuchando a escondidas la descorazonadora y solitaria certeza expresada en «Lately».

38

Hubo algunos conciertos de la gira que fueron memorables por razones diversas. A veces tomaba notas, si bien en su mayoría parecen escritas como si fueran una broma, una especie de acrobacia con la que me tomaba el pelo a mí mismo. En ocasiones eran unas líneas escritas antes de la actuación al lado de los gastos que debía anotar, y en otras un texto de una o dos páginas en que describía algo que había pasado o que había sentido durante el día o la noche, y que redactaba tras la actuación, poco después de la medianoche. Pocas hojas tenían las dos clases de notas, raro era el día en que había escrito algo antes y después del concierto. El 8 de diciembre de 1980 en Oakland fue uno de esos raros días con un antes y un después. Todavía hoy recuerdo cómo me sentí después.

Rara vez se me escapaba lo que Stevie me decía. Pero cuando le vi al pie de las escaleras que subían a la parte posterior del escenario del estadio de Oakland pensé que debía de haberle entendido mal. Quizá fue por la conmoción que me provocaron sus palabras. Quizá había oído claramente lo que me había dicho y tan solo pensaba que no era cierto. Era algo que no quería oír.

Pero no: tenía que haber comprendido mal a Stevie, fijo.

—¿Qué has dicho? —le pregunté intentando hacerme oír por encima del ruido.

—¡Que un psicópata, un tarado se ha cargado a John Lennon! —dijo Stevie—. Y no puedo soportarlo.

No soy tan tonto ni tan ingenuo como para sospechar que existe un mal supremo. Pero la muerte de un hombre bueno, una especie tan rara que casi está extinguida, es una verdadera tragedia. ¿Y qué les dices entonces a diecisiete mil personas que han salido para venir a verte y pasárselo bien?

Sentí lo mismo que había sentido al enterarme de que habían asesinado a Luther King o a otras personas; esa sensación de vacío en tu interior, de algo tuyo que se pierde. Había determinados acontecimientos en tu vida que tenían tal trascendencia histórica que se suponía que ibas a recordar las circunstancias en que te dieron la noticia durante el resto de tu vida. Probablemente cierta parte de la humanidad se valía de eso para ejemplificar la superioridad del hombre sobre los demás animales: «Recordar y conmemorar las desgracias».

Tener esos recuerdos era como doblar una esquina de una página del libro de tu vida. Pero quizá los animales también doblaban esquinas de páginas. Puede que no eligieran considerar la fecha de la muerte de John Lennon como un día de pérdida y luto; era más probable que recordaran la fecha en que murieron los circenses Ringling Brothers o el día en que nació la mujer de *Nacida libre*.

Estaba seguro de que hablaban de cosas importantes. No me sabía el diálogo al dedillo, pero podía imaginarme una conversación entre dos leones durante un paseo nocturno por la sabana.

—Sí, tío, fue allí —dice uno de ellos—. Justo al lado del abrevadero. Una cosa grande y fea con dientes afilados y que apretaba como un demonio. El gorila la llamó cepo para animales. ¡Jo!, esa cosa agarró a Freddy Leopardo y lo retuvo durante horas. El gorila soltó a Freddy, pero tenía la pata bien jodida y todavía cojea.

¿Qué demostraban exactamente esos recuerdos, esas páginas con la esquina doblada? ¿Que estabas conectado con el género humano? Imposible. Porque si así fuera, la gente nacida después, que no existía en el momento del hecho recordado, no podría conectarse. Por esa razón había libros de historia y padres y otra gente que te explicaban qué había pasado antes de que tú llegaras.

¿Y por qué necesitabas recordar esas cosas? La mayoría se referían a la muerte o el asesinato de alguien. Casi podías sentirte como si necesitaras una coartada: «¿Dónde estabas tú cuando asesinaron a fulano o a mengano?». Sin embargo, ocupaban páginas en los libros de historia. No sabía por qué. No sabía qué demostraba eso. ¿Que estabas conectado con el género humano? A menudo eran las cosas menos humanas imaginables. Desastres contra natura.

Yo siempre sabía dónde había estado en ese momento. Estaba en clase de historia en el instituto DeWitt Clinton cuando el director anunció desde el fondo de un barril vacío: «Señoras y señores, lamento notificarles que el presidente ha fallecido». Se refería a John Kennedy, a quien alguien había matado a tiros en Dallas.

Estaba en el teatro pequeño de la Lincoln cuando un tipo que todo el mundo llamaba «el Mangante» abrió de par en par una puerta trasera y gritó «El reverendo doctor Martin Luther King ha sido asesinado a tiros en Memphis, Tennessee».

Estaba en mi habitación del piso de la calle Oeste 17 cuando el hombre llegó a la luna y aquella misma noche escribí un poema titulado «Whitey on the Moon» [Blanquito en la luna], cuyo remate se le ocurrió a mi madre: «We're gonna send these doctor bills air mail special to Whitey on the moon» [Vamos a enviar esas facturas del médico por correo aéreo especial al Blanquito en la luna].

Me retrotraje a una conversación con mi abuela en la que rememoraba el shock nacional que conmocionó a América al divulgarse la noticia de que Franklin Delano Roosevelt había muerto: «Fue simplemente increíble —me dijo con ojos llorosos—. Al parecer nadie creía que fuera a morir nunca».

Y ahora yo siempre recordaría la noche en que murió John Lennon. Sí: por quién me lo dijo y por dónde me lo dijo, pero también por la impresión que provocó la noticia en el público. Demostró que habíamos tenido razón, Stevie y yo, al decidir apresuradamente que no serviría de nada anunciar la noticia antes de su actuación.

—No, espérate al final, antes de que les toquemos las últimas canciones —le dije—. Joder, ya nadie puede hacer nada.

Y había estado bien dejarlo para el final. El efecto que la lúgubre revelación de Stevie causó entre la multitud fue como un puñetazo en el diafragma que hizo que se les escapara un espontáneo «¡Uaaa!». Luego hubo un segundo de silencio, una ausencia de sonido, como si alguien les hubiera amordazado con un plástico tan apretado, que ni siquiera su respiración podía oírse. Yo estaba en la parte de atrás del escenario, fuera del cilindro de luz que envolvía a Stevie, al lado de Carlos Santana y Rodney Franklin, que iban a unírsenos para tocar los temas finales.

Stevie tenía algo más que decir aparte del mero anuncio de que habían disparado contra John Lennon y lo habían matado. Durante los cinco minutos siguientes habló espontáneamente sobre su amistad con John Lennon: cómo se habían conocido, cuándo y dónde, las cosas que habían disfrutado juntos y qué clase de hombre creía él que era Lennon. Esto último fue la clave, porque estableció una conexión entre lo que había pasado en Nueva York aquel día y lo que había pasado en el balcón de un motel de Memphis, Tennessee, doce años atrás. Y trazó un círculo alrededor de la clase de hombres que defendían tanto la paz como el cambio. Ese círculo se me antojó sospechosamente semejante a una puta diana: subrayaba los riesgos que corrían esa clase de hombres, aquello que con demasiada frecuencia les pasaba.

Stevie dijo que lo ocurrido daba mayor relevancia a la concentración que iba a celebrarse al cabo de cinco semanas. Yo solo pensé que a lo que daba mayor relevancia era a la seguridad. Sin duda alguna.

Pero fue otro momento turbador de una noche en la que ya había habido notables jarros de agua fría, un crudo recordatorio de cómo de vez en cuando el mundo se cuela dentro del refugio que te proporcionan las giras y los estudios de grabación y las oficinas de la calle Oeste 57. Algo que te detuvo el corazón por un instante y te congeló los pulmones con un grito ahogado, mostrándote cuán frágil es lo que te une a la vida y cuántos enemigos ignorabas que tenías.

También confirió más fundamento, una legitimidad más básica, a la gira de Stevie Wonder y a su campaña a favor de un día festivo nacional para honrar a un hombre de paz. No solo en mi opinión. Todo el mundo pareció entender un poco mejor de dónde partía Stevie y de qué iba aquella campaña:

> It went from somewhere back down memory lane
> To hey motherfuckers out there! There are still folks
>   who are insane
> In 1968 this crowd was eight to twelve years old
> And they weren't Beatle maniacs but they did know
>   rock and roll.
> The politics of right and wrong make everything
>   complicated
> To a generation who's never had a leader assassinated
> But suddenly it feels like '68 and as far back as it seems
> One man says «Imagine» and the other says «I have a
>   dream»

[Partía de un hecho guardado en el baúl de los recuerdos / y llegaba a los hijoputas que andan sueltos. Todavía hay tipos que no están cuerdos / en 1968 esta multitud tenía entre ocho y doce años / y no eran beatlemaníacos pero sabían qué es el rock, conocían el paño. / La política del bien y el mal lo hace todo complicado / para una generación sin ningún líder asesinado / pero de pronto parece que estemos en el 68 y con el mismo empeño / uno dice «Imagina» y el otro dice «Tengo un sueño»]

Algunas noches Stevie salía al escenario con el corazón en la mano. Con ambas partes de su corazón. La parte afectuosa y la parte que estaba atemorizada. Mostraba sus sentimientos. Es imposible que aquella noche en Oakland hubiera en todo el estadio una sola duda acerca de su sinceridad. Su respeto por Luther King y su amistad con John Lennon tomaron forma y se magnificaron cuando dejó de lado su campaña y permitió que los diecisiete mil espectadores, que tanto podrían haber sido diecisiete millones como solo diecisiete, echaran un vistazo a lo que la mayoría de hombres niegan tener: un interior donde toda la insensatez y la locura de este mundo te duelen y te enfurecen de verdad.

Antes había notado algo de esto en Stevie. Había estado latente en el programa *20/20* cuando dedicó una canción a Barbara Walters. Había estado en su voz en Boston, Massachusetts, cuando detuvo una actuación para repasar el historial racista de esa ciudad. Era una comprensión de la esencia de la vida que superaba con mucho la capacidad de Stevie para sostener una nota o tocar una escala o escribir su nombre, ya no digamos una melodía. Ahí había un hombre cuya humanidad y compasión eran genuinas, tan evidentes y tan ciertas como las lágrimas que se le escurrían por debajo de las gafas oscuras y le corrían copiosamente por la cara hasta caerle en la ropa. Lágrimas que no se molestó en enjugarse.

El discurso de Stevie fue como un solo de jazz, espontáneo e inmediato, una manera de expresarse tan franca que casi resultó embarazosa. Yo intentaba encontrar algo que mirar alrededor de mis zapatos mientras las lágrimas iban tomando asiento en la primera fila de mis ojos.

Luego no recuerdo haber tocado las dos últimas canciones que cerraban el concierto, aunque estoy seguro de que lo hicimos. Tan solo puedo evocar tres imágenes nítidas de aquella noche, en dos de las cuales aparece Stevie: en la primera veo al hermano esperándome al pie de aquellas escaleras. En la segunda está solo debajo del foco, llorando. Y en la tercera estoy yo al lado de Santana, ambos rastreando con los ojos el suelo del escenario como si verdaderamente hubiera algo que buscar.

Me llevé otro recuerdo de Oakland. Sobre un artículo que apareció en el periódico a la mañana siguiente, una crítica del concierto que nos ponía a parir tanto a mí como a Stevie ya en el primer párrafo: ¿cómo osaba yo llamarme Ministro de Información, decía, y cómo osaba Stevie llamarse Embajador Mundial del Amor cuando ninguno de los dos había tenido la consideración de mencionar que un amigo o colega fraternal había sido asesinado?

Eso era una insinuación de carácter racista. Daba a entender que en el escenario no se había mencionado el asesinato porque yo era negro y Stevie era negro mientras que John Lennon era blanco y por lo tanto no era «de los nuestros».

Keg Leg estaba indignado:

—¿Pero de qué coño va este tío, jefe? ¡Si Stevie se tiró un buen rato hablando!

—Es por la hora de cierre de la edición, Keg —intenté explicarle—. Para poder sacar este artículo en el periódico esta mañana, el periodista se tuvo que ir antes de las once. Y Stevie no empezó a hablar hasta las once.

Lo que significaba que diecisiete mil personas sabían lo que había pasado, pero trescientas mil habían leído en el periódico a la mañana siguiente que tanto Stevie como yo éramos mucho menos de lo que nunca habíamos pretendido ser.

39

15 de enero de 1981

Lo asombroso de la gente que se supone que «piensa en todo» es la cantidad de cosas que ni se les pasa por la cabeza. Es evidente que lo que esta expresión pretende indicar se centra en un tema concreto, por ejemplo, qué pasa en tu vida, sea lo que sea, o qué estás haciendo en ese momento. A mediados de enero de 1981 yo ya debería haber sabido mucho más de lo que sabía acerca de lo que estaba haciendo y qué pasaba en mi vida.

Esto en ningún momento se me hizo más evidente que cuando, desde detrás del escenario al aire libre montado en los jardines al pie del monumento a Washington, observé el inicio de la concentración organizada por Stevie a favor de Luther King. Ni siquiera puedo explicaros lo poco que yo sabía, pero intentaré explicaros cómo me di cuenta de ello.

Nunca afirmaría que soy el tipo más listo del planeta. De haberlo dicho, a estas alturas el lector ya sabría que habría mentido. Pero, por otra parte, en esos momentos yo ya llevaba diez años en el negocio, y bien debía tener la sensación de que sabía más que cuando había empezado. Además, entonces ya llevaba diez semanas trabajando en la gira *Hotter than July* y ciertos datos nuevos se me pasaron por la cabeza mientras subía por las escaleras a aquel escenario temporal y contemplaba a la multitud de quizá cincuenta mil personas que, codo con codo, se extendía de punta a punta de la Explanada Nacional y cantaba «¡Un día festivo para Martin Luther King!»

El 15 de enero ya habían transcurrido diez semanas desde que, en la víspera del día de Todos los Santos, empezara a trabajar en la gira *Hotter than July*. Era un proyecto que, en su totalidad, debía durar dieciséis semanas, o cuatro meses, la tercera parte de un año. Finalmente se redujo a dos partes de seis semanas cada una, más una interrupción, un período de descanso, de un mes de duración. Desde que empezara la pausa de la gira en la Costa Oeste, a mediados de diciembre, mi vida no se había visto libre de contratiempos y alteraciones, pero al menos los asuntos del negocio y de la música iban según lo previsto. Mi nuevo álbum, titulado *Real Eyes*, había salido a principios de diciembre; podía esperarse algún apoyo económico para nuestras actuaciones durante más o menos los dos meses siguientes. Eso significaba que todo el mundo cobraría y que parte de la música que estaba escribiendo y arreglando para nuestra prácticamente nueva formación con la sección de metales empezaba a funcionar. Eso estaba bien.

Básicamente, la concentración en Washington D.C. era el espectáculo intermedio de la gira antes de empezar la segunda mitad de seis semanas. Pero si habéis visto alguna vez el espectáculo de la banda musical de la Universidad A&M de Florida, ¿cuánto tiempo creéis que cuesta perfeccionar su manera de llevar el paso, sus formaciones, lanzamientos de bastón, improvisaciones y manera de tocar los instrumentos?

De manera que nadie que yo viera allí parecía que fuera a dar saltos de repente y ponerse a desfilar como una majorette de arriba abajo por la Avenida de la Constitución, pero me encantó ver cuánta gente creía que valía la pena apoyar a Stevie.

Una cosa que me dejó pasmado al pensar en esa concentración fue en cuántas cosas no había caído yo. Por ejemplo, cuánto trabajo suponía organizar una puta concentración. Era eso lo que Stevie había hecho y lo que le había robado tanto tiempo libre durante la gira y lo que debía de haberle ocupado lo que yo llamaba el «período de descanso», el mes transcurrido entre el 15 de diciembre y el 15 de enero, fecha del cumpleaños de Luther King. Eso tenía que haberle sustraído un montón de tiempo y probablemente más aún sus pensamientos. La concentración. Cómo publicitarla, cómo darle bombo, cómo legitimarla.

Parte del trabajo resultaba obvia. Debías conseguir permisos, como por ejemplo una autorización para celebrar una manifestación. Parecía extraño, pero se necesitaba cierto número de policías para cerrar determinadas calles o desviar el tráfico o simplemente para que se dejaran ver por ahí. Y en los jardines del monumento a Washington había barreras de protección y controles de seguridad y áreas restringidas y un escenario y un equipo de música y técnicos para montarlo y hacerlo funcionar. Y yo también estaba disfrutando de otro aparato que consideraba necesario: un convector con que calentarme el trasero, que se me había congelado.

No tenía ni idea de lo que podía costar todo aquello, a cuánto ascendía el total de los gastos. Tampoco pregunté nada ni tuve que ver cómo se me ocultaban neuróticamente los gastos que había hecho por Stevie. No podía justificar de ninguna manera una pregunta como: «Oye, ¿cuánto coño va a costar todo esto?».

Consideraba que esa información era probablemente algo que se distribuía de acuerdo con la necesidad que uno tuviera de saberla, y al parecer yo no tenía esa necesidad. No me preocupaba el porqué.

Aquel día mi respeto por Stevie Wonder creció exponencialmente. Acepté su liderazgo como si fuera un miembro más de su banda, porque ver las cosas tal como él las había visualizado te llevaba a un nuevo nivel de confianza. Era algo que se iba infiltrando lentamente, y cuando el esfuerzo y la sinceridad auténtica de alguien te afectaban personalmente, el cerebro te decía que todavía no lo entendías pero el alma te decía que debías confiar.

Horas antes aquel mismo día habíamos ido al despacho del alcalde Marion Barry. Ahí me habían presentado al ganador de un concurso de redacción que había organizado las escuelas de Washington D.C. El tema de la redacción era razonar por qué el cumpleaños de Luther King debía ser un día festivo nacional y se podían presentar al concurso los alumnos de cualquier instituto de la ciudad. Lo había ganado un estudiante de séptimo curso, y yo pensé que lo más destacable era el hecho de que fuera un chico de doce años. Después de que nos presentaran me tomé unos minutos para leer su redacción para saber cómo acababa, ya que luego, en la concentración, sería yo quien presentaría al chico a la multitud.

Era un día de invierno gris, de ese tipo de gris que parece permanente, con un cielo que no se molesta en tener nubes ni recordar el azul. Gris, plomizo, no amenazador pero sí altanero. Había gente organizando la movida, controlando cuántos oradores dispuestos a dirigir unas palabras al público andaban cerca.

Cuando llegamos a la parte del acto en la que el chaval tenía que leer su redacción, lo presenté y salí del escenario. Estuve atento a los altavoces porque debía volver a estar ahí cuando él hubiera terminado. No le llevaría más de cinco minutos, como máximo.

En un momento determinado, oí que al chaval le costaba leer su propia redacción. Pensé que debía de haberse puesto nervioso ante tamaña multitud sumada a los que lo estarían viendo por la tele: se debía de sentir como si lo estuviera observando el mundo entero. Noté que el gentío se iba impacientando y un par de tíos empezaron a mortificar al chaval.

De pronto, a mitad de una frase, o quizá a mitad de una palabra, el chaval dejó de hablar. Se dio la vuelta y regresó a su asiento, situado en el puesto de honor, justo detrás del estrado en medio del escenario.

Entonces se hizo el silencio, tan solo un conato de aplauso comprensivo. Miré mi lista de oradores y presenté al siguiente, pero me di cuenta de que algo había salido mal. Mientras el siguiente orador se encaminaba al estrado me acerqué al chaval y le dije: «Déjame ver esa redacción, hermano».

Y, en efecto, se había detenido al principio del segundo folio, cuando todavía le faltaban por lo menos cinco o seis párrafos para acabar. Había estado leyendo una copia mimeografiada de su redacción y la tinta casi se había desvanecido: habrías necesitado unas gafas de visión nocturna o alguna mierda así para ver qué ponía en aquel folio.

Esperé a que acabara el siguiente orador y luego me subí al escenario y expliqué al público que iba a presentarles otra vez al chaval, que este leería su redacción hasta el final y que todo el mundo iba a escucharle. Sí, ya sabía que hacía frío, dije, pero el mismo frío sentía el chaval y los folios de su redacción estaban medio borrados, de manera que no quería oír más que aplausos y punto. «Tened un poco de paciencia con el hermanito, por favor.»

Tras volver a presentarlo, me fui de nuevo detrás del escenario. Empezó a leer otra vez y le oí llegar al punto en el que había titubeado, la parte del folio que a duras penas se podía leer. Empezó a titubear de nuevo y cuando ya me esperaba que algún listillo diría algo, la cosa empezó a funcionar. Eché un vistazo y vi que Diana Ross se había puesto a su lado y le pasaba un brazo por el hombro. Sin robarle protagonismo, sin hacer suya la redacción, le ayudó a salir del paso. El muchacho ganó seguridad y la multitud empezó a apreciar lo que este había escrito. Me quedé ahí pensando «¡Debe de haber unos treinta o cuarenta adultos sobre este escenario y solo a ella se le ha ocurrido subir al estrado y ayudar al hermano!».

También habló Jesse Jackson. Defendió que debían cambiar las leyes y que la gente necesitaba saber más sobre Thurgood Marshall y sobre lo que había pasado, porque para cambiar América era necesario que cambiaran las leyes. Es decir, si no cambias la legislación no cambias nada. Ya podías prender fuego al barrio y reducirlo a escombros, que alguien lo reconstruiría; lo único que hacías era incendiar algunas casas. Pero si cambiabas la legislación, habías hecho un montón para cambiar las bases de la sociedad.

Está claro que consideré la presencia de aquella gente sobre el escenario como un tributo al respeto que les merecía Luther King. Pero también evidenciaban el respeto que les merecía Stevie por haber dado un paso y haber propuesto una idea positiva, por recordarnos a algunos de nosotros que difícilmente podíamos acusar de inacción a los miembros del Congreso y a otros representantes si sus intentos de promover en público ideas importantes para nosotros eran acogidos con indiferencia por aquellos a los que supuestamente beneficiarían más.

Sí, la posibilidad de que se aprobara una ley para convertir en fiesta nacional el día del cumpleaños de Luther King parecía remota, sobre todo porque se había propuesto justo después de que América hubiera elegido presidente a Ronald Reagan, que sería investido al cabo de cinco días en el extremo opuesto de aquella Explanada Nacional. Pero si nuestra comunidad iba a hacer contribuciones valiosas, debía reconocerse que los que las hicieran ofrecían algo que tenía valor. ¿Por qué la próxima vez que uno o una de los nuestros lo intentara tendría que considerar que valía la pena hacer el esfuerzo, conseguir el apoyo necesario y de alguna manera fortalecerse contra la oposición, que siempre parecía más firme, más numerosa y con argumentos más buenos y genuinos, si hasta un hombre que había ganado el Premio Nobel de la Paz era ignorado allí donde sus esfuerzos por la paz habían resultado más fructíferos?

Algo no funcionaba cuando en su propia tierra se ignoraba a un hombre cuyos méritos habían sido reconocidos en el resto del mundo. Provocar un cambio en la mente de las personas es difícil. Por esto hay libros y profesores y leyes. Un cambio en el corazón de las personas es todavía más difícil de calibrar. Tiene que haber alguna señal por parte de los que las representan en una sociedad en la que la gente convive sin tocarse. Tiene que haber alguna garantía de que hemos aprendido que aquellos que nos mostraron el camino no hicieron aportaciones que solo necesitaba la gente de fuera de nuestro país. No hay duda de que el hecho de que los méritos de un Desmond Tutu o de un Martin Luther King hayan sido reconocidos por jurados compuestos por personas objetivas, ha puesto de relieve su valía con independencia de las constricciones geográficas; que su obra, en lo esencial, con independencia de la comunidad de la que haya salido, es válida para la humanidad entera. ¿Cómo podría nuestro país pretender guiar a la humanidad ignorando lo que la humanidad necesita y respeta? Cualquier americano, criado en un ambiente de abuso y violencia, que hubiera propuesto que siglos de discriminación deliberada podían superarse sin pagar a los opresores con la misma moneda no era simplemente valioso, sino inestimable.

Esto era lo que significaba Luther King y esto era lo que Stevie Wonder pedía a América que honrara. No todos los días festivos debían reservarse para mayor gloria de los generales. Rogarle al país que honrara a hombres por haber hecho lo que hicieron en momentos en los que sus difíciles decisiones personales transformaron sus actos en cambios de trascendental importancia para el bien común significaba lo mismo para todos los ciudadanos.

En este legítimo deseo de subvertir el orden legal que vetaba e impedía la conquista de la igualdad yacían el germen y, a su vez, la causa primera del desencanto con lo que se dio en llamar «el Movimiento por los Derechos Civiles». Lo que singularizó la década de los sesenta fue que hubo una sola cosa en marcha, un solo movimiento: el Movimiento por los Derechos Civiles. Había diferentes organizaciones procedentes de rincones diversos por razón de la geografía, pero en esencia todo el mundo tenía el mismo objetivo. Llegó tan de repente y desde tantos ángulos distintos, pasaron tantas cosas en tantos pueblos y ciudades al mismo tiempo, que se pilló a las autoridades con la guardia baja.

Las autoridades se habían hecho con el control cuando salió elegido Eisenhower. Desempeñó el cargo de presidente mientras nos tenían acogotados. Llegó incluso a hablar del tema antes de abandonar el cargo. Pero se cometió una imperdonable cagada. Otro banal descuido. Se olvidaron de la misma gente que siempre era pasto del olvido. Fue no mucho después de que el escritor negro Ralph Ellison reflejara nuestra situación en su novela *El hombre invisible*. Éramos el último asunto en la última página de la última agenda. Pero eso no duraría, porque la última cosa con la que contaban era con la disidencia activa. Hasta la década de los sesenta, «el movimiento» había sido propiedad exclusiva de gente mayor o de edad madura. Pero entonces se convirtió en una iniciativa promovida por los jóvenes, y al empezar la década la palabra clave pasó a ser «activismo», con Stokely Carmichael y el Comité Coordinador Estudiantil No Violento, los llamados «Pasajeros de la Libertad» y las sentadas. Apareció un nuevo sentimiento de empoderamiento en las comunidades negras. Y una vez se hubo puesto en marcha, cayó sobre las autoridades como una capa de pintura.

Pero en el decurso de este proceso emergieron diferencias entre quienes priorizaban la «igualdad», la «libertad» o los «derechos civiles». Estas diferencias fueron exageradas porque algo tenía que hacerse con la repentina unidad que reinaba entre la gente negra en todo el país. La gente atraía aún más la atención de los medios de comunicación cada vez que se acentuaban estas diferencias. Hubo escisiones creadas y azuzadas por los medios de comunicación. De no haber sido así, el Movimiento por los Derechos Civiles habría bastado y habría tenido más éxito. Lograr los objetivos del movimiento habría convertido en poco menos que superflua la lucha por los «derechos de los gays», los «derechos de la mujer» y las «derechas e izquierdas». Pero divide y vencerás era el objetivo de programas como el COINTELPRO, el Programa de Contrainteligencia del FBI. Y a pesar de que acabó funcionando casi al revés, funcionó.

Separaron los dedos de la mano* y concedieron a cada grupo una reivindicación diferente; nos desorientamos. Una vez separados, ninguno de nosotros parecía saber guardarse del COINTELPRO. J. Edgar Hoover estaba muerto, pero en Washington D. C. cumplían lo que él había dicho: jodedles a todos.

Fue durante aquella actuación entre las dos etapas de la gira, mientras miraba de un lado a otro de la Explanada Nacional, cuando vi por primera vez. Vi lo que el hermano Stevie había visto mucho antes: lo que de verdad tenía que hacerse.

Todos ocupamos el escenario.

La multitud seguía gritando «¡Un día festivo para Martin Luther King!».

Stevie se acercó al micro y les habló:

—Resulta apropiado —dijo—, que nos hayamos reunido hoy aquí, porque fue justo aquí donde Martin Luther King estimuló a la nación entera y al mundo con sus conmovedoras palabras, su gran visión, que nos desafió y al mismo tiempo inspiró con su gran sueño. Hay gente que ha preguntado «¿Por qué Stevie Wonder, un artista?», ¿Por qué tenía que implicarme yo en esta gran causa? Soy el artista Stevie Wonder, sí, pero también soy Steveland Morris, un hombre, un ciudadano de este país y un ser humano. Como artista, mi

---

* Alusión al célebre «Símil de la mano» que aparece en el denominado «Compromiso de Atlanta», influyente discurso pronunciado en 1895 por el líder de la comunidad negra estadounidense Booker T. Washington y que mereció las críticas de otros líderes negros por ser demasiado complaciente con los intereses de los blancos. El símil, interpretado por muchos como una aceptación tácita de la segregación racial, dice que blancos y negros pueden estar tan separados como los dedos de una mano por lo que respecta a cuestiones meramente sociales, pero que deben actuar unidos, como la mano entera, en todo aquello que resulta esencial para su progreso mutuo. (*N. del T.*)

intención es comunicar el mensaje que pueda mejorar la vida de todos nosotros. Me gustaría pediros a todos que permanezcáis en silencio tan solo un momento y penséis y escuchéis en vuestro interior la voz de nuestro Doctor Martin Luther King...

40

En el verano de 1985 mi hija Gia, que entonces tenía cinco años, fue a Nueva York para pasar unas cuantas semanas con mi madre. Tal como a veces les ocurre a los diabéticos, un día mi madre corrió demasiado, se agotó y luego se desplomó. Y a su nieta le tocó correr hacia el teléfono, teclear el 911 y decirle al telefonista adónde había que ir: al lugar desde el que llamaba.

Esa fue la parte que más nos impresionó a mí y a todos al enterarnos del salvamento que había llevado a cabo Gia: que una niña de cinco años que se hallaba en Nueva York tan solo de visita supiera en qué calle estaba (la Este 106) y el número del apartamento en el que se alojaba (el 19 A). Eso no solo requería tener una buena memoria sino también unos nervios de acero para no dejarse llevar por el pánico... tanto a los cinco años como a los cincuenta y cinco. Como disponían de los datos correctos sobre qué había ocurrido y dónde, el servicio de urgencias pudo llegar como un rayo con la glucosa; dijeron que mi madre había estado al borde de perder la conciencia y la instaron a acostarse y reposar durante el resto de la tarde antes de la próxima sesión de ruleta rusa.

El incidente nos demostró lo lista que era la hija que habíamos engendrado Brenda y yo. Era inteligente y resultó que también se estaba convirtiendo en una buena persona. Los padres no podían ni dirigir ni intervenir en la configuración del intelecto; no podían influir en absoluto en la herencia del coeficiente intelectual del uno o el del otro, el del uno menos el del otro o la suma de ambos. Pero sí que podían hacer mucho en todo lo relativo a la clase de persona o a lo buena persona que llegara a ser su hija.

La sociología y todas las demás ciencias aproximativas inexactas de probabilidades y de ominosamente lúgubres pronósticos pueden irse al infierno. Esas vaguedades seudocientíficas, de base y potencial tan imprecisos como irregulares, parecen haber sido inventadas para generalizar y generalmente convencer a los humanos de que no pueden ser la clase de persona que en realidad sí pueden ser. Eso me recordó aquella vieja canción de Brook Benton sobre «the odds against goin' to heaven, six to one» [las probabilidades de ir al cielo, seis contra uno]. Bien, ya os podéis figurar que esto era una absoluta gilipollez. Sabía que Danny Sheridan, el analista de apuestas de Las Vegas, abarcaba un montón de temas y que los ingleses hacían apuestas con casi todo, pero seguía dudando de que se pudiera apostar por el cielo o el infierno, aparte de la apuesta segura de que al final todos dejaremos este mundo.

Pocos años después llamé a mi madre desde Londres el día de su cumpleaños, el 6 de junio. Echamos unas risas antes de que me recordara que le estaba haciendo una llamada internacional; acordamos reanudar la conversación cuando estuviera de vuelta en Estados Unidos. Le dije que intentaría telefonearle desde el aeropuerto de Newark, en Nueva Jersey, donde haría escala antes de tomar el puente aéreo a Washington.

Si localizar el equipaje, pasarlo por la aduana y encontrar mi siguiente sala de embarque no me llevaba más tiempo del acostumbrado, dispondría de un breve intervalo para hacer una llamada rápida... Y si todo salía bien.

No fue así. El jet de Continental Airlines procedente de Heathrow aterrizó con hora y media de retraso debido a una tormenta. El último vuelo para Washington salía al cabo de treinta minutos y tenía demasiado overbooking como para que pudiera soñar con pillarlo, aunque me acomodara en el ala. ¿Qué podía hacer?

Decidí ir a la estación de ferrocarril de Newark e intentar pillar el último tren nocturno de la Amtrak en dirección sur. Mientras esperaba un taxi llamé a mi madre. No pude hablar con ella porque comunicaba. No le di más importancia y me subí al taxi de un hermano jodido y agobiado que se quejaba del mal tiempo.

Cuando llegué a la estación de Newark, poco antes de las diez, hacía diez minutos que el último tren al sur había salido. El siguiente, que llegaba a Washington a eso de las seis o las siete de la mañana, no saldría hasta las tres de la madrugada. Podía esperarlo, me informaron en la ventanilla.

Contemplé con tristeza el deprimente recinto proporcionado por la Amtrak a los pasajeros de Newark. Resultaba evidente que aquella estación era para tomar trenes, no para esperarlos. No había ni siquiera un kiosco ni una máquina de refrescos. Nada que te hiciera sentir que estabas esperando algo que no fuera un atraco.

Volví a llamar a mi madre para desahogarme. Pero seguía comunicando.

Había un tren a la estación Penn de Nueva York que salía a las 21.55.

Regresé a la ventanilla, donde ya estaban cerrando y retirando la recaudación y los billetes.

—Voy al norte —dije.

De pronto casi recuperé mi sonrisa torcida. La cara se me iluminó bastante. Joder, en Nueva York podría comer algo y comprar una revista. Habría gente y señales de vida. Era muchísimo mejor que quedarse esperando solo Dios sabía qué en la penumbra de aquella especie de depósito de cadáveres de Newark.

Oí el silbato del tren que llegaba y tuve el tiempo justo para agarrar el equipaje y bajar penosamente un tramo de escaleras antes de que se detuviera y se quedara en silencio.

Dos frases me vinieron de inmediato a la cabeza al llegar a Nueva York. No fallaba nunca. La primera era de la canción de Stevie titulada «Just Enough for the City», cuando al principio oyes a su colega Calvin diciendo casi con veneración «New York! Just Enough for the City» [¡Nueva York! ¡Justo lo que pide la ciudad!]. Era la frase perfecta, con un asombro perfectamente acompasado ante las maravillas de aquella ciudad. La segunda frase fue «New York, New York —so nice they named it twice» [Nueva York, Nueva York, tan bonita que la bautizaron dos veces]. Esta era sin lugar a dudas una contribución de un poeta neoyorquino autónomo cuyo arte nunca fue recompensado por las organizaciones cívicas de la ciudad, cuyo punto de vista rendía más tributo a Frank Sinatra que a una descripción sincera. Lo cual significaba asimismo que probablemente tampoco habría muchas alabanzas para dedicar a la persona que acuñó la denominación de «la Gran Manzana», que justo entonces se estaba empezando a pudrir del todo.

Había otro dicho que encajaba tanto con Nueva York como un macarra encaja en Times Square: 24/7. Es así como la gente de la calle se refería a algo que está abierto las veinticuatro horas del día, siete días a la semana. Nueva York era esto, y contabas con diversos establecimientos autorizados para ofrecerte sus servicios día y noche los 365 días del año. Sin interrupción, tan solo con cambios de turno.

La estación de Penn era uno de esos establecimientos. Con trenes con destino a alguna parte, a todas partes, a cualquier parte y a ninguna parte, reinaba ahí un caos permanente que te podía recordar la rotación constante de la tierra, indiferente a los problemas terrenales, o bien hacerte cavilar cómo aquella locura de millares de destinos podía ser coordinada en el cerebro de un ser humano.

En aquel momento yo estaba impresionado por el sistema de coordinación que había conseguido proporcionarme, de donde coño fuera que la hubiera sacado, y justo a tiempo de salvarme de morir de inanición, la hamburguesa con queso que me estaba comiendo. Me tomé un minuto para decidir qué pediría de postre y volví a llamar a mi madre. Era un poco tarde, pero, joder, era ella quien estaba de palique al teléfono. Seguía comunicando, de manera que poco después de que dieran las once pedí un batido para que me ayudara a pensar.

No me gustó lo que me señalaban mis pensamientos.

Quizá tendríais que conocer a mi madre o a los Scott en general, ya que ella era un ejemplar bastante representativo de la familia. No eran gente gritona, ni habladora, ni sociable, ni ostentosa. No eran grandes usuarios del teléfono. Las tres horas que llevaba sin poder ponerme en contacto con ella porque comunicaba equivalían a lo que solía hablar en tres meses. De vez en cuando podía tener una charla con la señora Cox, su buena amiga de Jackson. Y había una o dos mujeres más y un amigo que la llamaban. Pero apenas podía recordar una conversación telefónica suya que durara más de quince minutos. ¿Y una conversación a aquellas horas de la noche? Yo nunca la habría llamado después de las diez si no fuera por una cuestión de vida o muerte.

A medianoche lo volví a intentar. Comunicaba. Y supe que la línea no estaba ocupada. Y no constaba que hubiera problema telefónico alguno. El hecho de que hubiera estado comunicando entre las ocho y media y las nueve era bastante raro, pero ahora la situación ya invitaba a pensar en lo peor. No soy precisamente un prodigio de arrojo y valentía, pero tampoco una persona proclive al pánico. Y ahora no iba a dejar llevarme por un ataque.

Aun así, tomé mis decisiones con celeridad. Di las gracias al telefonista, busqué en la consigna una casilla donde dejar el equipaje e hice señas a un taxi frente a la estación de Penn. Me dirigí a la calle 106.

Al cabo de poco estaba golpeando (no, leed más bien GOL-PEANDO), aporreando con ambos puños la puerta del apartamento 19 A en presencia de una alarmada mujer del departamento de policía que estaba decidida a no mostrar que estaba alarmada. Estampaba contra la puerta ráfagas de cinco golpes que sonaban como cañonazos sin espacio suficiente para retumbar en aquel pasillo del tamaño de un armario. Hasta que incluso los atrincherados, apáticos, ocúpate-de-tus-asuntos neoyorquinos se alteraron. Hasta que la señora con su uniforme impecable me tocó suavemente el brazo para decirme...

—¿Quién llama? —dijo una voz temblorosa y aguda al otro lado de la puerta. —Y de nuevo—: ¿Quién llama?

—¡Tu hijo! ¡Abre la puerta! —dije gritando.

—Mi hijo ya no vive aquí —oí que decía.

Luego la puerta se abrió todo lo que permitió la cadena y apareció mi madre (o al menos todo lo que necesitaba ver de ella).

Tenía un tajo en la mejilla con sangre seca y sangre a medio secar alrededor como un halo con tonos azulados. Al reconocerme nos dejó entrar; su hijo y la mujer uniformada que entonces hablaba por la radio portátil.

Ayudé a mi madre a regresar a la cocina y a la seguridad mientras esperábamos a la ambulancia.

41

A finales de febrero de 1989, un fin de semana que tocaba en el Blues Alley de Washington D. C. descubrí a Lurma (la madre de mi hijo Rumal) entre el público. Había pasado mucho tiempo desde la última vez que la viera, pero nunca había dejado de preguntarme por qué me había prohibido decir nada sobre Rumal y por consiguiente también dirigirle la palabra. Me preguntaba quién debía de pensar él que era su padre. Quizá el hombre que los rumores relacionaban con Lurma de vez en cuando. Mi perplejidad duró hasta aquella noche.

Me acerqué y me senté, le di conversación, incluso me hice una fotografía con ella. Me dijo que necesitaba hablar conmigo, así que la invité a mi hotel después de la actuación.

No tenía literalmente ni idea del asunto del que íbamos a hablar, pero sabía que debía tener alguna relación con el chico. Eso resultaba evidente.

Empezó a hablar muy lentamente y dijo:

—Creo que ha llegado el momento de que tengas una charla con tu hijo. Empieza a hacerme preguntas que no puedo responder.

—¿Preguntas sobre de dónde vienen los niños y tal? —le pregunté con una mueca—. ¿Significa eso que ya puedo decir a la gente que es mi hijo?

Ojalá pudiera describir todas las expresiones que vi destellar, materializarse y desvanecerse en su cara. Unos tres se-

gundos se eternizaron entre nosotros mientras nos mirábamos a los ojos. Ambos estábamos buscando cosas que nos
sorprendía no encontrar. Yo buscaba la franqueza con la que
siempre podía confiar que me hablaría, la respuesta o répli-
ca rápida que opondría a mi superficialidad o con la que re-
chazaría mi arrogancia. Ella buscaba en primer lugar un indicio de sarcasmo, luego de engaño, un aire de desorientación,
luego un intento fallido de chiste de mal gusto. Y finalmente
la conmoción y la aceptación dieron al traste con el juicio
que se había formado.

—Así que nunca has hablado de él, quiero decir de Rumal... —empezó, se detuvo, empezó.

Me había llegado el turno de mostrarme firme.

—Nunca —dije—. A nadie. Me dijiste que no dijera a nadie que era hijo mío, y no lo he hecho. Ni siquiera se lo he
dicho a mi madre.

—Tu madre... —repitió.

—No me dijiste que hubiera excepciones —le dije apar-
tando la mirada—. De manera que no podía hacer ninguna.
No se lo he dicho ni a mi hermano ni a mi hermana ni, joder,
a nadie. ¿Significa esta visita que ya se lo puedo decir?

Seguimos hablando y me hizo retroceder hasta el día en
que había venido a verme a casa. Entonces ella quería com-
prarse una casa en Alexandria donde establecerse con Rumal. Pensaba que le convenía ir a ver la casa acompañada
de un novio. Y que un colega del *Washington Post* la ayuda-
ría a dar una imagen de estabilidad, y que no quería que se
interpusiera en las negociaciones de la compra el rumor de
que Rumal era en realidad hijo de un hombre casado que vivía en Martha's Road.

Compró la casa: un adosado de ladrillo y tres plantas en
Pine Lake Court. Y tan pronto como se hubo cerrado el trato
y los papeles estuvieron firmados, la fugaz farsa con su compañero de trabajo se terminó. Pero a mí nadie me dijo nada.

Se hizo evidente que a algunos de los colegas de Lurma
en el *Post* y el *Washington Star* no les había hecho prome-

ter que guardarían silencio. A menos que yo fuera el único a quien habían estado jorobando con lo que sabían. Y si ellos informaron a Lurma sobre mis respuestas vagas, evasivas y vacuas, ¿qué había pensado ella? ¿Y qué había esperado que dijera yo? ¿Algo así como «Sí, exacto, soy un perfecto idiota. Claro que sé lo de mi hijo. Lurma me lo trajo a casa. La verdad es que cuando me llama, le cuelgo. Si me escribe, tiro sus cartas a la basura. Así que ahora que ha recurrido a meterse conmigo a través de mensajeros, ¿me muero de vergüenza?».

Pues no, nada de todo lo anterior. Se quedó de pie en medio de la habitación de hotel mientras yo estaba sentado frente a ella. Hablaba, más para sí misma que conmigo, sobre la gente que sabía cosas.

—Sí —convine, y le dije el nombre de algunas de las personas que me habían hecho preguntas a lo largo de los años—. Pero todos se me acercaban con sigilo y a escondidas, como si todavía estuvieran en el instituto, en plan «¡Pssst! ¡Oye, Gil!».

—Y tú les decías...

—¡Nada que fuera verdad! O nada en absoluto. Les daba toda la información que podía darles: ninguna.

Más o menos entonces se me acabaron las palabras. Porque se me habían acabado las pilas y estaba agotado. Y me sentía atropellado.

Supe lo que me quería decir con todo lo que no me estaba diciendo. Pero yo no podía hacer nada.

Lurma dejó el tema primero y se sentó. Le pregunté si le apetecía beber algo, un zumo o algo así.

—¿Qué tal le va al chico? Joder, ¿qué tal te va a ti? —intenté reír.

—A mí bien —dijo—. Y a él también.

Se animó un poco cuando abordamos su tema favorito: nuestro hijo.

Un mes más tarde, cuando iba en taxi camino del aeropuerto JFK para coger un avión a Bruselas de pronto le dije al conductor que se dirigiera al aeropuerto de Laguardia, a la terminal de donde salía el puente aéreo a Washington.

Hora y media después llamaba a la puerta del adosado de Pine Lake Court. Y apareció Lurma en la puerta con una leve sonrisa.

Me gustó verla. Me hallaba en el sitio correcto.

Me encariñé mucho con Rumal Rackley, y nunca han dejado de asombrarme las similitudes de nuestras vidas a pesar de la distancia que nos separó al empezar. Tiene la desventaja de parecerse un montón a mí; de vez en cuando luce la misma sonrisa de oreja a oreja y muestra el mismo sentido del humor extravagante. También fue un estudiante bastante bueno, y nuestras vidas discurrieron paralelas hasta la universidad y el curso de posgrado. Ambos tuvimos preciosas madres de estados del Sur con título universitario. Ambos fuimos a institutos privados (en su caso el Sidwell Friends de Washington). Ambos fuimos a universidades de gente negra (él se licenció por la Universidad de Hampton). Y luego hizo un curso de posgrado en la facultad de medicina de Tuskegee.

Mi tercer hijo, una niña llamada Ché, nació en Inglaterra. Es todo un flipe, llena hasta los topes de una energía casi atómica, y por lo visto tiene un cociente intelectual equivalente a la suma de los de sus padres.

Es un vertiginoso torbellino de curiosidad con más preguntas que *Jeopardy*, el concurso de la tele. Su especialidad son las habitaciones de hotel. Las encuentra fascinantes, con un montón de cosas que explorar.

Cómo volví a ser padre de nuevo con casi cincuenta años es una historia que me reservaré para otra ocasión.

42

Una de las típicas noches cálidas de Los Ángeles del año 1990 teníamos programadas dos actuaciones en el Club Lingerie de Sunset Boulevard. Los productores, la gente que regentaba ese club, tuvieron que reembolsar cierta cantidad de dinero cuando se canceló la segunda actuación. Asumo toda la culpa de la decepción que se llevaron los fans aquella noche: al abandonar el escenario después de la primera actuación, sufrí un derrame cerebral.

Ojalá hubiera sido más consciente de mis responsabilidades como artista observador. Habría sido todo un logro poder explicaros ahora qué le pasó exactamente a mi cuerpo mientras andaba con mi acostumbrado garbo de cigüeña. Pero soy incapaz de recordar absolutamente nada del proceso, qué cambios en concreto experimentó mi cuerpo. Supongo que sería algo así como esos relatos de dos páginas que salen en el encarte central del *National Enquirer*: «Me morí y resucité», gracias a Jesucristo o algo así.

Lo mejor que os puedo ofrecer es un antes y un después. El antes fue la primera actuación. Yo estaba en el escenario con mi grupo, dándole caña, pasándomelo bien y disfrutando del público. Inmediatamente antes, me hallaba en el centro del escenario presentando a los miembros del grupo y señalándolos mientras tocábamos los acordes finales de «The Bottle». Todo el mundo sonreía, casi hasta reír, las luces subieron de intensidad, el público bramaba, levanté ambos brazos para acoger el aplauso.

Y acto seguido... calor, calor de verdad, pero sin sudor. Algo pasó (el derrame) mientras bajaba aquellos pocos escalones de delante del escenario tras los cuales girabas a la derecha y te encaminabas a los camerinos. Un instante antes estoy bajando esos escalones con la cabeza gacha, tocado con algún tipo de gorra, no una gorra de béisbol, la cara envuelta en sombras, todavía sonriendo y feliz porque el grupo ha sonado bien. Todo el mundo ha tocado bien y hemos sonado con mucha energía pero sin abusar del volumen. La energía y la adrenalina tampoco han acelerado los tempos hasta sobrepasar el punto en que mi sonrisa haya dejado de ser sincera. Y ya estaba reuniendo y ordenando mentalmente las canciones que tocaríamos en la segunda actuación. Algo inútil, fijo, ya que no solía decidir con seguridad más que las primeras dos o tres canciones.

El después empieza en aquella escalera con alguien que me coge por el brazo y me guía, ciego, por delante de fans que se han tragado sus vítores y que quizá incluso los han olvidado, tal como los he olvidado yo, y que ahora murmuran.

Me había quedado completamente ciego. Recuerdo qué no podía ver. O quizá sea mejor decir que recuerdo que no veía.

No, no se trataba de ningún intento de establecer una relación más estrecha con Stevie. La ceguera que experimenté me golpeó como un rayo pero sin quemaduras eléctricas ni destello de luz.

Estaba consciente pero sin estarlo y me trataban en consecuencia cuando mi guía y yo llegamos al camerino y me llevaron hasta una silla. Me dejé caer en ella y me senté erguido, como si la postura importara. Oí que me hablaban sobre mí. De hecho, que hablaban sobre mí puesto que se referían a mí en tercera persona, como yo si no estuviera presente.

La voz que más recuerdo después, en el camerino, es la de Vernard Dixon, el road mánager que los miembros del grupo llamaban Cocoliso porque le gustaba llevar una gorra de marinero como la de Cocoliso. El camerino se llenó y se vació un par de veces con miembros del grupo y curiosos yendo de acá para allá hasta que alguien cerró la puerta que daba al pasillo. No sabía en qué parte de la habitación estaba sentado, pero de vez en cuando había gente que ocupaba brevemente las sillas que tenía alrededor, cerca. Nadie me hablaba.

Los miembros del grupo estaban recogiendo sus bártulos. Hablaban sobre cómo regresarían al hotel. Me sentí como si estuviera sentado en un rincón de cara a la pared.

Vernard abrió la puerta para ir a pedir al productor que le pagara el bolo (menos las entradas que se habían reembolsado). Al abrirla entró mi exmujer, Brenda. Me alegré de oír su voz. Se mostró amable y solícita, su voz sonaba tan dulce como siempre. Ya no estaba solo.

Tenerla al lado fue un consuelo. Organizó mis cosas, me hizo la maleta, formuló algunas preguntas, cogió la llave de mi habitación de hotel que le dio Vernard. Yo no había pasado por el hotel antes de la actuación. De pronto me di cuenta de que nadie me había hablado porque nadie había sabido qué decirme.

Estuve tentado de tratar de esbozar una sonrisa tranquilizadora, pero todavía me sentía como si estuviera de cara a la pared y no tenía la más mínima idea de qué me pasaba, por qué me había quedado ciego, por qué aparte de eso no me encontraba mal, tan solo un tanto aturdido. Nunca me había ocurrido nada igual, y la pregunta más importante, supongo, era cuánto iba a durar aquella ceguera. Pero tal como acabo de decir estaba aturdido y me sentía sumamente vulnerable y desprotegido. Porque no sabía qué decir y porque las preguntas más importantes no se me habían ocurrido.

Brenda dijo que iba a buscar su coche y que en diez minutos lo tendría aparcado frente a la puerta más cercana a los camerinos. Vernard volvió a entrar hablando con alguien sobre el dinero. Me dijo que la recaudación de la entrada todavía no estaba clara, de manera que iban a pasar unos minutos más antes de que reuniera a todos los del grupo y les pagara. Le recordé de nuevo, inútilmente, que lo anotara todo y que pidiera un recibo. Y que pidiera disculpas de mi parte.

Fui más bien poco claro acerca de esas disculpas, en qué debían consistir, porque no sabía qué coño me pasaba.

Los miembros del grupo que todavía no se habían ido iban y venían y aún hablaban de mí como si yo fuera otra persona.

Del palo «¿Cómo se encuentra?».

Yo pasaba de las preguntas que no me hacían directamente a mí.

Vernard me ayudó a cruzar la puerta y a entrar en el coche de Brenda. Ella y yo nos habíamos divorciado formalmente en 1987. Curiosamente, recibí los documentos, que habían sido presentados por su hermano, en el Blues Alley. Pero ella y yo nos habíamos separado mucho antes, y ella y Gia se mudaron de nuevo a Don Miguel Drive (a la casa de su madre) a finales de 1984.

De todos los lugares de Los Ángeles, donde me lo pasaba mejor era ahí, en Don Miguel Drive. Es más, de todas las personas que conocí y con las que entablé amistad en el sur de California, mi predilecta era la señora Elvira Sykes, la madre de Brenda. Y no por ninguna razón extraña: era sencillamente una de las mujeres más comprensivas, simpáticas y francas que he conocido nunca. Y quizá la conocí en un momento en el que estas cualidades brillaban por su ausencia en mi vida. Quizá tuvo algo que ver con la primera impresión que me causó Los Ángeles. Pero no creía que eso significara que fuera equivocada. Las primeras impresiones en Los Ángeles no debían considerarse equivocadas.

Por regla general, consideraba que las primeras impresiones no tenían ningún valor. Quizá eso esté motivado por quién soy yo y por cómo ciertos rumores dispersos, sumados a algunos intentos de hacer arte, me habían creado una imagen que al principio no inspiraba autenticidad en una presentación despreocupada, sin pretensiones. Pero eso no pasa en Los Ángeles, o por lo menos no pasaba en Los Ángeles de los años setenta y ochenta. Ahí descubrí que una primera impresión era válida porque era cuanto tenía la mayoría de la gente hasta que descubrían el papel que debían jugar para potenciar su relación con alguien después del «¿Hola, qué tal?». No había nada hasta que aquel desconocido decidiera si le podías ser útil y para qué.

En caso de que la fama que me había ganado me fuera reconocida, siempre era solo de pasada, un parpadeo y un leve cambio de enfoque, como el tenue eco de un tintineo provocado al apretar la tecla de sumar de una caja registradora. En Los Ángeles todo el mundo era actriz, actor o cantante cuyo megaestrellato quedaba demostrado por la maqueta que acababan de grabar, la prueba cinematográfica o la audición para un anuncio a los que se iban a presentar. Tan solo los músicos, actores y actrices de renombre, grandes o pequeñas estrellas, podían permitirse tener personalidad o un interés sincero por alguien más.

La señora Elvira Sykes fue el segundo miembro que conocí de una generación previa de la familia de Brenda. Antes había conocido a su abuela, la madre de su padre, natural de Shreveport, Luisiana. La conocí el fin de semana que yo tocaba en el Roxy y Kareem vino a verme con Brenda y nos presentó. Si su abuela todavía hubiera estado en el apartamento de Brenda en Cahuenga Boulevard, posiblemente al salir del Club Lingerie yo habría pedido que me llevaran allí. Creo que Mama Sykes me habría podido ayudar. En cambio, me ayudaron los Espíritus.

La segunda actuación se había cancelado. Mal asunto. Calculé los ingresos perdidos mientras sentía un martilleo en la cabeza; sonaba como si alguien montado a caballo se hubiera quedado atrapado dentro de mi cráneo y no encontrara ninguna salida. Unas pezuñas herradas repiqueteando rítmicamente alrededor de la estatua de Ulysses S. Grant. Y el tipo ciego sentado en un banco.

Tan solo recuerdo una pregunta que me hizo Brenda durante el breve trayecto en coche hasta el Franklin Hotel. Me preguntó dónde había comprado la sudadera que llevaba. Así es como me acordé del Porsche. El padrino de Gia, el doctor Steve Rosenthal, me lo había dejado para que llegara a tiempo al Lingerie. Su flamante Porsche seguía aparcado en Sunset, frente al club.

En la habitación del hotel estuve despierto solo unos minutos antes de caer de bruces en la cama y apagarme como una lámpara. Antes de desconectar di las llaves del Porsche a Brenda. Fue a buscarlo y lo devolvió.

A menudo atribuyo a los Espíritus cosas que honradamente no puedo atribuir a nadie más. El día siguiente a la actuación en el Lingerie, por la mañana, los Espíritus me devolvieron la vista. Esto probablemente sonará tan ilógico como todo lo que he escrito aquí. ¿Por qué? Porque se me podría preguntar: «Si esos Espíritus te devolvieron la vista, ¿por qué antes te la habían hecho perder?». Esto parece otra manera de llegar a «los caminos del Señor son inescrutables...». Pero yo no intento llegar a eso. (Aunque estoy seguro de que él sí.) Creo que sé qué fue lo que me dejó a oscuras en aquellas escaleras. Sin sudor. Había actuado vestido con una sudadera que me había puesto con una finalidad completamente diferente que no tenía nada que ver con actuar y acumular el sudor necesario. Había pasado los noventa minutos previos al derrame cerebral en un local donde hacía calor y actuando con la energía suficiente para acabar empapado una noche normal. Fui tan tonto como para quedarme deshidratado y ahora considero que el derrame que sufrí al bajar del escenario fue debido a algún tipo de golpe de calor, un cortocircuito que podría haberme dejado más secuelas.

Me quitó la vista. La vista me fue devuelta. Pero me dejó su firma, un recordatorio a largo plazo de su potencial y de mi condición de mortal. Me marcó en un lugar donde no pudiera olvidar las circunstancias que lo habían provocado. En el lado derecho de la cara, me marcó la mejilla con una especie de arruga, un pliegue que se adueña de mi expresión de vez en cuando, como si alguien bajara antes de tiempo una persiana veneciana y la dejara en un ángulo extraño. También me advertía alguna que otra vez haciéndome arrastrar las palabras y, como también modificó otros aspectos de mí, yo no me daba cuenta.

Me lo dijeron antes de que yo lo advirtiera.

No sé exactamente por qué aquel día me quedé ahí sentado, ciego, sintiéndome como si hubiera estado portándome mal en clase de parvulario y me hubieran castigado de cara a la pared. Respondiendo de un modo más o menos mecánico con una voz que sonaba como si un eco se añadiera a mis palabras al azar. Pero era una noche de domingo que ya avanzaba hacia la medianoche y no había ningún lugar más apetecible adonde ir que el hotel.

43

Nueva York, 1999. Finalmente «se me autorizó» a entrar en el apartamento que había compartido con mi madre cuando esta murió. La primera vez que me permitían entrar, meses después de su funeral, me perdí en el umbral de aquel desierto apartamento lleno de polvo.

No hice caso del joven guarda jurado de tez morena que me había asignado el administrador del edificio. Fuimos por el pasillo hasta la sala de estar, donde el guarda se sentó con una revista mientras yo regresaba y me instalaba rígidamente en la cama deshecha de mi madre, en el dormitorio más próximo a la entrada. Me levanté de la cama sin saber todavía por dónde empezaría a revisar las pertenencias contenidas en aquella casa llena de su ausencia.

Me sentí como un ladrón rebuscando entre los cajones de su tocador, llenos de su ropa interior, medias y pantis, blusas finas de entretiempo y jerséis, y una importante colección de pequeños frascos de lociones sin nombre, horquillas y pasadores, redecillas y rulos, una bolsita de plástico con gafas de diversas graduaciones. Este neceser de cristales y plástico vino a representar la implacable humillación de la muerte, que deja incluso a una puntual asistente a las misas del domingo en la iglesia de la confluencia de Park Avenue con la calle 68 indefensa ante el avaricioso registro de cualquier desconocido. Antes de que pudiera razonar lo contrario, noté que unas desagradables lágrimas de sal y rabia brotaban de mis ojos enrojecidos y me serpenteaban por las mejillas. Mientras me secaba la cara con un clínex me pregunté, sin la energía suficiente como para enfadarme, si el joven hermano sentado en nuestra sala de estar me habría oído llorar. Con unas piernas unidas a las caderas sin rodillas, me sentía como un hombre de metal sin más flexibilidad de la cabeza a los pies que la del hombre de hojalata rígido por la herrumbre y paralizado en una pose que habla de propósitos frustrados.

En el vacío desván que era la cabeza del hijo de mi madre, comprendí que sus momentos de crítica sincera me protegían de más defectos que el del evidente egoísmo que una vez me echó tan en cara, sin rodeos, que su franqueza me sacó de quicio. Yo siempre había disfrutado e incluso indirectamente me había enorgullecido de la efectividad con la que ella sabía tratar a todos aquellos que pasaban por nuestra vida en común. Y tampoco yo me salvaba del todo. Me acordé de que sus puñetazos eran más dolorosos que los previsibles ganchos de derecha propinados por célebres peces gordos del mundo del espectáculo. Las vanas incursiones que estos hacían en el terreno del coloquialismo evidenciaban más el daño que habían causado mis irrupciones contra su reputación e integridad que su capacidad para responderme con la misma moneda. En cambio, las observaciones de mi madre, asestadas sin levantar la voz ni pretender haber descubierto nada, conllevaban una agudeza duradera que no me dejaba marca visible en el exterior, pero bajo la piel se me colaba un dolor que me llegaba hasta el tuétano y una carga de profundidad que acababa fracturando mi pose de indiferencia. Y mi madre las asestaba sin mala intención.

El dolor provocado por la verdad no era «permanente» cuando se refería a defectos que no queríamos o no podíamos corregir. Cuando me decidía por «no querer», declaraba con arrogancia que era así porque los Espíritus ya me habían proporcionado todo lo necesario y mostraba una generosidad enfermiza que ocultaba o compensaba mi egoísmo. Cuando me decidía por «no poder», admitía que no sabía cómo hacerlo y me decía a mí mismo que me había criado Lily Scott. Pero también había criado a mi madre.

Soy un fugitivo de la universidad de los payasos que no tuvo la paciencia suficiente para esperar hasta el día de la ceremonia de entrega de los títulos, que habría incluido un discurso pronunciado por un interno anterior al que pusieron en libertad con matrícula de honor y la mejor nota de su clase. De haber esperado, habría escuchado su advertencia. De manera que simplemente pensé que yo era un tipo divertido y que el hecho de ser divertido lo arreglaría todo, cambiaría todas las ruedas desinfladas, posiblemente sin tan siquiera tener que detenerse; no había tiempo que perder en el arcén. Ahora, paralizado e inmóvil en la habitación de mi madre, no se me ocurría ninguna trampilla de payaso por donde huir.

El hecho de haber estado toda mi vida insistiendo en el puto aislamiento entonces me dio asco. Esta insistencia se justificaba en parte por un miedo real a las consecuencias que esperaban a las personas que entablaban amistad conmigo y se me acercaban, que intentaban instalarse bajo un techo protector. Cuando era más joven todo en la vida era para mí un experimento y una nueva emoción. Un día lluvioso podías encontrar el sumo placer de otro cuerpo, otra alma, estrujándote, mano a mano, riendo tontamente, compartiendo el calor deliberadamente, dos enanos galopando con piernas de marioneta, apretujados entonces en un espacio que ya planteaba un reto para un solo ocupante. Me encantaba este tipo de tonterías, pero la vida me ha enseñado que debo evitar este tipo de proximidad.

Ahora no había nadie a quien me pudiera acercar.

Una pena profunda y real me había arrollado los engranajes del cuerpo. Todas aquellas partículas de mi madre y su estabilidad cotidiana se estaban levantando de donde se habían quedado por la noche meses atrás. La habían estado esperando a ella y yo no soy ella. Pero me conocen porque yo ya había estado allí antes dando vueltas y preocupándome cuando vinieron a buscarla los de las intravenosas y las camillas. Resultaba evidente que era culpa mía que ella ahora no estuviera allí para reanudar lo que hubieran estado haciendo y quedó aparcado. Cuando caminé por la habitación sin propósito y luego me detuve a llorar, se enfadaron y empezaron a moverse por sí solas. Cuando vi que se movían, llamé al guarda y le dije que era hora de irse.

Francamente, no estoy seguro de que sea capaz de amar. Y no estoy seguro de por qué. A medida que envejezco, cada vez tiendo más a poner en duda que los sentimientos y la intimidad tengan un paralelismo genético con la altura y el color del pelo. Creo de verdad que amo a mi madre y a mi abuela, pero aparte de ellas he vivido en un círculo de valores pequeños cuyo alcance es sorprendentemente limitado. Y que van acompañados de una cantidad raquítica de sentimientos. Esta valoración no pretende levantar un muro alrededor de mi familia excluyendo a los demás. Refleja el hecho de que estoy más unido a la gente que conozco, pero no más unido a primos y primas y tías y tíos que a los buenos amigos.

He sido bendecido con tres hijos. Ellos han sido bendecidos con madres hermosas y tienen toques de excentricidad donados por un padre que podría haber hecho más por ellos y con ellos, pero que no podría haberlos amado más. Porque no tenía la práctica suficiente.

Estoy seguro de que los Scott me quisieron. Estoy seguro de que Lily Scott y Bobbie Scott me quisieron. Y probablemente también me quiso mi tío propiamente dicho, William Scott. Y, en menor medida, también Sammy y Gloria Scott, mis tías solteronas, que entraron en su soltería desde los polos norte y sur de ese estado. La clave de los Scott era la comprensión y si había algo que no comprendías debías confiar en ello.

Querer no ha sido un verbo que se haya conjugado en la voz activa ni en mi familia ni en mi vida. Siempre hubo pocas muestras de afecto, pocos abrazos y achuchones, pocas declaraciones de amor entre nosotros. Ya era un hombre maduro que se había casado, había sido padre y se había divorciado cuando introduje conscientemente la frase «te quiero» en las conversaciones con mi madre, cuando empecé a asegurarme de que me abrazara y de darle yo un fuerte abrazo cada vez que nos veíamos. No recuerdo haber oído nunca a nadie de las generaciones de Scott que me precedieron haberse dicho «te quiero» entre sí. Ni recuerdo con claridad haberles oído decirme estas palabras a mí ni haberme sentido yo impelido a decírselas a ellos. Sin embargo no puedo concebir otro lugar donde hubiera más calidez y risas compartidas con una empatía sincera y con respeto y consideración y... pero sin afecto.

Nuestros códigos y expresiones jergales, que se ponen en boga con la misma facilidad con que luego caen en desuso, pasan bastante deprisa de querer decir algo a ser intercambios significativos de vacuidad e impotencia a medida que la gente y la música y las películas y qué significa qué para nosotros y para los demás se ponen y pasan de moda en un abrir y cerrar de ojos. Ahora mismo todo el mundo utiliza la expresión «estar al lado de alguien» con el significado de «apoyarle». Esta expresión encajaba a la perfección con los Scott, porque si había algo en lo que podías confiar era el hecho de que siempre estaríamos el uno al lado del otro. Entre nosotros era cien veces más probable «estar al lado», estuviera donde estuviera ese «lado», que decirnos «te quiero» y fundirnos en un abrazo sincero. Y lo digo yo, que he deseado un abrazo y unas palabras de ánimo millares de noches en las que me he sentido sin fuerzas y maltratado por el mundo. Habría cambiado cien de esos instantes con alguien al lado por un solo abrazo sincero.

Y es posible que no se me vuelva a presentar la oportunidad de decir esto a mis chicos, de la misma manera que sé que nunca prediqué con el ejemplo para que en caso de necesitarlo pudieran apoyarse entre sí. Espero que resulte indudable que les he querido, tanto a ellos como a sus madres, lo mejor que he sabido. Y si mi amor fue forzosamente insuficiente, espero que fuera complementado por el de sus madres, a quienes les fue mucho mejor sin mí.

NOTA DEL EDITOR

Publicar un libro póstumo implica inevitablemente una serie de retos, y *Con las horas cantadas* no ha sido ninguna excepción. Las palabras que constituyen la versión definitiva e impresa de las memorias de Gil Scott-Heron fueron escritas a lo largo de un período que empieza en la década de 1990 y termina en el año 2010, y durante todos estos años el libro ha sufrido cambios importantes. Incluso calificarlo de memorias puede resultar engañoso, puesto que no se trata de unas memorias en el sentido convencional del término.

Las primeras páginas que leí me las dio Gil cuando se alojaba en el Chelsea Hotel de Nueva York a finales de la década de 1990. Incluían su relato de la noche en la que John Lennon fue asesinado (titulado «Plazo de entrega»), capítulos sobre su infancia en Jackson, Tennessee, y uno sobre Stevie Wonder (titulado «Me maravilla»). Estos capítulos originales estaban relatados en tercera persona por un narrador llamado El Artista, ya que Gil consideraba que esto le permitía escribir con más libertad y objetividad sobre los hechos que necesitaba explicar.

En el 2004, a instancias mías, Gil empezó a reescribir el libro en primera persona tras reconocer que el recurso de valerse de un narrador en tercera persona para unas memorias creaba más problemas de los que solucionaba. Aun así, tal como me escribió en una carta fechada el 29 de septiembre del 2005, «me estoy adaptando a la primera persona, tal como verás, pero a veces me resulta muy incómodo y egoísta porque me toca describir rollos desde el punto de vista del "Watergate": qué sabía y cuándo lo supe». El capítulo del presente libro titulado «Interludio» es la única parte del escrito original que ha llegado a la versión definitiva.

Una de las razones por las que Gil se había sentido atraído por una narración en tercera persona fue que el motivo principal que le impulsó a escribir *Con las horas cantadas* era explicar la gira *Hotter than July*. Consideraba que Stevie Wonder no había recibido el reconocimiento que merecía por el papel clave que había desempeñado para conseguir que se aprobara la ley que hizo del día del nacimiento de Martin Luther King una festividad nacional (cosa que finalmente ocurrió en 1986). Gil creía que *Con las horas cantadas* podía ser un relato objetivo de esa gira histórica escrito por un testigo presencial. Quería asegurarse de que la gente no olvidara lo que realmente había pasado. Y es por esta razón por la que hay tan pocas páginas en estas memorias dedicadas a lo ocurrido después de la concentración en Washington de enero de 1981. Lo que le pasó después de ese año no le parecía relevante para el libro que quería escribir.

Sin embargo, Gil tenía claro que para explicar la historia de Stevie Wonder tendría que explicar la suya propia y que «al escribir sobre ti mismo, automáticamente escribes sobre tus padres y sobre los padres de tus padres porque tú eres parte de todos ellos». Consideraba que únicamente dando noticia de su propio pasado podría explicar de manera adecuada por qué había acabado participando en la gira con Stevie Wonder.

La muerte de Gil en mayo de 2011 ha imposibilitado que le hagamos algunas preguntas cuyas respuestas nos encantaría conocer. El original que dejó me lo había ido enviando de una manera muy poco sistemática, a lo largo de diversos años y escrito en varias máquinas de escribir viejas y ordenadores anticuados. A partir de las innumerables conversaciones que mantuvimos y de ciertas notas que dejó, estaba claro que su idea original no era escribir el libro en un orden cronológico estricto. Pero con el tiempo Gil se fue inclinando por un enfoque más simple y prescindió de la estructura más compleja. También decidió escribir sobre algunos hechos muy personales de la última etapa de su vida, entre ellos la muerte de su madre, el derrame cerebral que sufrió en 1990 y la relación distante con sus tres hijos. Nada de esto había formado parte del plan original y ahora contribuye a dar un toque verdaderamente emotivo a los capítulos que cierran el libro.

Le estamos muy agradecidos a Tim Mohr, cuyas aptitudes como editor y cuya entrega al proyecto han conseguido que la lectura de *Con las horas cantadas* sea lo fluida que es. Gil no era ingrato en absoluto y sé lo mucho que habría apreciado los esfuerzos que Tim, Dan Franklin, Amy Hundley de Grove/Atlantic y Rafi Romaya, Norah Perkins y Nick Davies de Canongate han dedicado a esta obra. Y quiero pensar que le habría encantado la sensacional ilustración de Oscar Wilson para la tapa.

Tal como cantaba Gil de manera memorable,
«La paz sea contigo, hermano»

Jamie Byng, Editor, Canongate Books

Libros del Kultrum le agradece el tiempo dedicado a la lectura de esta obra. Confiamos en que haya resultado de su agrado y le invitamos a que, si así ha sido, no deje de recomendarlo a otros lectores.

Puede visitarnos en www.librosdelkultrum.com, en Facebook y en Twitter donde encontrará información sobre nuestros proyectos; y desde donde le invitamos a hacernos llegar sus opiniones y recomendaciones.